QUELQUES SEIGNEURIES
DE L'ANCIEN COMTÉ DE BRIENNE

BLAINCOURT, ÉPAGNE
ET VAUBERCEY

PAR

M. LOUIS LE CLERT

MEMBRE RÉSIDANT ET ARCHIVISTE DE LA SOCIÉTÉ ACADÉMIQUE DE L'AUBE
CONSERVATEUR DES MUSÉES ARCHÉOLOGIQUE ET DES ARTS DÉCORATIFS DE TROYES

TROYES

IMPRIMERIE ET LITHOGRAPHIE PAUL NOUEL
Rue Notre-Dame, 41 et 43

1906

QUELQUES SEIGNEURIES

DE L'ANCIEN COMTÉ DE BRIENNE

BLAINCOURT, ÉPAGNE ET VAUBERCEY

PAR

M. LOUIS LE CLERT

MEMBRE RÉSIDANT ET ARCHIVISTE DE LA SOCIÉTÉ ACADÉMIQUE DE L'AUBE
CONSERVATEUR DES MUSÉES ARCHÉOLOGIQUE ET DES ARTS DÉCORATIFS DE TROYES

TROYES

IMPRIMERIE ET LITHOGRAPHIE PAUL NOUEL
Rue Notre-Dame, 41 et 43

1905

Extrait des Mémoires de la Société Académique de l'Aube

Tomes LXVIII et LXIX. — 1904-1905

BLAINCOURT, ÉPAGNE ET VAUBERCEY

1ʳᵉ PARTIE

RECHERCHES STATISTIQUES ET HISTORIQUES

Aspect général de la contrée. — Altitude. Composition géologique du sol et ses produits.

Lorsqu'en suivant la route de Saint-Léger-sous-Brienne à Épagne on arrive au sommet de la colline qui sépare les territoires des deux villages, on voit se dérouler un vaste panorama, borné, au nord, par de blanches hauteurs, limites des terrains argileux et premières assises des plateaux sur lesquels s'allongent les immenses plaines crayeuses de la Champagne pouilleuse ou Champagne sèche.

Au couchant, ces collines s'élèvent de plus en plus et forment une sorte d'amphithéâtre que surmonte la côte de

Villehardouin, dominée jadis par la tombelle de Brantigny.
Se repliant ensuite sur elles-mêmes, elles vont se perdre à
l'horizon, laissant apercevoir au lointain les hauteurs de
Rouilly et de Sacey et, plus loin encore, dans la brume, les
cimes de Montgueux, de Montchaud et des autres montagnes qui enserrent la plaine de Troyes au sud-ouest.

Du côté du midi, le terrain s'abaisse et l'œil embrasse
une immense nappe de verdure. C'est la forêt d'Orient avec
sa plantureuse végétation.

Sur la gauche, on voit des collines et, derrière elles, des
montagnes élevées parmi lesquelles on peut reconnaître les
hauteurs de Vauchonvilliers et la côte de Sainte-Ger-
maine, voisine de Bar-sur-Aube.

La route commence alors à descendre et on a devant soi,
au premier plan, le petit village d'Epagne, coquettement
caché dans la verdure ; puis, au delà de la rivière d'Aube,
dont les ondes argentées serpentent au fond d'une étroite
vallée, on voit Blaincourt partagé en deux groupes d'habitations, entre lesquels l'église s'élève sur un point culmi-
nant. A gauche, est Blaincourt ; l'agglomération de droite
est formée par l'ancien hameau de Vaubercey, incorporé à
la commune et ayant depuis longtemps perdu son nom.

Le territoire d'Epagne a sa plus grande longueur du
levant au couchant. Il présente l'aspect d'un quadrilatère
allongé, sur l'angle nord duquel s'élèverait un autre quadrilatère plus petit.

Les limites du village sont : au nord, le finage de Précy-
Saint-Martin ; à l'est et au sud, le territoire de Saint-Léger-
sous-Brienne, et à l'ouest, la rivière d'Aube. Ces limites
sont en grande partie indiquées par des voies herbues,
jadis très larges, nommées *tertres* ou *voies finérales*, et
aussi par des accidents de terrain, des ruisseaux, des sen-
tiers, etc.

L'altitude de Blaincourt, au-dessus du niveau de la mer,
prise au pied du clocher de l'église, est de 146 mètres.

Celle d'Epagne, prise dans les mêmes conditions, est également de 146 mètres [1].

Blaincourt, dont le finage pourrait s'inscrire dans un ovale allongé ayant son plus grand diamètre du nord-ouest au sud-est, a pour bornes : au nord, le village de Précy-Notre-Dame ; à l'est, la rivière d'Aube ; au midi, le territoire de Mathaux, et à l'ouest, ceux de Pel-et-Der et de Brevonnes.

Le village est situé à la base d'une colline fort allongée dont le sommet se trouve à l'ouest, presque à la limite du finage.

Tout le territoire de cette commune a donc l'aspect, au moins en grande partie, d'une plaine légèrement inclinée au levant, dans la direction de la rivière.

La contrée la plus élevée du finage est composée de terres fortement argileuses ; au-dessous, on rencontre des argiles rougeâtres légèrement sablonneuses et, plus bas encore, des affleurements de la marne grise ou gault (les habitants du lieu la nomment *terle*), qui forme le sous-sol de toute la région. Les bords de la rivière sont formés de terrains d'alluvions renfermant de nombreux dépôts de grève et de sable.

Epagne occupe une situation analogue à celle de Blaincourt, mais en sens inverse, c'est-à-dire que la pente du sol, tournée également du côté de la rivière, va de l'est à l'ouest.

Ici le sol est plus mouvementé et se creuse profondément en certains endroits, formant ainsi des vallées au fond desquelles coulent des ruisseaux à cours constant ou intermittent.

Comme à Blaincourt, l'argile couronne les sommets, laissant à nu, par places, quelques veines de terre blanche ou quelques bancs de grève entremêlée de coquillages,

---

[1] *Annuaire de l'Aube,* année 1840, p. 47.

puis, au-dessous, se montre le gault dans lequel on trouve
à une certaine profondeur des débris de fougères, d'in-
sectes, de poissons, des ammonites, etc..., en un mot tous
les fossiles ordinaires de la marne.

Le territoire de ces deux villages est très fertile et se
prête admirablement à la culture des céréales. Blaincourt,
surtout, est essentiellement agricole ; on s'y est toujours
livré exclusivement à la culture des grains et à l'élevage des
bestiaux. Les pâturages y sont peu nombreux, parce que les
heureuses modifications apportées dans l'aménagement des
terres par l'emploi du drainage ont permis de livrer à la
charrue des terrains occupés jadis par des prés et dont le
rapport était moindre que de celui d'aujourd'hui. Les
prairies artificielles suppléent amplement à ce manque de
prairies naturelles et concourent à l'amélioration des
terres.

Vers 1860, on cultivait encore le chanvre dans les deux
villages sur une assez grande échelle. Ses tiges, rouies sur
place, étaient ensuite dépouillées de leurs parties ligneuses
et amenées à l'état de filasse par des ouvriers de passage
venant d'Auvergne, du Limousin ou des Vosges (les feur-
teux, en patois du pays). Les villageoises, pendant les longues soirées d'hiver, convertissaient cette filasse en un fil
excellent qui, mis sur le métier par les tisserands à façon
de Brienne, de Dienville ou de Lesmont, fournissait un
linge de ménage grossier, il est vrai, mais d'un très bon
usage.

Le chènevis, écrasé dans les huileries du voisinage, donnait de l'huile pour l'éclairage et ses résidus amalgamés en
pains servaient à la nourriture du bétail qui s'en montrait
très friand. L'introduction, dans les campagnes, des tissus
de coton obtenus mécaniquement et livrés à très bon
marché, de même que celle des huiles minérales donnant
une lumière très belle et très économique, ont anéanti la
culture du chanvre dans cette région, et cela à un tel point

qu'elle a entièrement disparu ainsi que les huiliers et les tisserands dont l'industrie cessait d'avoir sa raison d'être.

Il y a quarante ans, Blaincourt possédait quelques vignes, mais le manque de récoltes et l'importation des vins du midi, facilitée par la création de nombreuses lignes de chemins de fer, les ont fait disparaître peu à peu.

Grâce aux comices agricoles, zélés propagateurs des nouvelles méthodes et des instruments perfectionnés, l'agriculture a fait de grands progrès dans cette région et l'emploi des machines permet aux cultivateurs de suppléer au travail des manouvriers, dont le nombre diminue chaque jour. Ces derniers, en effet, sont attirés dans les villes par l'industrie qui leur offre des salaires élevés et aussi par le désir de mener une existence qu'ils espèrent, peut-être à tort, devoir être plus heureuse et moins pénible que celle qui leur est faite par le dur labeur des champs.

A Epagne, bien que les céréales produisent autant qu'à Blaincourt, la culture de la vigne a toujours été en honneur ; cela s'explique par la configuration et la nature du sol qui est des plus propices au vignoble.

Dès les premiers temps de la Révolution de 1789, lorsque tombèrent les entraves mises à la culture de la vigne par les ordonnances royales, les trois quarts du finage furent convertis en vignoble. Il y eut alors une production considérable et on vit le prix du vin s'abaisser à un tel point qu'il égalait celui des vaisseaux destinés à le recevoir.

Depuis plus de soixante ans, le rendement de la vigne a toujours été en décroissant, par suite de l'appauvrissement de la terre et de la vieillesse des plants. D'autre part, une suite non interrompue de récoltes à peu près nulles et la terrible concurrence faite aux vins du cru par les vins du midi, ont poussé les vignerons à détruire la plus grande partie de leurs vignes et à recourir à d'autres cultures sinon plus avantageuses, au moins plus certaines comme produit. Cela est fort regrettable, car le vin blanc d'Epagne, et principalement celui qu'on obtenait d'un raisin blanc-verdâtre connu sous le nom d'*Arboisier*, jouissait d'une réputation bien méritée, surtout lorsque la vigne qui le produisait était plantée sur un terrain d'argile blanche.

La richesse du sol a permis l'introduction, à Epagne, d'un autre genre de culture tout spécial. Un jardinier habile et laborieux, nommé Leclerc, ayant travaillé au potager de Versailles, vint s'établir dans le village, vers 1820, et y créa des pépinières qui, peu à peu, ont pris un développement considérable entre les mains de ses enfants qu'elles ont enrichis[1]. Plusieurs autres propriétaires ont suivi cet exemple et ils s'en sont bien trouvés.

Hydrographie.

La rivière, ses poissons, le revenu qu'elle donne. — Les anciens propriétaires du droit de pêche. — Le flottage. — Les débordements. — Les moulins et usines. — Le bac. — Les ponts. — Les fontaines et les rus.

L'Aube, rivière aux eaux claires et rapides qui lui ont valu son nom (Alba, la blanche), sépare, comme nous l'avons dit, en courant du sud-est au nord-est, les deux villages de Blaincourt et d'Epagne, entre lesquels elle a creusé un lit dans le gault. Promenant ses alluvions tantôt à droite, tantôt à gauche, elle rencontre parfois des collines qu'elle sape par le pied, donnant ainsi naissance à de hautes falaises (16 mètres, d'après Leymerie), qui, dans certains endroits, paraissent coupées à pic.

---

[1] L'auteur de la présente Notice n'a rien de commun, comme on pourrait le croire, avec cette famille. Il est originaire de Troyes et il ne lui reste aucun parent de son nom. Possédant, à Epagne, quelques terres du chef de sa mère, Catherine-Laure Le Brun, fille de Georges Le Brun, acquéreur de la propriété de Mᵐᵉ Rémond du Mesnil, il vint habiter ce village où il demeura plus de vingt ans. C'est lui qui fit construire le petit château, aujourd'hui propriété de Mᵐᵉ veuve Paul Masson.

Les alluvions n'étant pas très anciennes dans cette région, on peut admettre très facilement que la rivière ait jadis pris son cours au milieu de la plaine de Brienne, alors que cette dernière n'était qu'un grand lac ; elle aurait ensuite quitté son lit primitif à une époque relativement moderne pour envahir celui de l'Amance.

Le poisson de l'Aube est excellent ; on y trouve, suivant la profondeur de l'eau, qui est très variable, ainsi que la rapidité de son cours : la truite, mais en moindre grande quantité qu'en remontant vers Bar-sur-Aube ; la perche, le brochet, le barbeau, l'anguille, quelques tanches et quelques carpes, la brême, le chevesne, le vilnat, l'ablette, la vandoise, le gardon, la lotte, le goujon, le véron, etc... Il y avait autrefois quelques écrevisses à pattes rouges, habitant sous les terles ou blocs argileux qu'on rencontre dans les rapides, ou dans les crosnes des sous-rives. Depuis plus de trente ans elles ont disparu emportées par une sorte d'épizootie.

Dans ces derniers temps, l'administration chargée du repeuplement des rivières a introduit dans l'Aube un fort mauvais poisson : le mulet, hottu ou nase (chondrostoma nasus), qui a pullulé, il est vrai, mais qui tient la place d'autres espèces de beaucoup préférables.

Le droit de pêche, comme dans toutes les rivières flottables ou navigables, appartient à l'Etat. Il en tire un revenu en l'affermant pour des périodes plus ou moins longues, et par lots appelés cantonnements.

Sous l'ancien régime, la pêche de la rivière était louée au profit des seigneurs co-riverains, et le revenu qu'elle donnait se partageait entre eux en raison de l'importance de leur seigneurie.

En 1788, ce revenu était de 15 livres, sur lesquels M. de Blaincourt percevait moitié comme seigneur de ce village, et quatre onzièmes comme détenant, dans la seigneurie d'Epagne, une part égale à cette fraction. Le surplus appartenait aux seigneurs dudit lieu.

Dans cette somme de 15 livres était compris le droit que les seigneurs possédaient sur les bateaux remontant ou descendant la rivière (suivant l'ancienne législation, la rivière appartenait au seigneur des terres le long desquelles elle coulait, à moins de titres contraires).

Les habitants de Saint-Léger-sous-Brienne pouvaient pêcher dans l'Aube à la ligne sans plomb, y abreuver leurs bestiaux, y rouir leurs chanvres et « y faire toutes leurs autres nécessités, en tout temps ». Ce droit leur avait été octroyé par Jehanne de Châtillon, duchesse d'Athènes et comtesse de Brienne, ainsi que le constate une charte datée du 8 juillet 1348. Il leur fut confirmé par Antoine de Luxembourg, comte de Brienne, en 1549 [1].

Les habitants de Blaincourt et d'Epagne jouissaient des mêmes droits.

Les religieux de Basse-Fontaine avaient, en commun avec les seigneurs du lieu, un droit de pêche sur la rivière d'Aube, à Blaincourt. En 1614, ils le louaient en même temps que leurs moulins à Mathieu Godin, et ils lui permettaient de pêcher « à la ligne sans plomb, sans nacelle et non à l'étiquet » [2].

A une certaine époque, ils voulurent étendre leur droit sur la fausse rivière et sur la partie du cours d'eau située au bas de leur moulin. Il en résulta un différend entre leur abbé, M. de Cicéri et Madame la comtesse d'Hénin, dame de Blaincourt, à la suite desquels il fut établi, en 1743, que les prétentions de ces religieux ne pourraient pas aller au delà de leurs possessions, c'est-à-dire plus loin que l'endroit où s'arrêtaient, sur la rivière, les finages de Saint-Léger et de Brienne [3].

---

[1] Archives communales de Saint-Léger-sous-Brienne.

[2] Arch. départ. de l'Aube, I, H, 2.

[3] Arch. départ. de l'Aube, E, 154.

Le prieur de Blaincourt possédait aussi un droit de pêche dans lequel il fut maintenu par une charte de Gauthier, comte de Brienne, datée de l'an 1308.

L'Aube, bien que considérée comme navigable, n'a jamais, au moins pour la partie qui nous intéresse, servi qu'au transport des bois destinés à l'approvisionnement de Paris.

C'est vers l'année 1684 que des marchands, acquéreurs des coupes de bois des forêts de Brienne et de Piney, commencèrent à jeter dans l'Aube à bois perdu. Il en résulta de si grandes détériorations pour les bords de la rivière que Louis de Vienne, seigneur de Précy-Notre-Dame et Lesmont, intenta, en juillet 1685, un procès aux flotteurs, demandant à la justice d'empêcher ces dégâts et de lui accorder des indemnités [1].

Au moment de la Révolution, le flottage à bûches perdues se faisait sur une grande échelle dans la rivière d'Aube. Les marchands qui expédiaient ces bois à **Paris** avaient même établi un port, ou dépôt de bois, à Blaincourt, ainsi que le constatent des pièces conservées aux archives départementales [2].

Elles ont trait à certaines contestations survenues à propos d'éclisseaux entre le seigneur de Blaincourt et les sieurs Béchuat et Nicolas, entrepreneurs du flottage.

Vers l'an 1810, le flottage à bûches perdues a été abandonné, mais, jusqu'à ces temps derniers, c'est-à-dire en 1889 ou 1890, la rivière a encore été utilisée pour le transport des bois de charpente venant du port de Brienne-la-Vieille, sous forme de *trains* ou *brelles* et descendant vers Paris et Rouen.

Maintenant, les vannes et les moulins de Blaincourt n'existent plus, le port de Brienne-la-Vieille est supprimé

---

[1] Arch. du château de Brienne. — Précy-Notre-Dame, n° 18.

[2] C. 1137, I.

et les bois prennent le chemin de fer. La rivière, bien que toujours classée comme flottable, ne sert plus à rien ; elle a même quitté son lit en amont de l'ancien moulin de Blaincourt, et elle court aujourd'hui dans celui de la fausse rivière.

Les débordements de l'Aube sont assez fréquents, et, vu la rapidité de son cours, ne laissent pas d'être désastreux. En 1786, le 19 juin, une inondation considérable causa de grands dégâts dans la paroisse de Blaincourt et motiva une lettre de Madame de Créqui à M. Rouillé d'Orfeuil, intendant de la province de Champagne, en faveur de cette communauté [1].

Il y avait encore tout récemment sur la rivière un moulin à blé, construit à l'entrée du village de Blaincourt, par les moines de Basse-Fontaine, vers la fin du xiie siècle [2].

Depuis 1890, ce moulin est en ruines et abandonné. On a essayé plusieurs fois, mais sans grand succès, de l'employer pour l'industrie. En 1695, il y avait en cet endroit, en même temps qu'un moulin à blé, une usine à fouler les lainages, ainsi que nous l'apprend un procès-verbal dans lequel Jean Chappedelaine, procureur au bailliage de Brienne, figure comme expert chargé d'apprécier les réparations à faire au moulin à foulon de Blaincourt [3].

Un nommé Jean-Louis Jeanneson, charpentier à Blaincourt, monta, en 1863, une scierie près du moulin à blé. Cet établissement travailla pour le public pendant cinq ou six ans, puis il cessa de fonctionner.

Vaubercey a eu aussi des moulins à eau qui n'existaient déjà plus en 1240, suivant une charte relative à un accord entre l'abbé de Saint-Loup, de Troyes, et l'abbé de Basse-Fontaine au sujet de la perception des dîmes de Blaincourt,

---

1 Arch. départ. de l'Aube, C, 1239 et 988.

2 Voir l'historique de cette usine au mot Basse-Fontaine.

3 Arch. départ. de l'Aube, G, 366.

Epagne et Vaubercey. Il y est dit qu'au moment de cet accord, les religieux de Basse-Fontaine possédaient à Vaubercey..... « un journal de terre près des vieux moulins. — *Ad vetera molendina*[1]. »

Il semble que, dès l'époque franque, un bac ait été construit à Vaubercey. Son emplacement devait se trouver au-dessus du gué actuel, dans l'endroit occupé par le pont. Un petit enclos aboutissant à ce point du côté d'Epagne, et ayant sans doute appartenu au passeur, porte encore aujourd'hui le nom de *Clos-du-Bar* (corruption ou mauvaise lecture de la dénomination *Clos du bac*, qui lui est donné dans les pièces anciennes).

Un pont à pied, tenant au moulin de Blaincourt, mettait ce dernier en communication avec l'île formée par la rivière dite *Fausse-Rivière* ou *Rivière-des-Ruisseaux*. Un autre pont permettait de franchir ce cours d'eau et de gagner Epagne ; il avait été construit vers 1786 par les ouvriers du sieur Godard, entrepreneur du flottage des bois destinés à l'approvisionnement de Paris. Il va sans dire que ces ponts, étant en bois, exigeaient un entretien assez dispendieux pour les intéressés.

Antérieurement, on traversait la Rivière-des-Ruisseaux à l'aide d'une nacelle entretenue par les religieux de Basse-Fontaine, propriétaires du moulin.

Les communications entre les deux villages étaient parfois très difficiles. Lors des grandes eaux, le gué de Vaubercey devenait impraticable, et les voitures devaient faire un long détour pour franchir la rivière sur les ponts de Brienne-la-Vieille ou de Lesmont.

Lorsque les routes carrossables commencèrent à sillonner les campagnes et à donner de grandes facilités aux transactions commerciales, une semblable manière d'être ne pouvait durer ; aussi, en 1852, les communes de Blaincourt et

---

[1] *Cartul. de Basse-Fontaine*, édit. Lalore, p. 72, nº 55.

d'Epagne, bien que ce fût pour elles une lourde entre-
prise, firent-elles construire un pont de bois au nord-ouest
des deux villages, à quelques mètres au-dessus du gué de
Vaubercey, endroit le plus propice entre tous à la construction, mais très mal choisi pour la commodité des habitants, obligés de faire un long circuit pour aller d'un
village dans l'autre.

Ce travail fut adjugé au rabais, le 2 octobre 1852, sur
la mise à prix de 13.120 fr. 57, suivant un devis rédigé
par M. Girardin, architecte à Bar-sur-Aube.

En ce moment ce pont menace ruine, et il est question
de le reconstruire dans de meilleures conditions.

Dans son parcours entre les deux villages de Blaincourt,
et d'Epagne, l'Aube reçoit les eaux de plusieurs fontaines
et rus qui sont : à droite, en entrant sur le finage d'Epagne,
le *ru du Pré-Coq-Blanc* ; plus bas, le *ru de la Folie*,
alimenté jadis par le Petit et par le Grand-Etang, aujour-
d'hui desséchés, et par les fontaines d'*Ormay*, de *la
Rigoulatte* et du *Vivier*. Viennent ensuite le *ru de la
Sablonnière*, qui reçoit l'égout des terres et l'eau de la
fontaine de Pommereux ; et plus loin, le *ru du Pré-
Cosson*, dans lequel se déverse l'eau de la *fontaine de
Montois* (cette dernière est sur le finage de Précy-Saint-
Martin) ; enfin, l'Aube reçoit les eaux du *ru de Brau*[1],
placé à la limite des finages d'Epagne et de Précy-Saint-
Martin.

La plupart de ces rus ne coulent pas en été, du moins dans
la partie qui avoisine la rivière. Dès que l'eau qui court
à la surface de la couche d'argile atteint les terrains d'allu-
vion, elle s'imbibe et disparaît pour couler entre deux
terres.

Du côté gauche, c'est-à-dire devers Blaincourt, l'Aube

---

[1] Ce nom vient du celtique *brauw*, *brau*, lieu fangeux, boueux.

est alimentée par le *ru de Bua*, puis par le *ru des Vignes* et, enfin, par les eaux de la *fontaine Pourtreux.*

Il n'y a jamais eu, que nous sachions, aucun étang sur le finage de Blaincourt. A Epagne, il en existait deux : le Petit-Etang et le Grand-Etang, situés l'un au-dessus de l'autre dans la contrée à laquelle ils ont donné le nom qu'elle porte. Nous ignorons l'époque de leur dessèchement.

Voies de communication.

Le finage de Blaincourt est traversé par le chemin de grande communication nᵒ 8, de Lesmont à Chaumesnil, par Précy-Notre-Dame, Blaincourt, Mathaux, Dienville, La Rothière et le Petit-Mesnil, et par le chemin d'intérêt commun de Brevonnes à Blaincourt, n° 35 , avec embranchement passant par la gare de Brevonnes.

Le territoire d'Epagne est coupé en croix, par les chemins de petite vicinalité d'Epagne à Saint-Léger-sous-Brienne, et de Précy-Saint-Martin au Mesnil-Aubert et à Brienne.

Ancien régime.

Etat des villages de Blaincourt et Vaubercey.

Le territoire de Blaincourt, Epagne et Vaubercey était, selon quelques écrivains, compris à l'époque gauloise dans le pays des Lingons, peuplade d'origine belge. Il aurait été détaché de l'immense forêt qui s'étendait des environs de Toul jusqu'aux bords de la Seine.

Sans combattre trop vivement l'attribution de ce territoire aux Lingons, nous avons cru, dans un autre travail[1],

---

[1] *Catalogue des Monnaies gauloises du Musée de Troyes.*

émettre l'opinion que la bande de terre située entre les montagnes crayeuses de la Champagne pouilleuse et les premières assises des hauteurs du pays de Bar-sur-Aube et s'étendant jusqu'à la Seine entre Troyes et Bas-sur-Seine, appartenait à la peuplade des Leuci ou Leuques, ayant la même origine que les Lingons.

Sous la domination romaine, les villages dont nous parlons dépendaient de la première Lyonnaise. Plus tard, ils furent englobés dans le *payus Breonensis* ou Briennois, dans le diocèse de Troyes, dans l'Archidiaconé, le doyenné et le comté de Brienne.

Au xviᵉ siècle, ils faisaient partie de l'Election de Brienne. Blaincourt, d'abord succursale d'Epagne et n'ayant qu'une petite chapelle, devint paroisse et eut un curé qui portait le titre de prieur.

A la fin du xviiiᵉ siècle, Blaincourt, Vaubercey et Epagne compris dans le Vallage, une des huit divisions de la Champagne, ressortissaient à l'Election de Troyes, au grenier à sel de Montmorency et à la poste de Brienne.

En 1355, ils avaient été détachés du bailliage de Troyes pour être placés dans le bailliage et sous la coutume de Chaumont.

Statistique antérieure à la Révolution.

Communauté de Blaincourt.

Blaincourt, Épagne et Vaubercey, ne formant qu'une paroisse, furent compris dans une même communauté. (A partir de 1716, Vaubercey n'est plus mentionné sur le rôle des tailles, il est alors entièrement incorporé à Blaincourt.)

Le montant des tailles est, pour cette paroisse :

en 1659 de 2254 l.
1677 — 1845 l.
1691 — 1530 l. 5 s. 6 d.
1693 — 1589 l. 18 s. 6 d.
1699 — 1442 l. 13 s. 6 d.
1710 — 1560 l.
1715 — 1078 l.
1749 — 1362 l.

1765, pour Blaincourt, 721 l. }
—   —   Épagne, 527 l. 8 s. }   1248 l. 8 s.

1775 — 1211 l. 10 s.

On paie 27 s. 7 d. 1/2 pour livre. — La capitation est de 1569 l.

En 1778, Blaincourt et Épagne figurent sur l'état des communautés qui ont un rôle commun et qu'il conviendrait de séparer[1]. Cette séparation existe en 1787, et les deux villages ont chacun un rôle distinct établi comme il suit :

Familles protestantes : Néant. — Revenus communs : Néant.

	BLAINCOURT.	ÉPAGNE.
Nombre des ménages,	68	77
Hommes mariés,	52	48
Femmes mariées,	52	48
Hommes veufs,	3	12 y compris le seigneu r
Femmes veuves,	10	12
Garçons,	60	53
Filles,	62	46
Garçons tenant ménage,	3	5
Filles tenant ménage,	1	0
Laboureurs,	6	0
Manouvriers,	46	58
Laboureurs d'une ou de plusieurs charrues à 20 arpents par chaque et par saison,	6	6
Laboureurs de leur bien propre,	0	0
Laboureurs fermiers,	7	6
Nombre de charrues entières,	14	6
Biens communaux :		
Arpents de pâtures,	0	4
Arpents de bras de rivière avec le bordage,	0	3
Presbytère à la charge des habitants,	0	1

---

[1] Arch. départ. de l'Aube, C, 1239.

BLAINCOURT. ÉPAGNE.

	BLAINCOURT	ÉPAGNE	
Revenus :			
Bordage d'un bras de rivière,	0	12 l.	30 livres.
Gourmetage des vins,	0	18 l.	

Charges.

BLAINCOURT.		ÉPAGNE.	
Entretiens des ponts et édifices publics,	100 l.	Entretien du presbytère,	50 l.
Nef de l'église et cloches,	200 l.	Un pont ou un bac qu'il faudra établir pour faciliter les relations avec Blaincourt,	100 l.
Entretien des rues dégradées par un port de marine,	300 l.	La nef de l'église, les cloches,	100 l.
Le maître d'école,	200 l.	Le maître d'école,	150 l.
Total....	800 l.	Total....	400 l.

	BLAINCOURT	ÉPAGNE
Montant de la taille[1] principale,	627 l.	485 l. 15 s.
Montant de la capitation et impôts accessoires,	1011 l. 5 s.	760 l. 8 s.

Le marc la livre des impositions est, pour la taille et par livre, de 2 s. 9 d.

Pour les impositions accessoires et capitation, pour livre de la taille, 31 s. 4 d. 1/2.

Pour la propriété, 1 s. 4 d. 7/8.

Pour l'exploitation, 1 s. 4 d. 7/8.

	BLAINCOURT	ÉPAGNE
Nombre de chevaux,	80	30
— vaches,	50	50
— cochons,	30	40
— moutons et brebis,	300	0

La communauté avait, avant la suppression des corvées, 1 000 toises d'entretien sur la route de Troyes à Lesmont, distante de deux lieues environ. Cette année (1787), la contribution en argent, tenant lieu de corvée, montait à 297 livres 15 sous.

La communauté demande la confection d'un chemin de Blaincourt à Mathaux et à Précy-Notre-Dame.

---

[1] La taille était un impôt correspondant à nos contributions directes. — La capitation, impôt datant de 1695, correspondant à la contribution personnelle, mais variable, se payait au marc la livre. — On nommait « privilégiés » les nobles, les magistrats et certaines classes de fonctionnaires qui n'étaient pas soumis à la taille. Leurs fermiers ne payaient que moitié de ce qu'auraient payé les propriétaires roturiers. Les nobles ne pouvaient faire valoir en franchise avec plus de quatre charrues. Ils étaient tenus de payer la capitation.

Le montant des rôles du vingtième est, pour la présente année, de 1203 livres 3 sous pour la communauté de Blaincourt et d'Épagne, n'y ayant qu'un rôle pour les deux paroisses.

L'évaluation des terres labourables est, en rente pour chaque arpent, de . . . .   3 l. 10 s.

      —   des prés . . . .   12 l.

      —   des vignes . . . .   10 l.

      —   des chenevières . . . . .   12 l.

      —   des bois . . . .   5 l.

Les privilégiés et leurs biens sont, pour :

BLAINCOURT.

L'archevêque de Toulouse (abbé de Basse-Fontaine). — Moulins à eau, 1 maison, 2 denrées d'accin, 1 journal de terre, le tout, loué par bail 400 livres. Il fait valoir l'île du Moulin, plantée en bois, qui contient environ 15 arpents.

M. de Radonvilliers (abbé de St-Loup). — 25 arpents de terre et 2 arpents de prés.

Le prieur de Blaincourt. — 10 arpents de terre, 3 arpents de prés, 8 journaux de vignes. Le revenu des dîmes est de 1400 livres.

Le prieur de Précy-Notre-Dame, représentant les religieux de Basse-Fontaine. — 108 arpents de terre et 14 arpents de prés, loués 680 liv.

La Fabrique possède 12 arpents de terre et 74 cordes de prés.

Les religieux Jacobins, de Troyes. — 19 arpents de terre, une rente de 45 livres.

ÉPAGNE.

M. de Radonvilliers (abbé de Saint-Loup). — 50 arpents de terre et un arpent de vignes, loués, par bail, 350 livres.

Les religieux de Saint-Loup. — 20 arpents de bois, estimés 100 livres de rente.

La Fabrique possède 4 arpents de vignes, 1 arpent de terre et 4 arpents de prés, loués à plusieurs particuliers.

Le comte de Brienne possède 10 arpents de bois.

Le prieur de Blaincourt et d'Épagne, seul décimateur, loue sa dîme en grains, par bail, pour une somme de 400 livres. La dîme en vin, perçue par lui, est estimée également 400 livres, année moyenne [1].

---

[1] Arch. départ. de l'Aube, C, 1239 et 1273.

Biens communaux.

La communauté de Blaincourt a-t-elle possédé quelques biens ? Nous l'ignorons, n'ayant rencontré aucune mention qui pût nous renseigner à ce sujet.

Les habitants d'Épagne, d'après une déclaration de leurs Usages, faite le 8 septembre 1666, possédaient alors : le Clos le-Maire, contenant deux arpents, ou environ, pouvant valoir 40 sols de rente. Ce terrain leur avait été cédé par M. d'Alichamp, en échange d'un arpent sur les Tertres. Ils jouissaient, en propriété, d'un Usage appelé le Gué-au-Febvre, contenant une denrée et demie, ou environ, pouvant valoir 15 sous de rente ; d'un autre Usage appelé Pute-Rive, contenant une denrée et demie, pouvant valoir 10 sous de rente, et d'un Usage nommé le Saulcis, tenant au Gué-au-Febvre, vendu depuis à M. d'Alichamp. Ils étaient, en outre, propriétaires de l'Usage des Russaulx (ou des Ruisseaux), à prendre depuis la croix faisant la séparation des finages de Brienne, Épagne et Saint-Léger, jusqu'à l'embouchure de la rivière d'Aube, contenant environ 4 ou 5 denrées [1].

Ces biens appartenaient encore à la commune, en 1852, époque où elle dut en vendre une partie pour subvenir à la lourde charge que lui imposait la construction d'un pont sur la rivière d'Aube.

Anciennes mesures agraires.

L'arpent local était de 100 cordes ou 8 denrées égalant 42 ares 21 centiares ;

Le journal local était de 75 cordes ou 6 denrées égalant 31 ares 66 centiares.

La denrée locale était de 12 cordes et demie égalant 5 ares 28 centiares.

---

[1] Arch. Brion, d'Épagne.

La Corde locale était de 12 pouces égalant 0 are 42 centiares.

La denrée était la mesure employée pour les vignes (denariata vineæ). Cette mesure correspondait originairement à l'étendue d'une vigne rapportant un denier de cens par an.

Anciennes mesures des céréales.

En 1788, la mesure dont on se sert le plus ordinairement dans les marchés est le boisseau de Troyes ou d'Arcis, pesant en grain 36 ou 40 livres. Le setier de 16 boisseaux pèse environ 530 livres.

Le boisseau de Brienne était plus petit que celui de Troyes ; 24 boisseaux de Troyes en faisaient 28 de Brienne[1].

Mouvement de la population.

En 1665 la population de la paroisse de Blaincourt sélevait à 96 feux [2], soit environ 480 habitants.

D'après le dénombrement publié par Saugrin, le nombre des feux était, en 1735, de 90, ou environ 450 habitants. En 1787 la paroisse comptait 458 habitants.

En 1834, Blaincourt avait 274 habitants, Epagne 292
— 1876,   —   — 236   —   — 239
— 1881,   —   — 212   —   — 237
— 1886,   —   — 206   —   — 234
— 1891,   —   — 175   —   — 213
— 1896,   —   — 175   —   — 199

Ces chiffres n'ont pas besoin de commentaire.

---

[1] Arch. de l'Aube, G, 562.

[2] On multiplie ordinairement par 4 ou 5 le nombre des feux pour avoir le chiffre des habitants.

Droits seigneuriaux.

Les seigneurs de Blaincourt avaient un droit de pâturage et de troupeaux à part, des droits d'aubaine, de bâtardise, de déshérence, etc. Ils possédaient en commun avec les seigneurs d'Epagne le droit de rivière et le droit de bac, et ils jouissaient des droits de rouage prélevés sur les charrois et sur les bateaux passant sur la rivière. Ils percevaient en outre des droits de censives, poules, grains, etc.

En 1643, par transaction avec M. d'Alichamp, seigneur d'Epagne, les habitants du lieu et les forains constituèrent à son profit une censive uniforme sur tous les héritages. Elle fut fixée à trois deniers de cens pour chaque denrée d'héritage, quelle qu'en soit la nature, et à 5 sous et une poule pour chaque maison ou grange[1].

Banalités.

On entend sous ce nom le droit qu'avait le seigneur d'un village d'astreindre les habitants de cette localité à se servir de son four, de son pressoir, etc., moyennant une redevance fixée d'un commun accord. Nous n'avons trouvé pour Blaincourt et pour Epagne aucune mention de fours banaux, bien que certainement les seigneurs de ces villages aient dû jouir de la prérogative qui leur permettait d'en élever.

En 1711, le seigneur de Blaincourt possédait à Vaubercey un pressoir non affermé dont le revenu était estimé 6 livres[2].

Mme de Créquy avait, en 1784, un pressoir banal fermé

---

[1] Arch. Brion, d'Epagne.
[2] Arch. départ. de l'Aube, E, 159.

de bâtiments situés à Blaincourt, dans l'enclos de Jacques Plançon[1].

A Epagne, le 7 février 1640, les habitants, réunis au son de la cloche devant le portail de l'église, considérant que la plus grande partie de leurs biens consistent en vignes et qu'ils ne possèdent aucun pressoir convenable pour pressurer leurs marcs, requièrent M. Honoré d'Alichamp, leur seigneur, d'édifier un pressoir et un bâtiment pour le mettre à couvert, s'engageant à y pressurer et à le rendre banal et offrant de payer les droits réglés par la coutume de Chaumont, en se soumettant aux peines sanctionnées par cette coutume. M. d'Alichamp leur propose la banalité d'un pressoir qu'il vient d'établir dans une grange lui appartenant par suite d'échange avec le nommé Nicolas Liégé et qu'il a fait entourer de murs pour mettre les pressurages à l'abri des gens de guerre signalés sur la frontière de Lorraine, et s'engage à satisfaire, pour sa part, à tout ce qu'il est possible d'exiger des seigneurs ayant droit de banalité.

Les habitants acceptent cette offre et promettent de ne pas recourir à une autre juridiction que celle du seigneur d'Epagne, sous peine de 5 sols d'amende et de tous dépens, dommages et intérêts, et ce pour culx et leurs hoirs, donnant en garantie tous leurs biens présents et à venir[2].

Ce pressoir existait encore en 1755, et M. Bajot, seigneur d'Epagne, avouait en tirer un revenu d'environ 12 livres.

Service militaire.

En vertu de l'ordonnance royale de 1448, chaque paroisse devait fournir un milicien connu d'abord sous le

---

[1] Arch. départ. de l'Aube, E, 154.

[2] Arch. Brion, d'Epagne.

nom de franc-archer. Elle avait le droit de se cotiser pour payer un homme chargé de faire le service militaire en son nom.

L'ordonnance de 1691 voulut que le militaire de chaque paroisse fût désigné par le sort parmi les garçons et les jeunes hommes mariés de la paroisse. L'homme tombé au sort pouvait se faire remplacer à prix d'argent.

En 1783, le syndic d'Epagne réclamait 3 livres pour avoir conduit à Troyes les garçons appelés à tirer à la milice [1].

Justices.

Mairie royale de l'Épine.

La mairie royale de l'Epine, dont le siège de première instance était à Epagne et l'appel à Brienne, étendait son action sur les seigneuries de Blaincourt, Epagne et Vaubercey.

On entendait sous le nom de *mairie royale* le droit qu'avait le roi d'établir dans une localité un maire, c'est-à-dire un juge, connaissant en première instance de tous cas personnels, civils et criminels (excepté les cas de police), s'appliquant aux habitants du lieu qui s'avouaient *bourgeois du roi* et lui payaient annuellement une somme de six deniers pour livre de leur capital mobilier (soit un quarantième) ou de deux deniers pour livre de leur capital immobilier (soit un cent-vingtième). Cette redevance se nommait *droit de justice bourgeoise*. C'étaient le plus souvent des affranchis qui, en acquittant ce droit, cessaient d'être justiciables de leur seigneur particulier pour être placés sous la justice du souverain.

---

[1] Arch. départ. de l'Aube, C, 1373.

Lors de l'établissement de la féodalité, tout le domaine royal ne fut pas aliéné, et la royauté conserva des droits dans de nombreuses localités. La mairie d'Epagne semble remonter à cette époque éloignée, seulement elle a conservé son nom primitif de mairie de l'Epine, alors que le village où elle s'exerçait a vu le sien se modifier et s'éloigner de sa forme première qui, naturellement, était la même.

Le roi Jean, en 1355, fit don au comte de Brienne des droits qu'il avait sur les hommes et femmes de Jurée et sur les bourgeois du roi du comté de Brienne[1].

En 1564, le juge de la mairie de l'Epine se qualifiait : juge pour haut et puissant seigneur Messire Jean de Luxembourg, comte de Brienne, seigneur haut justicier de Blaincourt, Epagne et Vaubercey.

Par transaction du 22 mars 1684, le comte de Brienne céda, moyennant 3.000 livres, ses droits sur la haute et basse justice et sur la mairie de l'Epine, à MM. de Saint-Hérem et de Hénin-Liétard, à la réserve du ressort de justice devant les officiers de son comté, en cas d'appel[2].

En 1693, Jacques-Antoine de Hénin-Liétard acquit la part de M. de Saint-Hérem, et il se trouva ainsi possesseur de la totalité de la justice.

Justice seigneuriale.

A côté de la mairie royale se trouvait la haute justice seigneuriale, à laquelle les comtes de Brienne ont toujours prétendu sur les villages dont nous étudions l'histoire.

Les seigneurs de Blaincourt et d'Epagne réclamaient cette justice comme ayant été abandonnée sans réserves, en 1520, par Charles de Luxembourg à Antoine de Luxémont.

---

[1] Arch. départ. de l'Aube, E, 757.

[2] Arch. du château de Brienne. Invent. de la mouvance du Comté.

Lors de la vente des biens de Pierre Le Gras, la haute justice fut comprise dans l'aliénation.

Le comte de Brienne fit opposition comme possesseur réel de la dite justice et il fut maintenu dans ses droits par arrêt du Parlement. MM. de Saint-Hérem et de Hénin en appelèrent de cette sentence. L'affaire se termina par une transaction. Le comte de Brienne leur céda tous ses droits, en même temps que la Mairie de l'Epine, pour une somme de 3.000, livres ainsi que nous l'avons dit plus haut.

Bien que M. de Blaincourt se prétendît seul seigneur justicier à la suite des acquisitions qu'il avait faites du comte de Brienne et de M. de Saint-Hérem, les descendants de M. d'Alichamp ne renoncèrent jamais à un droit auquel ils prétendaient avoir part ; aussi résistèrent-ils fermement à M. Donatien de Maillé, tuteur de Mademoiselle de Hénin, qui voulait les forcer à se désister de leurs prétentions à la haute justice.

Ils représentèrent qu'en 1637 Honoré d'Alichamp, seigneur d'Epagne, avait adressé une requête au bailli de Chaumont pour obtenir l'autorisation de rétablir le pilori et que, personne n'ayant fait opposition à cette demande, elle fut octroyée et le pilori reconstruit, suivant procès-verbal du 4 mai 1637[1].

Les choses restèrent en l'état jusqu'à la Révolution qui, en bouleversant les anciennes institutions, mit fin à la contestation.

Le seigneur haut justicier percevait les amendes de 3 livres et au-dessus, il nommait les officiers pour l'exercice de cette justice, tels que juge, lieutenant, procureur fiscal, etc.

La justice moyenne et basse appartenait à tous les seigneurs de la paroisse, qui s'en partageaient les produits et les charges en proportion des parts de seigneurie qu'ils pos-

---

[1] Arch. dépt. de l'Aube, E, 154 et 161.

sédaient. (Ainsi, en 1693 M. de Hénin percevait les droits de justice de quatre parts dans onze pour la seigneurie d'Epagne.)

Ils recevaient les amendes au-dessous de 3 livres et les droits de justice et ils nommaient leurs officiers.

En 1711 la ferme du greffe de la justice d'Epagne était amodiée à Gaucher, de Brevonnes, pour la somme de 8 livres [1].

Noms de quelques officiers des justices de Blaincourt et d'Epagne

Mairie de l'Epine.

JUGES EN GARDE.	LIEUTENANTS.	GREFFIERS.
1586, Jean du Rup.		
1589, Jean Mairelet.		
1648-1665, François Coquin.	1628, Jean Grée.	
1677, Claude Mérat.	1666, Claude Mérat.	1666, Edme Badois.
1719, Claude Mailly.	1702, François Caffet.	
1729, Joly.		1732, Claude Nolot.
1739-1751, Claude Delestre.	1739, Jean Auger.	
1758-1785, Nicolas Auger.	1750, Nicolas Besançon.	

Sergents et huissiers.

1549, Guillaume Hérart, sergent en la mairie de l'Espyne (*sic*) [2].
1749, Nicolas-Louis Tassin, demeurant à Blaincourt, sergent en la mairie de l'Épine.
1770, Nicolas Arnould, huissier audiencier, sergent en la mairie de l'Épine.
1780, Étienne Arnould,   id.   id.

Justice seigneuriale.

JUGES DE BLAINCOURT.	JUGES D'ÉPAGNE.
	1650, Jean Doiselet.
	1666, Noël Chrétien.
1719, Claude Mailly.	1702, François Caffet, notaire à Précy-Saint-Martin.
1751, Claude Delestre.	1738, Claude Delestre (Claude Nolot, son greffier).

---

[1] Arch. départ. de l'Aube, E, 159.

Nota. — La série B des Archives départementales de l'Aube renferme, dans la liasse n° 1547, un nombre assez considérable de pièces émanant de la justice seigneuriale de Blaincourt, Epagne et Vaubercey, et datant en grande partie du XVIIe siècle.

[2] Arch. départ. de l'Aube, E, 762.

Procureurs fiscaux.

BLAINCOURT.	ÉPAGNE.	NOTAIRES.
	1623. Jean Ogier, notaire, à Brienne.	1607, Jean Ogier, à Épagne.
		1612, Denis Lécorché, à Vaubercey.
		1692, Louis Girardin, à Blaincourt.
		1692, Edme Badois, à Blaincourt.
		1733, Louis Grand, à Blaincourt.
	1687, François Nérot.	1766, Carré, à Épagne.
1732, François Deligny.	1746, Louis Grand, notaire à Blaincourt.	1766, Nicolas Arnould, à Épagne.
1786, Claude Antoine.	1763, Trouard-Riolle.	

Léproserie de Blaincourt.

Au xiiie siècle, alors que la lèpre, terrible et hideuse maladie rapportée d'Orient par les Croisés, faisait tant de victimes, le village de Blaincourt fut certainement doté d'une léproserie par les chanoines de l'abbaye Saint-Loup de Troyes, qui venaient de fonder un prieuré dans cette paroisse. Un accord conclu entre eux et les religieux de Basse-Fontaine, en 1240, ne laisse aucun doute sur l'existence d'un établissement de ce genre. Il y est dit que cette dernière communauté possède un journal de terre près de la maison des Lépreux de Blaincourt (*ad domum leprosorum de Blaincort* [1]). Aucun document ne fait connaître l'importance de cette ladrerie et l'époque de sa disparition.

---

[1] Cart. de Basse-Fontaine, édit. Lalore, p. 72.

ÉPOQUE ACTUELLE

Statistique.

Aujourd'hui, Blaincourt et Epagne sont deux communes de l'arrondissement de Bar–sur-Aube et du canton de Brienne.

Lors de la formation du département, elles avaient été comprises dans le District de Bar-sur-Aube et le canton de Lesmont, composé de dix municipalités, qui étaient : Bétignicourt, Blaincourt, Epagne, Lesmont, Mathaux, Molins, Pel-et-Der, Précy-Notre-Dame, Précy-Saint-Martin et Saint-Christophe.

La loi du 28 pluviôse an VIII (17 février 1800), supprimant les districts, plaça Blaincourt et Epagne dans l'arrondissement de Bar–sur-Aube et dans le canton de Brienne, dont ils font encore partie aujourd'hui.

Longitude en temps : Blaincourt, 08′28″ [1].
Longitude en grades, 2ᵍ35′15″.
Longitude en temps : Epagne, 08′30″.
Longitude en grades, 2ᵍ36′25″.

Blaincourt.

Suivant le cadastre de Blaincourt, dressé en 1811, la superficie totale du finage est de 581 h. 40 a. 78 c.

---

[1] D'après M. Febvre (*Mém. de la Société Acad. de l'Aube*, t. XXIX, 1865), la longitude en temps est donnée par rapport au méridien de Paris, c'est-à-dire qu'elle indique le nombre de minutes ou de secondes qu'il faut retrancher de l'heure de Paris, ou y ajouter pour avoir l'heure du lieu.

Elle se répartit ainsi :

	H.	A.	C.
Terres labourables	444	26	36
Vignes	11	13	44
Jardins	2	23	26
Prés	48	33	75
Pâtures	6	78	39
Bois	28	75	33
Vergers	1	28	89
Chenevières	6	49	55
Friches		36	60
Broussailles	1	57	02
Propriété bâtie. — Superficie	3	70	20

Maisons (nombre de)................. 57

Dont le revenu imposable est de 4.357 fr. 50 c.

	H.	A.	C.
Église et cimetière		46	95
Chemins et place publique	18	44	27
Rivière et ruisseaux	7	56	77
	26	47	99

	H.	A.	C.
	26	47	99
Total	581	40	78

Revenu imposable :

Propriété non bâtie	15.076 fr. 09 c.
Propriété bâtie	4.357 fr. 50 c.
Total	19.433 fr. 59 c.

Epagne.

Le cadastre d'Épagne a été rédigé en 1811.

La superficie totale du finage est de 391 h. 23 a. 21 c., répartis comme il suit :

	H.	A.	C.
Terres labourables	196	01	47
Vignes	68	31	12
Jardins	2	25	40
Prés	22	25	44
Pâtures	3	57	44
Bois	54	74	24
Pépinières	5	03	68
Vergers	1	42	85
Saussaies	9	93	83
Chenevières	6	32	41
Friches		77	52
A reporter	370	65	40

	Report.....	370	65	40
Broussailles...			26	77
Propriété bâtie. — Superficie...........................		2	37	09
Total....................		373	29	26

		H.	A.	C.
Maisons (nombre de)................	73			
Dont le revenu imposable est de 4.942 fr. 50 c.				
Église et cimetière non imposables.......			12	65
Chemins et place publique —		12	10	»
Rivière et ruisseaux —		5	71	30
		17	93	95

17 93 95

391 23 21

Revenu imposable :

Propriété non bâtie....................		11.631 fr. 94 c.
Propriété bâtie		4.942 fr. 50 c.
Total.................		16.574 fr. 44 c.

**Noms des différentes contrées, terres et rues du finage
de Blaincourt et Vaubercey,
d'après les titres anciens et le cadastre.**

Rue du Gué.
Rue (la Grande), à Vaubercey.
Rue de Précy-Notre-Dame.
Ruelle Bourgeois.
Rue du Moulin.

Contrées.

Assont-Camps-Recons.

Boel (du).
Bois-d'Épagne (du).
Brosses (ou Brousses) des (dès 1574).
Brosses (les Petites-), près Champ-
  moron.
Buisson-Chevalier (le).
Buisson-de-Curanson (le), (écrit aussi
  Curasson) ou les Pointes.
Buisson-Rond (le).

Cardensée (la), à Vaubercey, 1574.
Champ-au-Charbon (le), ou à-Charbon
Champ-au-Moine (le), 1675.
Champ-Borgnat (le).
Champ-d'Enfer (le).

Champ-Guillaume (le). (Essartum Wil-
  lelmi.)
Champ-Marcus (le).
Champ-Morans, Mouron ou Moron (le).
Champ-de-Serez ou de Cérès, près la
  ruelle Bourgeois.
Chaperon ou Pré-Jean (le).
Chemin (le Haut-).
Chemin-de-la-Haye-Guillaume (le).
Chêne (au).
Chêne-Guillaume (le).
Claudin (les Terres-) ou Claudon et
  Clodon.
Corte-Roie-Douet (la).
Cormotte (la) ou Cornuotte, pré.
Corvée (pièce de la) ou les Corvées.
Costats (les).
Coste (la), pré.
Côte-de-feu-Guillaume-le-Pêcheur (la).
Crais (aux).
Croix-de-Blaincourt (la).
Croc-la-Gougarde (le), pré à Vaubercey.
Curanson (le buisson de).

Dauay ou Doet (l'Hesar ou Essart).
David (la Haie-).
Doir (en) ou Doire.

Entre-deux-Prés.
Eschanson.
Essart-au-Buisson (l').
Essert (le Grand-).
Essert-Garnier (l').
Estocs (les) ou l'Estot, 1574.

Fontaine-Pourtreux (la).
Fossé (le).
Fossés (la pièce des).
Fourches-Vinais (les).
Fourrières (ès).
Fromageat.

Garenne-Barbarin (la).
Grand-Pré (le).
Grand-Essert.
Graverottes (les).
Guende (le) ou le Guede.
Guignette (peut-être en souvenir de
     M. de Guigne).

Haie-David (la).
Haie-du-Barque (la).
Haie-Guillerme.
Haie-Margot.
Haut-Chemin (le), à Vaubercey.
Haut-du-Bout (le).
Herbues (les), à Vaubercey.
Hésar-Douet (ou Essart-Douet).

Jardinets (les), près le rû des vignes.
Jardins (les).

Lanerois.
Lecot (ou l'Escot), le pré, près le bois
     d'Epagne.
Loves (les).

Marchat-à-la-Corte-Roye (le).
Marchat-au-Prieur (le Grand-).
Marcus (le Champ-) ou Champ-Marquot.
Martin-Lesmont (*alias* Martin-le-Mont).
Merdouze (ou Merdoze) (le pré de la),
     1574.
Mez-Robinou (le), tenant au Haut-che-
     min.
Mor-des-Vignes (le).
Morange (le pré et la pièce).
Mostrière ou Mostenière (à la).

Noyer (le).

Au Pomerat, près l'église, du côté de
     Vaubercey.
Pauvres-Terres (les).
Perchée (la).
Petits-Prés (les).
Petrine (la), comprise dans la pièce de
     Curanson.
Pièce-Curanson (la).
Pièce-des-Fossés-de-Haudebert.
Pilori (le) ou autrement La Planche.
Pirouelle (la).
Planchette (la).
Poirier (le).
Praillon (le).
Pré (le Grand-).
Pré-aux-Seigneurs (le).
Pré-Bellat.
Pré-de-Cire.
Pré-des-Convers, sous Epagne.
Pré-des-Sourches.
Pré-des-Varennes.
Pré-en-Bois.
Pré-de-la-Merdouze.
Pré-Jean ou Chaperon.
Pré-l'Ecot ou l'Escot.
Pré-Morange.
Pré-Mauclerc.
Pré-Fromageat ou Fromageot.
Pré-Saint-Félix.
Pré (les Petits-).
Pré-Tabourin.
Pré-Saint-Loup.
Pré-Vallot.

Renom (le).
Ribaut (le).
Rein-Selot.
Roberde (la).
Rue du Bar (Sur la), à Vaubercey.
Rue du Cray (la), à Vaubercey.
Ruelle-aux-Bourgeois et Ruelle-Bour-
     geaud.

Saussay (le).
Saussis-Claudot (le), près le Haut-Che-
     min.
Saussins (les) ou Pré-du-Saussis.
Sautour (Pâtures de).

Tassonère (la) ou Tassonière.
Terres-de-Débat (les).

Varennes (les), à Vaubercey.— Les Va-
     rannes.

Vaubercey.
Vieux-Moulins-de-Vaubercey (les).
Voie-de-Pel (ès-).

Fontaines.

Fontaine-Pourtreux (le).

Fontaine-Tabourin (la).

Rus.

Ru de Bua.
Ru-des-Vignes-de-Blaincourt.

Epagne.

Noms de contrées du finage et lieux dits.

Annuailles (les), près le Pré-Enfermé.
Antes (les), près le chemin d'Epagne à
  Saint-Léger, sur la gauche, terre
  de franc alleu.

Bas-de-l'Eglise (le)
Belle-et-Longue-Roye (la).
Billotte (le Grand-), près le Chemin-de-
  Précy-Saint-Martin.
Bois-Brûlés (les).
Bois de la Charme-au-Genièvre.
Bois de Goussemé.
Borde (la), près le Grand-Etang.
Bras (les).
Brefou ou les Queues-de-Chats.
Brûles (ès-), tenant à la ruelle Saint-
  Georges.

Cafrou (le).
Caron (la rue du).
Champ-de-la-Cour, près le Closet.
Charme-au-Genièvre (la), bois.
Chaussée (la).
Chemin-du-Bar (ou du Bac).
Chemin du Moulin.
Chêne (le Pré du).
Clos-du-Bar ou du Bac (le).
Closet (le), au levant du chemin de
  Brienne, près le champ de la Cour.
Clos-le-Maire (le).
Colin (le pré-).
Cornue (la pièce-).
Côte-Saint-Georges (la).
Cras (les) ou les Crès.
Crot-de-la-Sablonnière.
Crot-à-la-Terre ou les Crots.

Derrière-les-Haies.

Etang (l').
Etang-du-Petit-Noyer.

Etang (le Grand-).
Etang (le Petit-).

Fosse-Mouille-Pain (la).

Galliche (la); tenant au bois.
Garenne (la).
Garillon (au-dessus du).
Goussemé (bois et terre de).
Grand-Billote (la), près le chemin de
  Précy.
Grosse-Haie (la).
Gué-au-Febvre (le).

Haie-à-la-Dame ou Haie-Madame.
Haie-Farinel, près les Vieilles-Vignes (la).
Haies-de-Goussé (les).
Haut-de-l'Etang (le).

Loge (la).
Longues-Roies (les).

Marguenate (la pièce de la), près le Pré-
  du-Chêne.
Moramberdes (les).
Mouille-Cu, près de Presle.
Morroie (la), vigne près de l'Etang.

Ormay (ou Orma).

Pâturatte (la).
Petites-Côtes.
Petit-Noyer.
Pièce-Cornue.
Pièce-l'Abbé.
Pierre (la Grande-), près du chemin de
  Précy-Saint-Martin.
Plantes (les).
Pommeraux ou Pommereux (vignes, pré
  de).
Poncel (la pièce du).

Pré–au-Tendon (le).
  Colin ou Cocq-Blanc (le).
  Cosson (le).
  De-la-Planche (le).
  d'Entre-deux-Eaux (le).
  du Chêne.
  du Saulcy, près de la rivière des
   Ruisseaux.
  Enfermé.
  Joly.
  Michaut.
  Rompu (le).
Presles (contréc de).
Putes-Folies (vignes des).
Pute-Rive (la).

Queues-de-Chats (les) ou Brefou.

Rue de la Croix, près l'Orme (la).
Ruelle Saint-Georges (la).
Ruisseaux (les).
Sablonnière (la).

Terre-Notre-Dame (la).
Tertres (le et les).

Vallière (la pièce de).
Vieilles-Vignes (les).
Vignot, près la rivière (le).
Vivier (le).
Voie–de-Montois (la).
Vordet (le).

Fontaines.

Fontaine-de-Goussemey.
  de la Rigoulatte.
  du Petit-Etang.
  d'Ormay.
  du Vivier.
  de Pommereux.

Rus.

Ru-de-Brau.
  de la Folie.
  de la Sablonnière,
  du Pré-Cosson.

Archives municipales.

BLAINCOURT. — Les plus anciens documents conservés aux archives communales sont les registres de l'état-civil, dont le premier remonte à l'année 1692. Ces registres renferment de nombreux et intéressants documents généalogiques que nous avons utilisés dans le cours de notre travail. Il en est un cependant qui n'y figure pas, c'est l'acte de mariage de M. Thomas Fitz Gérald, irlandais, fils de M. Olivier Fitz Gérald et de dame Catherine Dienne, avec demoiselle Elisabeth, fille de M. Guillaume Bermingham et de madame Françoise de Nugent, célébré dans l'église de Blaincourt, le 29 octobre 1698. De la lecture de cette pièce, on peut conclure qu'à l'exemple de beaucoup de membres de la noblesse, M. de Hénin avait donné l'hospitalité, dans son château de Blaincourt, à des catholiques irlandais, obligés, par la persécution, de quitter leur pays.

ÉPAGNE. — Les registres de l'état-civil sont les plus anciens documents conservés aux archives. Le premier d'entre eux porte la date de 1677. Nous avons, comme pour Blaincourt, mis en œuvre dans cette notice tous les documents qu'ils renferment.

Château de Blaincourt.

Aucun plan, aucun dessin ne sont parvenus jusqu'à nous pour nous donner une idée exacte de ce qu'était le château de Blaincourt; seuls, un inventaire dressé après le décès de Guyonne de Gaune et un bail fait à Desjardins fournissent quelques indications sur son importance.

Le château se composait d'un ensemble de bâtiments assez considérable, assis sur un tertre à la sortie de Blaincourt, en allant du côté de Vaubercey.

Son emplacement était limité au levant par une allée de marronniers d'Inde, longeant la rue et conduisant à l'église. (Il reste encore quelques-uns de ces arbres au chevet de cet édifice, sur la rue.)

Autour des bâtiments était un verger de deux arpents quatre-vingts cordes, divisé en quatre parties; un jardin potager planté d'arbres nains, partagé en quatre carrés et comprenant un arpent cinq cordes ; un second verger, d'un arpent cinquante-cinq cordes, et une pièce de vignes de deux arpents [1].

Le château se composait, au rez-de-chaussée, d'une grande antichambre sur la cour, près de laquelle se trouvait, au nord, la salle à manger. Venaient ensuite, le salon de compaguie, une seconde antichambre servant d'entrée et de sortie au jardin, puis la chapelle ; une chambre de maître donnant sur le jardin et un boudoir.

---

[1] Arch. départ. de l'Aube, E, 154.

Contre le grand escalier, il y avait une salle de bain et divers petits appartements donnant sur une terrasse.

De l'autre côté de la grande antichambre étaient une chambre, deux cabinets, un petit salon, puis une chambre ayant vue sur la cour et tenant à la cuisine, qui avait son entrée sur ladite cour.

Au premier étage, près d'un petit escalier, était un appartement avec cabinets de toilette, garde-robe, etc. Au nord, sur le jardin, au-dessus de la salle à manger, se trouvait un autre appartement également avec garde-robe, chambre de domestique, etc. Un appartement complet occupait le dessus de la grande antichambre, tenant à la galerie du grand escalier ; il se composait, comme les autres, de cabinet de toilette et garde-robe, et, en outre, de quatre chambres de domestiques.

Les bâtiments d'exploitation consistaient en deux granges dans la basse-cour, écuries pour vaches et chevaux, bergeries, trois colombiers, grand hallier avec greniers, remises, porcellières, vinées, deux cours hautes et deux cours basses fermées et entourées de bâtiments et de murs.

On ignore quels étaient le mode et la date de construction de ce château.

Les biens de Madame de Créquy ayant été confisqués lors de la Révolution et vendus nationalement, tous les bâtiments furent entièrement démolis, et le terrain qu'ils occupaient, divisé en parcelles, fut adjugé à plusieurs acquéreurs.

Aujourd'hui, il ne reste que le souvenir de cette demeure seigneuriale.

Dans les notes et correspondances qui ont servi à Courtalon pour la rédaction de sa Topographie historique du diocèse de Troyes, il est dit que de ce château on avait une très belle vue sur la rivière[1].

---

[1] Biblioth. de Troyes, ms., n° 2315.

Les seigneurs de la maison de Hénin habitèrent Blaincourt jusqu'à l'époque où, ayant acheté le château de Saint-Phal, ils y transportèrent leur domicile. Le château de Blaincourt servit alors à loger les amodiateurs du domaine, qui furent successivement Daullet de Maisoncelle, de Sanglier, Martin de Rochebonne et Desjardins.

Madame de Créquy, ne vivant pas avec son mari, semble avoir habité Blaincourt jusqu'en 1791, époque de son départ pour la Suisse.

Le mobilier du château était en rapport avec l'importance des appartements. Dans l'inventaire dressé en 1793, on voit figurer plus de quinze glaces, ce qui était un grand luxe pour l'époque. Il y est fait mention d'un *lit à la duchesse en damas cramoisi*, d'un *lit à baldaquin, en siamoise flambé*, d'un *lit à la turque, en satin broché*, avec deux *oreillers en taffetas*, de *tapisseries des Gobelins* faisant tenture, de *meubles en marqueterie*, d'un *sopha bleu artiste*, de *fauteuils garnis de damas cramoisi*, de *moire rose*, de *velours d'Utrecht*, de *tapisseries en point de laine*, de *satin broché*, de *taffetas*, de *moquette*, d'un grand nombre de bouteilles de verre, d'une voiture à quatre roues à impériale avec ses glaces, etc.

Voici, d'après le procès-verbal d'adjudication, les prix qu'atteignirent quelques objets :

Un lit à la duchesse en damas cramoisi avec ses garnitures.. 900 l. » s.

Une glace en deux pièces formant trumeau.......... 300 »

Une douzaine d'assiettes de faïence............... 3 12

Un huilier de faïence avec ses burettes............ 3 »

Un manteau de cour en taffetas, à usage de femme, adjugé à Jacques Bergeon, de Blaincourt....... 20 10

Deux chemises de femme en toile de Hollande....... 12 »

Une mère vache................................... 100 »

La vente du mobilier produisit une somme de 26.116 livres 13 sous, chiffre qui démontre l'importance de ce mobilier, surtout si l'on tient compte des bas prix auxquels le plus grand nombre des objets furent adjugés [1].

Paroisse de Blaincourt et Prieuré.

Voir aux chapitres paroisse d'Epagne et abbaye Saint-Loup.

Eglise de Blaincourt.

L'église de Blaincourt, placée sous le patronage de saint Loup, date du xvie siècle, sauf les voûtes et les fenêtres de l'abside reconstruites en 1834, mais sur le plan primitif et malheureusement avec des matériaux de mauvaise qualité, c'est-à-dire en craie.

Il existe dans le chœur deux chapiteaux, qui paraissent provenir de l'église primitive. Ils sont en pierre rougeâtre, tirée des carrières de Neuilly et ressemblent beaucoup, comme style et comme exécution, à ceux que l'on voit dans l'église de Rosnay. Cet édifice est orienté, de même que tous ceux de la région. Il se compose d'une nef avec un bras de croix du côté nord. Sa longueur est de 27 mètres, et la largeur de l'abside et de la nef est de 6^m 10 ; celle du transept, de 12^m 60. L'abside est haute de 6^m 50 ; le transept et la nef n'ont que 6 mètres.

L'abside est à 5 pans et voûtée. Le transept se compose de deux travées voûtées ; la nef d'une travée, non voûtée.

Au milieu de la nef, du côté du midi, s'ouvre une porte bâtarde qui mettait le prieuré, le château et les habitants de Blaincourt en communication avec l'église. Au-dessus de cette porte, on lisait encore, il y a trente ans, la déclaration de Robespierre, du 7 mai 1794 : « LA RÉPUBLIQUE

---

[1] Arch. départ. de l'Aube, 4, Q, 16.

FRANÇAISE RECONNAIT L'EXISTENCE DE DIEU ET L'IMMORTALITÉ DE L'AME. »

Dans le mur du bras de croix construit au nord se trouvait également une porte bâtarde, qui servait aux habitants de Vaubercey pour pénétrer dans l'église. Condamnée pendant longtemps, elle fut ouverte à nouveau lors des réparations exécutées en 1782. A cette époque, l'église menaçant ruine, les habitants demandèrent qu'elle fût visitée et réparée. Leur requête ayant été octroyée, il fut procédé à la réfection de trois piliers butants et à l'enlèvement du petit clocher. Le devis montait à 700 livres.

Ces travaux amenèrent des dissensions entre les habitants et le prieur-curé, qui s'efforçait de se soustraire à une lourde charge et discutait sur tous les points. Dans leur requête, les habitants prétendaient, à l'encontre du prieur, que les décimateurs (c'étaient les prieurs-curés) avaient toujours fait jusqu'alors les réparations de l'église de Blaincourt. depuis le sanctuaire jusqu'au 'crucifix qui sert à marquer la séparation des places des hommes de celles des femmes et ils s'appuyaient sur le droit commun, qui veut que les chœurs et cancels des églises soient réparés aux frais des décimateurs seulement.

Pour établir d'une manière certaine la limite de la nef, ils rappelaient qu'au bas des marches du sanctuaire il y avait deux tombes, dont l'une du côté de l'Evangile, sur laquelle on lisait : Cy gist Guyonne de Gaune, etc...., et une autre tombe à droite, où est gravée une croix qui couvre toute la longueur et la largeur de la pierre, et qui a toujours été la sépulture des prieurs-curés. Ces tombes prouvaient que les seigneurs et les prieurs-curés étaient enterrés dans le chœur. Dans la nef, on voyait, d'autre part, trois tombes de laboureurs dont une était celle de Marguerite Barat, d'Eclance, décédée en 1700.

En 1729, le jour de l'octave du Saint-Sacrement, le tonnerre tomba sur le chœur de l'église, brisa la grande vitre, endommagea tout le pignon et calcina le mur en cet endroit[1].

En 1854, l'église se lézardant de toutes parts, on dut procéder à une nouvelle réparation qui ne laissa pas d'être onéreuse pour la commune. Les travaux furent exécutés sous la direction de M. Arsène Fléchey, architecte, à Troyes. Dans le cours de cette réfection, on fit disparaître une épitaphe sur marbre noir placée sous le porche. Elle avait été érigée en cet endroit, en mémoire de Mme Marie-Jeanne Maillot, épouse de Léonard Moreau[2], propriétaire à Blaincourt, née à Neuilly, le 22 novembre 1756, morte le 2 août 1816.

La charpente de la flèche du clocher étant en mauvais état, les habitants la remplacèrent, en 1882, par une tour carrée en pierre, construite d'après les dessins de M. Gabriel, architecte à Bar-sur-Aube. Sur l'emplacement qu'occupe cette tour s'élevait précédemment, en avant de l'église, une partie couverte nommée porche, aître, parvis ou narthex, sous laquelle les habitants appelés au son de la cloche tenaient leurs assemblées.

C'était là aussi qu'avaient lieu anciennement les plaids, et que se rendait la justice. Les sergents ou huissiers y affichaient leurs actes, les crieurs y annonçaient les édits, les ordonnances, les ventes, les réclamations ; les bans de mariage y étaient aussi affichés et le sacristain, à l'issue de la messe, venait y vendre à l'enchère ce qui restait du pain bénit. Les enfants s'y réunissaient en attendant le prêtre qui venait leur faire le catéchisme.

D'après le mémoire présenté à l'Intendant de la province, en 1782, il y avait un petit beffroi placé sur le milieu de la

---

[1] Arch. départ. de l'Aube, G, 561.

[2] M. Edouard Moreau, dernier représentant du nom, avait adopté l'ortho-graphe : Moreaux. D'après des titres anciens, le nom primitif de cette famille était Maraud.

I. Spécimen des caractères employés pour l'inscription placée sur la cloche de Blaincourt. (Vers 1520.)

II. Sceau de J. Jumeroth placé près de cette inscription.

III. Croix gravée sur la tombe des prieurs-curés.

IV. Statue de St Loup, à Blaincourt.

V. Statue de St Georges, à Epagne.

nef, abritant une cloche qui servait à faire connaître l'arrivée du prêtre à l'église. Ayant été jugé inutile, il fut démoli.

CLOCHES. — La tour renferme deux cloches ; sur la première se trouve l'inscription suivante, en caractères gothiques :

Jey este bénite par M. Pierre Méra, prieur de ce lieu. M. Gabriel de Hénin-Liétard, sr de Blaincourt et autres lieux, fils défunt Ms Antoine Hénin-Liétard, sr de Blaincourt. Demoiselle Anne Le Grs (Le Gras), fille de M. Nicolas Le Gras, sr conseiller du roy, intendant et lectaire de la roinne, sr en partie de Vaubercey et autres lieux. I. H. S. Mtre Jean Simonot. Antoine Badoist, marguiller. 1645.

L'autre cloche, remarquable par la blancheur et l'éclat de son métal, porte l'inscription suivante, écrite en caractères gothiques, d'une ornementation beaucoup plus riche que la précédente :

X�... Xᴬˢ regnat. Xᴬˢ imperat. Xᴬˢ ab omni malo nos defendat. Amē. Messire Jean Jumeroth, prieur de ce lieu [1].

Entre les mots Amen et Messire se trouve l'empreinte d'un cachet rond et armorié, sur lequel on lit : Messire Jean Jumerot P. (prieur). L'écu, dont les émaux ne sont point indiqués, porte trois flèches rangées en pal, la pointe en bas, sous un chef chargé en cœur d'une étoile.

VITRAUX. — L'église de Blaincourt a possédé de beaux vitraux datant de la Renaissance ; il n'en reste qu'un remarquable **fragment** dans la fenêtre de la chapelle de Saint-Nicolas. Il occupe la partie ogivale de cette ouverture et représente, sous un édicule, au milieu de riches lambrequins et brillant du plus vif éclat, un écu aux armes de

---

[1] Jean Jumeroth était prieur en 1520.

Denis Clérey, seigneur de Vaubercey. Ces mêmes armes se trouvent sur un vitrail de l'église de Montgueux, mais elles sont d'une moins bonne exécution.

Statues. — De chaque côté du maître-autel il y a une statue. L'une, celle de droite, représente saint Loup, évêque de Troyes, tenant d'une main sa crosse épiscopale et de l'autre une épée qu'il enfonce dans la gueule du dragon[1] ; l'autre statue est celle de la Vierge-Mère. Elles sont toutes deux de la main d'un bon artiste et paraissent remonter au XVII° siècle. Dans la chapelle Saint-Nicolas est une vieille statue en bois aux formes allongées, représentant un saint barbu tenant un livre ouvert ; probablement saint Antoine dépourvu de ses attributs ordinaires. On peut considérer cette sculpture comme datant du commencement du XVI° siècle.

Peintures. — Sur le maître-autel, on voit un grand tableau représentant saint Loup guérissant des paralytiques. C'est une assez bonne peinture, mais, ce qui est fort regrettable, elle a été restaurée d'une manière barbare à l'aide de touches noires et blanches, destinées à lui donner plus d'effet, mais qui en réalité l'ont entièrement gâtée. Au bas de cette toile sont peintes les armoiries de M. de Créquy de Muy, seigneur de Blaincourt de 1770 à 1792.

De chaque côté du tabernacle, enchâssées dans la boiserie du retable, se trouvent deux petites peintures sur bois représentant des miracles de saint Loup ; elles ne manquent pas de mérite.

Pierres tombales. — Ainsi qu'on l'a vu plus haut, le chœur de l'église renferme la tombe de Guyonne de Gaune. Elle est placée du côté de l'Évangile. C'est une simple dalle

---

[1] M. l'abbé Lalore, dans son *Étude iconographique sur le dragon de saint Loup* (Troyes, Dufour-Bouquot, 1876), n'a pas mentionné cette statue.

de pierre, sur laquelle est gravée l'inscription suivante en
caractères romains :

CI · GIST · GVYONNE · DE ·
GAVNE · VIVANTE · FEMME · DE
MESSIRE · ANTOINE · DE · HENIN ·
DE · LIETARD · ESCVYER · SEIGN
EVR · DE · BLAINCOVRT · ET · AVL
TRES · LIEVX · QVI · DECEDA · LE
29 · AOVST · DE · LAN · 1669 ·
PRIE · DIEV · POVR · ELLE ·

Du côté de l'Epître, c'est-à-dire à droite en entrant, on
voit encore une dalle sur laquelle est gravée une grande
croix fleuronnée. C'est sous cette pierre qu'étaient enterrés
les prieurs-curés.

On rencontre encore dans le chœur, du côté de la tombe
de Guyonne de Gaune, une autre pierre tumulaire plus
richement gravée que les précédentes. Elle porte les effigies
de deux personnages revêtus de longues robes et placés
debout sous un entablement, entre trois colonnes d'ordre
ionique. Comme la pierre est d'un grain peu résistant, la
gravure se trouve en grande partie effacée. Sur la bordure
de la tombe on lit :

CI · GISENT · HONORABLES PERSONNES · EDME · MAILLI · EN · SON
VIVANT · LABOVREVR · EN · CE · LIEV · DE · BLAINCOVRT · QVI · DECEDA ·
LE · 12 · IANVIER . . . . . PRIE · DIEV · POVR · LES · TREP. . . . .

Il est évident que cette tombe a été transportée dans le
chœur lors d'une des dernières réfections du pavage de
cette partie de l'édifice.

Dans la nef sont plusieurs autres pierres tumulaires portant des inscriptions, aujourd'hui indéchiffrables, au moins
pour la plus grande partie. Sur l'une d'elles, nous avons pu
lire ces mots :

CI · GIT MESSIRE...MICHEL...TRE · DOCTEVR · EN · LA · FACVLTE DE PARIS...
...DE CEANS · LE · QVEL · A · FONDE...

Cette tombe qui, elle aussi a été déplacée, devait recouvrir la sépulture de Michel Vinot, prieur de 1669 à 1682.

Reliques. — L'église de Blaincourt possède une vertèbre de saint Loup, huitième évêque de Troyes, relique précieuse parce qu'on croit qu'il n'en existe pas de plus authentique, la Révolution ayant dans beaucoup d'endroits brisé les châsses pour s'emparer des bijoux et des métaux précieux qui les composaient, et livré aux flammes les reliques qu'elles ren-fermaient.

L'ossement de saint Loup a été protégé par le peu de valeur du reliquaire qui le contient. C'est un simple bras en bois peint surmonté d'un dextrochère bénissant, semblable à ceux que l'on voit figurer sur les sceaux d'évêques au xiie et au xiiie siècle, ce qui porte à croire que les reliquaires de ce genre étaient spécialement usités pour renfermer les reliques des évêques. Un *loculus*, placé dans la partie infé-rieure du bras, renferme la vertèbre dont les grandes dimensions indiquent que saint Loup était un homme de haute stature.

La présence de cette relique dans l'église de Blaincourt s'explique par l'existence du prieuré-cure dépendant de l'abbaye Saint-Loup de Troyes, qui avait donné le saint évêque pour patron à la dite paroisse.

Noms de quelques curés et prieurs de Blaincourt.

1185. Gibertus (sacerdos de Blaincort).

1239. Viardus (quondam prior de Blaincort).

1308. Nicolas de Marigny, prieur. (Arch. départ. de l'Aube, 4, H, 2.)

1485. Nicolas de St-Léger. (Biblioth. de Troyes, ms. n° 1632.)

1499. Jean des Butes, prieur religieux profès de saint Loup, demeurant à Blaincourt. (Visites épiscopales ; Arch. départ. de l'Aube, G, 1344, fo 374, vo.)

1509. Jean Jumelot, *alias* Jumeroth. (Arch. départ. de l'Aube, 2, H, 2, *bis*, et 4 H, 2 *bis*.) En 1519, Jean Jumelot était maître de l'Hôpital de Chalette. (Voir aussi Arch. départ. de l'Aube, G, 4196, et le présent ouvrage au paragraphe *Cloches de Blaincourt*.)

1536. Simon Laurent. (Arch. départ. de l'Aube, A I, 673.)

1571. Claude Badois. (*Ibid.*, G, 75, reg.)

1580. François Gombaut. (*Ibid.*, G, 119, reg.)

1619. François Charrier. (Minutes Coulon, not. à Troyes.)

1650. Jacques Mérat, docteur de Sorbonne, pourvu peu après du prieuré de Ste-Thuise. (Arch. départ. de l'Aube, E, 159.)

1669-1682. Michel Vinot, docteur de Sorbonne. (*Ibid.*, C, 1238 et E, 159).

1689. Nicolas Vinot. (*Ibid.*, E, 159.)

1690-1699. Jean-Baptiste Cazin. Ses effets furent saisis en 1700 pour faire face aux réparations du presbytère et des églises, réparations qu'il n'avait pas voulu effectuer de son vivant. (*Ibid.*, E, 159 et C, 1238.)

1700-1701. Marc-Antoine Guillemin. (*Ibid.*, 1238.)

1707. Girardon. (Actes paroissiaux de Blaincourt.)

1708-1710. Antoine Cardin. (Arch. départ. de l'Aube, C, 1238).

1715. Jean Maillot, mort le 20 décembre 1731. (*Ibid.*)

1731. Gilles-Marie Desroques, mort dans le cours de cette même année. (*Ibid.*, 4, H *bis*, 312.)

1731. François Guyot. (Actes paroissiaux de Blaincourt.)

1745. Jacques Guyot. (Arch. départ. de l'Aube, G, 53, regist.)

1754-1757. Gabriel Desnoyers, maître ès-arts de l'Université de Paris, prêtre, précédemment antiquaire de Sainte-Geneviève et amateur de médailles. (*Ibid.*, C, 1239, et *Documents inédits* publiés par la Société Acad. de l'Aube, I, p. 316-317.)

1763-1764. Paul Pierre. (Actes paroissiaux de Blaincourt.)

1787. Brulard Louis-Nicolas, chanoine régulier de la congrégation de France, dernier prieur curé de Blaincourt et Epagne. (Actes paroissiaux.)

1791. Jacques-Congniasse Desjardins, curé de Blaincourt et Epagne.

Fabrique de Blaincourt.

En 1729 les revenus de la fabrique étaient de :

En biens affermés . . . .　92 livres, 7 sous.

En rentes à prendre sur 2 maisons
　à Blaincourt. . . . .　2　»　3　»　4 deniers

94　»　10　»　4　»

CHARGES. — La fabrique devait payer :

Au curé, pour les fondations. . .　37 livres 10 sous.
Au maître d'école. . . . .　15　»
Luminaire . . . .　40　»

Les biens de la fabrique comprenaient 18 journaux de
terres et 4 fauchées de prés, sis à Blaincourt et finages voisins,
plus 2 denrées de vignes ; à Epagne, 10 denrées de vignes
et 2 denrées et demie de terre à chenevière [1].

. D'après l'état des biens fonds possédés par les fabriques,
hôpitaux, etc., la fabrique de Blaincourt jouissait en 1791
d'un revenu de 46 livres 11 sous 3 deniers, suivant les
évaluations du produit des biens fonds et, en réalité, de 150
livres, d'après les baux [2].

En l'an III, en l'an IV et en l'an V, ces biens furent
vendus nationalement en plusieurs lots à Jean-Baptiste
Béquin, de Brienne-la-Vieille, à Edme Candeaux et Claude
Guyon, de Blaincourt.

Presbytère de Blaincourt.

Le prieur-curé était logé dans une maison construite sur
un terrain appartenant au prieuré, et près de laquelle se

---

[1] Arch. départ. de l'Aube, G, 562.
[2] *Ibid.*, C, 1238, 1239.

trouvait la grange aux dîmes. Il est parlé de cette habitation dans la charte d'amortissement donnée, en 1308, par Gauthier, comte de Brienne, en faveur des biens du prieuré de Blaincourt.

En 1729, sur l'état des revenus de son bénéfice, le prieur fait figurer à sa charge une somme de 20 livres destinée annuellement aux réparations du presbytère[1].

Le prieur Paul Pierre s'adressa aux habitants, en 1763, pour obtenir l'exécution de quelques travaux urgents. Ceux-ci déclinèrent toute participation à cette dépense, prétendant n'en point avoir la charge et disant qu'ils avaient cédé à l'ancien prieur une partie du cimetière à condition qu'il ferait à ses frais toutes les réparations nécessaires. Un procès s'en suivit. Nous ignorons s'il eut son cours. Ce que nous savons, c'est que les réparations furent exécutées et que les habitants durent contribuer à ce travail bien malgré eux[2]. Nous avons remarqué aussi que les dépenses d'entretien du presbytère ne figurent pas au nombre des charges de la communauté de Blaincourt en 1788[3].

Le 5ᵉ jour complémentaire de fructidor an IV, le presbytère de Blaincourt, déclaré propriété nationale, fut vendu au sieur François Godard, de Blaincourt, pour une somme de 6714 livres. Il passa ensuite par acquisition au conventionnel Garnier (voy. ce nom), qui l'habita et y mourut en 1805.

Cette maison fut alors achetée par M. Léonard Moreaux. A sa mort, elle tomba dans le lot de partage d'un de ses deux fils, M. Edouard Moreaux, qui la laissa à sa fille unique Mademoiselle Rosalie Moreaux, épouse de M. Auguste Masson, de Piney, ancien conseiller général de l'Aube[4].

---

[1] Arch. départ. de l'Aube, G, 562.

[2] *Ibid.*, C, 1239.

[3] *Ibid.*, C, 1238.

[4] M. Léonard Moreaux était originaire d'Aubusson. Il vint s'établir à Brienne comme entrepreneur des travaux du château que MM. de Loménie faisaient cons-

Aujourd'hui, l'ancienne demeure des prieurs est le siège d'une des bonnes exploitations agricoles du département, administrée par son propriétaire.

BLAINCOURT

Étymologie. — Le nom de Blaincourt paraît dater de l'époque franque. Il se compose du mot *Blain* (*Blin* ou *Belin*), d'origine celtique et signifiant mouton, et du suffixe *Court* appartenant à la basse latinité.

Dans un jugement rendu au profit des habitants de Mathaux, en 1551, à propos de leurs Usages, une pièce

---

truire dans cette ville. Par la droiture de son caractère, sa grande probité et ses talents, Léonard Moreaux, sut mériter l'estime et la confiance des seigneurs de Brienne, qui recherchèrent toujours l'occasion de lui en donner des témoignages. On peut voir ci-contre la reproduction d'un portrait de cet excellent homme, exécuté au crayon par l'un des fils adoptifs de M. de Loménie. Au dos de ce dessin un des habitués du château, l'abbé Morellet, écrivit les vers suivants:

> D'un grand Prince autrefois Mansard devint l'ami,
> A ses vastes talents il sut rendre justice;
> Léonard, qui du sort éprouva le caprice,
> Dans un homme de goût trouve le même appui.

L'aîné des fils de Léonard Moreaux se nommait Victor. Incorporé dans les gardes d'honneur en 1814, il fut ensuite percepteur des contributions directes à Blaincourt. De son épouse, fille de M. Tolmé, chef de bureau à la Préfecture de l'Aube, il eut trois filles : 1° Palmyre, femme du docteur Carlos, de Bar-sur-Aube, dont sont issus une fille mariée à M. Buridan, banquier à Bar-sur-Aube, et un fils, Joseph Carlos ; 2° Joséphine, épouse de M. Masson, de la Rothière, et mère de Paul Masson, mort récemment propriétaire du château d'Epagne, et d'une fille, Marie, femme de M. Lavigne ; 3° Antoinette, qui épousa M. Finot, minotier à Précy-Saint-Martin, oncle de M. Louis Finot, archiviste-paléographe.

Le second fils de Léonard Moreaux, nommé Edouard, épousa en premières noces Mlle Royer, veuve Boivin, de Coclois, dont il eut une fille, Mlle Rosalie Moreaux, et, en deuxièmes noces, Mlle Laure Le Brun, veuve Le Clert, mère de l'auteur de ces lignes, dont il n'eut pas d'enfants. Il était né à Brienne et y avait été baptisé en juin 1796. Son parrain fut Claude-Edouard Bajot, de Torcy, et sa marraine, Mme Marie-Etiennette Fizéaux de Clémont, veuve de Louis-Athanase de Loménie, comte de Brienne.

LÉONARD MOREAUX

CONSTRUCTEUR DU CHATEAU DE BRIENNE

D'après un dessin au crayon exécuté par un des fils adoptifs
de M. de LOMÉNIE, Comte de Brienne.

de bois, voisine de ce climat, est désignée sous le nom de *Corne de Blin* ou Corne de Bélier.

Les mots *Blain, Blin, Belin, Bélier* et *Mouton*, sont devenus des noms d'hommes encore usités aujourd'hui.

Le vocable Blain est employé au féminin dans un nom de source, celui de la Blaine, qui donne naissance au ruisseau de Sivrey, à Auxon (Aube).

A la fin du xive siècle, il y avait, sur le territoire de Vilrey-sur-Try, un village du nom de Blaincourt, dont il ne reste que le souvenir. Dans les chartes, le nom de ce village est écrit Barlencourt, Berlencort, Balaincourt et Balincourt [1].

Le mot *Court* (*Cortis, Curtis, Cort*) désigne non seulement une habitation de campagne placée au milieu d'un terrain fermé de murailles ou de haies vives, et servant de verger ou de pâturage, mais surtout la maison seigneuriale avec ses dépendances. La *Curtis* est, par excellence, l'habitation du maître de la terre, sur laquelle il a tous droits de justice, appuyant sa possession sur l'existence de la motte qu'il n'oublie jamais de mentionner en première ligne dans ses aveux et dénombrements, lorsqu'il a consenti à se reconnaître l'homme lige d'un suzerain.

Le domaine tout entier, avec ses dépendances, bâtiments, colons, esclaves et serfs, les champs, les eaux..... font partie de la curtis.

La traduction du nom Blaincourt serait donc : *Domaine de Blain* (ou *Belin*) [2].

---

[1] *Mém. de la Société d'Archéologie lorraine*, t. 46, 1896.

[2] Pour les formes anciennes du nom Blaincourt, voir Boutiot et Socard, *Dict. topographiq. de l'Aube.*

Le Village de Blaincourt.

La partie du village connue anciennement sous le nom
de Blaincourt est située au sud-ouest de l'église, au bas de
la déclivité du coteau sur lequel s'élevait le château. Elle
est traversée par le chemin conduisant de Mathaux à Lesmont, ayant pour embranchement, à droite, une petite rue
menant à la rivière et à l'ancien moulin des moines de
Basse-Fontaine.

A l'extrémité de cette agglomération, du côté de l'église,
dans la partie la plus basse, coule un petit ruisseau, aujourd'hui cours intermittent, nommé le *Ru-des-Vignes*.
La source qui lui donne naissance se trouve au milieu d'un
pré, à peu de distance au S.-O. des habitations. Sans pouvoir rien affirmer, nous avons la persuasion qu'elle alimen-
tait jadis les fossés de la Motte, construite par le Blain, qui
a donné son nom au village.

Les seigneurs de Blaincourt.

Les anciens seigneurs de Blainconrt, ne nous ayant été
signalés que par de très rares documents, nous sont à peine
connus.

Vers 1172, Hues et Nicole de Balancort sont hommes
liges du comte de Champagne pour ce qu'ils tiennent en fief
dans la chastelerie de Rosnay[1].

En 1203, le Pape approuve la donation faite à la léproserie de Bar-sur-Aube par G., seigneur de Fuligny, de
20 sous à prélever chaque année sur les revenus qu'il
possède à Blaincourt[2].

---

[1] M. Longnon, *Le livre des vassaux.*

[2] Arch. hospital. de Bar-sur-Aube, M B, n° 3. Voy. M. d'Arbois de Jubainville, *Voyage paléograph.*, p. 316.

En 1206, devant l'abbé de Basse-Fontaine, G., seigneur de Blaincourt, probablement le même que G., seigneur de Fuligny, et la dame son épouse, reconnaissent qu'ils doivent au curé de la paroisse une rente annuelle de deux setiers de froment et de deux setiers d'avoine à la mesure de Brienne, et cela comme locataires d'une pièce de terre appelée l'Hésarz-Droet, appartenant à la cure de Blaincourt [1].

Vers 1249-1252, Guillaume de Blaincourt tient en fief du seigneur d'Arcis des biens à Donnement et à Aunoy (Aulnay [2]).

La maison de Fuligny, qui a possédé de nombreuses seigneuries dans le comté de Brienne, parmi lesquelles il convient de citer Epagne et Mathaux, semble avoir conservé la terre de Blaincourt, au moins en partie, jusqu'à la fin du xiv° siècle. Dans l'inventaire des titres de la mouvance du comté de Brienne [3], on trouve les mentions suivantes faisant connaître les noms de plusieurs seigneurs de Blaincourt :

1300, ou environ. Foi et hommage, aveu et dénombrement par Jean de Charmes, écuyer, pour la seigneurie de Blaincourt.

1331. Foi et hommage, pour la même seigneurie, par Jean de Charmes, ou son fils portant le même prénom.

1360. Aveu et dénombrement, pour Blaincourt et Vaubercey, par Huet de Brisolles.

1393, 24 décembre. Aveu et dénombrement, pour Blaincourt, par Jean de Marolles, écuyer. Il renouvelle cet acte féodal le 15 mars 1402 et le 27 avril 1404.

1407, 15 juin. Aveu et dénombrement pour Blaincourt, par Jean de la Mallemaison, écuyer.

---

[1] *Cartul. de Saint-Loup*, édit. Lalore, p. 233.

[2] *Rôle des fiefs du comté de Champagne.*

[3] Arch. du château de Brienne.

1445, 15 octobre. Aveu et dénombrement, pour Blain
court, par Geoffroy de Marolles.

En 1488, Jean de Boutigny est possesseur du domaine
de Blaincourt et de tous les droits de justice. (Voir au nom
Boutigny.)

Geoffroy de Boutigny, fils de Jean, eut une fille qui
épousa Edme de Guigne, par elle seigneur de Blaincourt.
Leur héritier fut Pierre de Guigne. (Voir au nom de Guigne.)
Après lui la terre de Blaincourt devint la propriété d'Antoine de Hénin-Liétard, seigneur d'Epagne (voir au nom
de Hénin), qui la laissa à son fils Antoine II. Vinrent ensuite
les descendants de ce dernier, Gabriel et Antoine III, puis
Jacques-Antoine (fils d'Antoine III) et son fils Jean-Louis,
dont la fille, Marie-Jacqueline de Hénin, épousa M. de Muy.
Ces derniers époux n'eurent qu'une fille, Marie-Thérèse de
Muy, mariée à M. de Créquy. Au moment de la Révolution,
Madame de Créquy, dame de Blaincourt, ayant émigré, son
domaine fut mis sous séquestre et vendu en détail au profit
de la nation.

VAUBERCEY

Etymologie de ce nom.

D'après M. d'Arbois de Jubainville, le nom Vaubercey re-
monterait à l'époque franque. *Valdo Beretus*, écrit *Valdebertus* dans la chronique de Frédégaire, signifierait « brillant
par la lumière ». *Valdebertiacus* voudrait dire : propriété
de Valdebertus.

Les châteaux de Vaubercey.

Dans le principe, on donna le nom de château (castellum)
à un ensemble de constructions fortifiées ou même à une

simple tour, dans lesquelles le seigneur du lieu avait sa rési-
dence. A une époque plus rapprochée de nous on conserva
ce nom à la demeure seigneuriale, bien qu'elle fût parfois
des plus humbles.

On ignore ce qu'était l'ancien château de Vaubercey. Il est
probable qu'il s'élevait à proximité de la rivière et com-
mandait le passage du gué qui existe en cet endroit.

D'après des titres, anciens, on sait que le manoir de Vaubercey, appartenant à Benoît Le Gras, fut incendié en 1594
par les reîtres et les gascons qui désolaient la contrée.

En 1693, lors de la vente de la terre de Vaubercey, faite
par M. et Mme de Saint-Hérem à M. de Hénin, il y avait
deux châteaux dans ce hameau :

Le premier consistait en « un gros corps de logis composé
« de deux caves, deux chambres basses, une cuisine, trois
« chambres hautes, grenier dessus, grange, écuries, ber-
« gerie, vacherie, colombier à pivot, puits, le tout fermé de
« murailles, où il y a une grande porte cochère » ;

Le second château, « maison seigneuriale, fermée de
fossés sans eau », était situé tout près du précédent ; c'était
« un grand corps de logis comprenant une cave, une cuisine,
« deux chambres basses, trois chambres hautes, grenier
« dessus, une grange, deux écuries, bergerie, vinée, pressoir
« banal, colombier à pied, le tout couvert de tuiles plates ».

Il est probable que M. de Hénin, devenu propriétaire de la
seigneurie et terre de Vaubercey, fit démolir une partie de
ces constructions, ne gardant que ce qui pouvait être utile à
ses fermiers. De nos jours on distingue à peine sur le côté
gauche de la route conduisant de Blaincourt à Epagne, à
50 mètres environ avant d'arriver au pont, l'emplacement
des fossés qui entouraient le dernier de ces châteaux.

En 1878, le propriétaire de ce terrain, en faisant des
fouilles pour extraire du sable, mit à découvert deux pots en
cuivre jaune, de forme ventrue, pourvus d'anses et ayant un
col étroit avec bord recourbé à l'extérieur. Ces vases étant

semblables à ceux que l'on fabriquait à la fin du xvi* siècle,
il est probable qu'ils furent enfouis en cet endroit lors du
passage des reîtres.

La seigneurie de Vaubercey.

Le domaine de Vaubercey, dont le démembrement semble
dater de la fin du xii* siècle, se composait des fiefs suivants :

1° Le fief, terre et seigneurie de Vaubercey, proprement
dit, situé à proximité de l'Aube et voisin de la seigneurie de
Blaincourt ;

2° Le fief de Haudebert (des Fosses de Houdebert, d'Ou-
debert et Audebert), dont la plus grande partie était comprise dans les finages de Blaincourt, de Précy-Notre-Dame
et de Pel-et-Der. Son territoire s'étendait au couchant des
terres de Blaincourt et de Vaubercey, non loin de la butte de
Montrelat.

En 1683, lors de l'acquisition qui en fut faite par M. de
Vienne, ce fief comprenait 124 journaux de terres labourables et 27 fauchées de prés avec maison seigneuriale et
bâtiments agricoles, entourés de fossés, le tout jouissant de
droits de haute, moyenne et basse justice, cens, rentes, etc.,
relevant du duché de Piney et dépendant de la paroisse de
Précy-Notre-Dame.

Parmi les possesseurs du fief de Haudebert on rencontre :
en 1483, Arthur le Muet et Jacques le Marguenat ; en 1500,
Colin de Pleurre ; en 1520, Jean de Pleurre, puis les Ma-
risy, Hennequin, De Chastenay, Le Bé, d'Eschonia, Du
Poste, Lenoncourt, Lepage, De Saint-Amour, Legoix de
La Bove, d'Angeville, De Vienne et enfin les De Loménie.
(Voy. ces noms).

Le 23 février 1823, Louis-Enguerrand de Coucy (ou
Coussy), ancien Préfet du Jura, chevalier de Saint-Louis,
demeurant à Hancourt, veuf de Clotilde-Françoise-Domi-

nique d'Allegrin, fit vendre en détail, par M⁰ Colarey, notaire à Lesmont, les terres de la ferme des Fosses-d'Haudebert, dont il était propriétaire.

Malgré nos recherches, nous n'avons pu savoir comment
ce domaine était venu en sa possession.

3° Le fief de Méligny (ce nom est parfois écrit **Melligny**
et **Maligny**), placé au nord-ouest du fief de Haudebert et
s'étendant sur la limite du finage de Pel-et-Der, paraît avoir
été un démembrement du fief. Parmi ses dépendances
figuraient les vignes connues sous le nom de **vignes des
Oudeberts** (finage de Pel-et-Der) [1].

Aucun document ne nous a appris quelle était l'impor-
tance de ce domaine. Parmi ses possesseurs on trouve les
Méligny, qui lui ont donné son nom, les Lenoncourt, les Le
Bé et autres. (Voy. ces noms.)

4° Quelques pièces de terres de franc-alleu détachées du
fief de Haudebert et formant un gagnage sis à **Pel-et-Der**,
appelé anciennement le gagnage du **Pelley** (ou du **Peley**) et
depuis : **Maury**.

Les seigneurs de Vaubercey.

Une charte de l'abbaye de Basse-Fontaine, datée de
1166 [2], est, croyons-nous, la pièce la plus ancienne dans
laquelle il soit fait mention d'un seigneur de Vaubercey.
Hugues de Vaubercey, chevalier, y figure comme témoin
d'une donation faite à cette abbaye par Erard, comte de
Brienne.

Dans une autre charte, à la date de 1173, il est parlé d'Erlebaud de Vaubercey et de sa femme Gila [3]. On rencontre ce

---

[1] Arch. départ. de l'Aube, E, 173.

[2] *Cart. de Basse-Fontaine,* édit. Lalore, p. 8.

[3] Erlebaldus de Waberci. — M. d'Arbois de Jubainville, *Cart. des actes des
comtes de Brienne.*

même personnage ainsi que son frère Hue, ou Hugues, dans le *Livre des vassaux*, publié par M. Longnon [1].

En cette même année 1173, Erlebaud de Vaubercey, chevalier, et Gila, son épouse, en présence d'Orric, père de ladite Gila, donnent à cens à l'abbaye de La Rivour ce qu'ils possèdent entre la Morge et les bois des religieux, moyennant une redevance annuelle de six muids de grain, à prendre annuellement sur la grange ou ferme de Beaumont, appartenant à l'abbaye. Les frères d'Erlebaud, Hugues, Pierre et Gauthier, approuvent cette donation, ainsi que celle par laquelle ladite Gila abandonne certains cens aux religieux, à condition d'être enterrée dans leur cimetière [2].

Cette donation est approuvée par Erard, comte de Brienne, de même que par Albéric de Corbeton, de qui ladite terre était tenue en fief.

Gila survécut à son mari et elle fit remise à l'abbaye de La Rivour d'un muid de grain, à charge d'un anniversaire. Cette donation fut ratifiée en juin 1209 par Jean de Vaubercey (de Waberceio) et, comme il venait de prendre la croix, et allait partir avec l'armée des croisés contre les hérétiques albigeois, il fit don à l'abbaye, avec l'assentiment de son épouse Agathe, de ses fils Guillaume, Hugues, Geoffroy, de sa fille Emmeline, d'Herbert de La Ferté, son gendre, et de Banceline, épouse de ce dernier, d'un muid de grain à défalquer des cinq muids qui lui étaient dus par cette maison comme héritier d'Erlebaud et de Gila [3].

En 1188, Pierre de Haubercy est qualifié chevalier du comte (miles comitis) [4].

---

[1] 1173. Chastelenie de Vitry : Un des frères de Vaubercey (doit) 11 mois de garde. — Chastelenie de Bar-sur-Aube et de Soulaines : Cil de Vaubernes, lige et garde. — Chastelenie de Wasi : Ellebaus de Waubercies, 11 mois et LXIII setiers de blé. Et encore dans la même chastelenie : Hue de Vaubercy, 11 mois de garde, Ellebaus le fit.

[2] Arch. départ., de l'Aube, 4 H, 2, et 4 H, 8.

[3] Arch. départ. de l'Aube, 4ᵉ H, 4.

[4] *Ibid.*, 1 H, 1.

C'est sans doute ce même Pierre de Vaubercey (de Valberceio), qui avec son frère Guiter, et du consentement de ses neveux, Hildier (de Luchiis) et Joram, donne à l'abbaye de Boulancourt, en février 1187 (v. s.), ce qu'il possède à Chavanges et à Vernonvilliers, et cela avec l'approbation de Drogo, doyen de Brienne [1].

Ici s'ouvre pour nous une lacune dans la liste des seigneurs de Vaubercey, et il faut venir jusqu'à l'an 1280 pour rencontrer Geoffroy de Villers (Villars-en-Azois, Haute-Marne), écuyer, qui rend foi et hommage au comte de Brienne pour partie de Vaubercey [2].

En octobre 1287, Pierre, fils et héritier de Simon, seigneur de Montaugon, et Nicole, son épouse, vendent à l'abbaye de Basse-Fontaine (c'est-à-dire au prieuré de Précy-Notre-Dame) tous les biens qu'ils possèdent à Vaubercey, à Précy-Notre-Dame et à Pel-et-Der [3].

1290. Guillaume de Jeurre fournit aveu et dénombrement au comte de Brienne, pour ce qu'il possède à Vaubercey [4].

Vers l'an 1300, Simon de Biat (ou de Viat), rend foi et hommage au même comte, pour partie de Vaubercey, Blaincourt et Epagne [5].

1308. La veuve André Vély vend à Jacques de Vaubercey une pièce de terre contenant 5 journaux, sise au finage de Vaubercey, dans le lieu dit l'Essart-au-Buisson, moyennant 6 livres 12 sous, en présence de Pierre Vandeeru, prévôt de Brienne [6].

---

[1] *Chartes de Boulancourt*, Arch. départ. de la Haute-Marne.

[2] Arch. du château de Brienne.

[3] *Cart. du prieuré de Précy-Notre-Dame.* Arch. municip., de Précy-Notre-Dame.

[4] Arch. du château de Brienne.

[5] *Ibid.*

[6] Arch. départ. de l'Aube, 1 H, 2.

1317. Jean, fils du seigneur de Jeurre rend foi et hommage pour partie de Vaubercey [1].

(M. Douët d'Arcq dans l'*Inventaire des sceaux des Archives nationales*, n° 5955, donne la description d'un sceau provenant du Musée du Louvre et qui lui a été communiqué : Il est rond, timbré d'un heaume à volet, cimé d'une tête de sanglier, et porte dans le champ un croissant cantonné de trois étoiles. Légende : **S. Jeßan de Jeurre..** *Scel Jehan de Jeurre*. Ce sceau pourrait très bien être celui de Jean de Jeurre, seigneur de Vaubercey.)

Vers 1319, Marguerite de Villers-en-Azoy (Villars-en-Azois) rend foi et hommage à Brienne, pour partie de la justice haute, moyenne et basse de Vaubercey [2].

Le 12 octobre 1340, Ponsard (ou Poinsard) de Villars-en-Azois, avoue tenir en fief de la duchesse d'Athènes, comtesse de Brienne et de Lecce, divers biens à Vaubercey [3].

1344. Marguerite [4], veuve de Guyot Baumette (ou de Gauviette), fournit aveu et dénombrement à la comtesse de Brienne, pour des biens situés à Vaubercey, Blaincourt, Précy-Notre-Dame et Pel-et-Der [5].

L'année suivante Colos, d'Epagne, rend foi et hommage pour « moitié du quart » de la justice haute, moyenne et basse de Vaubercey [6].

Le mardi après la circoncision de Notre-Seigneur, en l'an 1347 (v. s.), Poinsars (*sic*) de Villers-en-Azois, par devant Pierre de Dijon, prieur de Radonvilliers, rend foi et hommage à la comtesse de Brienne pour moitié de

---

[1] Arch. du chât. de Brienne.

[2] *Ibid.*

[3] *Ibid.*

[4] Elle est probablement la même que Marguerite de Villers-en-Azoy.

[5] Arch. du chât. de Brienne.

[6] *Ibid* et M. d'Arbois de Jubainville, *Catalog. des Actes des comtes de Brienne*, n° 229.

la justice haute, moyenne et basse, et pour moitié des hommes et des femmes de Vaubercey. Son sceau, appendu à cette pièce par double queue de parchemin, est empreint sur cire verte, et porte un écu chargé de trois quintes feuilles, posées 2 et 1 [1].

1347. — Colars de Chauvigny, écuyer, sire de Précy-Notre-Dame, époux de Jeanne De Der, fournit un aveu et dénombrement pour partie de Vaubercey et Précy-Notre-Dame [2].

1348. Guillaume de Guerre (ou de Jeurre ?), écuyer, rend foi et hommage pour la moitié de la justice haute, moyenne et basse de Vaubercey [3].

1360. Huet de Brisolles fournit aveu et dénombrement pour Blaincourt et Vaubercey [4].

1369. Isabelle Dallemans est dame en partie de Vaubercey [5].

1382. Jean d'Isle est seigneur en partie de ce même fief. Il est marié à Jeanne, fille de Guillaume Grimont, écuyer [6].

1390. Marie de Juzignicourt, veuve de Poinsars de Villars-en-Azois, est dame en partie de Vaubercey [7].

Vers la même époque, Jean de Vaubercey, damoiseau, demeurant au Chêne, tient de Ferry, de Poitiers, chevalier, seigneur de Saint-Valéry et d'Arcis-sur-Aube, une maison

---

[1] Arch. du chât. de Brienne. — Poinsars de Villers était frère de Jehanette de Villers, femme de Guillaume de Valere (Valereco), qui, en 1356, vendit à Sans de Nogent tout ce que sa dite femme possédait à Villers, y compris les biens qu'elle avait en commun avec son frère et Regnaud de Jussey, chevalier. — Arch. départ. de l'Aube. Pièces à la suite de la série H.

[2] *Ibid.*

[3] *Ibid.*

[4] *Ibid.*

[5] *Ibid.*

[6] *Ibid.*

[7] Arch. du chât. de Brienne.

au Chêne, etc., mouvant en arrière-fief du roi, à cause de sa châtellenie de Jully-le-Châtel[1].

1445. Pierre de Villers (probablement de Villars-en-Azois) est seigneur en partie de Vaubercey[2]. D'après un dénombrement du comté de Brienne, en 1446, extrait de l'original de la Chambre des comptes, le même Pierre de Villers, fils d'Erard, possède, à cette date, la moitié de la justice de Vaubercey[3].

Vers 1470, Henri de Vautravers (mort en 1474), époux de Marguerite de Bruillart, fille d'Erard, possédait des terres, bois, fours, rentes, etc., mouvant en fief de Brienne, sur les finages de Vaubercey[4], Rosnay, Maizières-lès-Brienne, Lesmont, Saint-Christophe et Balignicourt. Ses terres à Vaubercey paraissent avoir fait partie du fief de Haudebert[5].

L'héritière d'Henri de Vautravers fut Jeanne de Hautoy de Recicourt, femme de Thibaut de Chastenay[6].

En 1483, les enfants de Thibaut de Chastenay et de Jeanne de Hautoy se partagèrent les biens de leurs parents. Ils étaient trois : Antoine, Simon et d^lle Philippe ; cette dernière eut dans son lot tout ce qu'Henri de Vautravers avait possédé dans le comté de Brienne, et par conséquent les terres de Vaubercey[7].

---

[1] Arch. départ. de l'Aube, E, 152, reg.

[2] Arch. du chât. de Brienne.

[3] *Ibid.*

[4] Il existe à Précy-Notre-Dame une contrée qui a gardé le nom de son ancien possesseur; on la nomme la pièce de Vautravers. Elle était chargée de censives. On la voit successivement en la possession de François de Marisy, puis de M. de Droupt. Ils la tenaient de Marie de Vassan, qui en avait hérité de son aïeule Louise Molé. Il y avait en ce lieu une maison déclarée franche, bien que toute la pièce fût en censive.

[5] Armes de la famille de Vautravers : Palé d'or et d'azur, cimier un lion issant. Devise : *ni tost, ni tard.* — Armorial de Rietstap.

[6] Armes de la maison de Chastenay : d'argent, au coq de sinople crêté, becqué, barbé, membré et couronné de gueules. — Caumartin.

[7] Voy. M. l'abbé Pétel, *Les Seigneurs de Ville-sur-Arce*, p. 338 et 345.

Philippe de Chastenay contracta-t-elle une alliance? Quels furent ses héritiers? Peut-être fut-elle unie à un Du Châtelet?

M. l'abbé Pétel, dans son histoire de Ville-sur-Arce, rappelle qu'une demoiselle Philippe de Chastenay, morte vers l'an 1524, épousa Etienne d'Avanne, mais si l'on s'en rapporte à la généalogie de la maison d'Avanne, il ne saurait être ici question de cette dernière, qui, suivant Caumartin, était fille de Jean de Chastenay, seigneur de Villiers-le-Brûlé, et de Jeanne d'Ellouf de Pradines, et non de Thibaud de Chastenay et de Jeanne du Hautoy de Récicourt.

Il est vrai que plus loin (t. I, p. 164) dans la généalogie de la famille de Chastenay, M. de Caumartin dit que Philippe, fille de Thibaud de Chastenay, seigneur de Lanty, et de sa deuxième femme, Jeanne, fille de Jean, seigneur de Riscourt (ou Récicourt), épousa Etienne d'Avanne, seigneur de Bétincourt (Bétignicourt); mais on voit, dans les preuves de noblesse de cette maison, que le mariage de Jean de Chastenay avec Jeanne de Pradines eut lieu le 19 février 1519. Or, en 1524, Etienne d'Avanne avait la garde noble de trois de ses enfants encore mineurs; leur frère aîné, Nicolas d'Avanne, était majeur [1].

Il est bon de noter qu'en 1479 Jean de Chastenay et sa femme Guillemette étaient seigneurs de Villars-en-Azois. Avaient-ils hérité de Pierre de Villars ?

D'après le rôle des fiefs du baillage de Chaumont, publié par M. Roserot dans les *Mémoires de la Société Académique de l'Aube* [2], Philibert du Chastelet, seigneur de Saint-Amand, de Beauprey, etc...., bailli du Bassigny, puis sénéchal du Barrois (fils de Guillaume Du Châtelet et de demoiselle Jeanne d'Haraucourt, dame de Ville-sur-Yllon,

---

[1] *Preuves de la maison d'Avanne*, I, p. 17.

[2] Année 1899, t. XXXVI de la 3ᵉ série, p. 65, — 172.

tenait en fief du comte de Brienne et en arrière-fief du roi, en 1504, un gagnage à Vaubercey [1].

En 1503, Philibert du Châtelet avait fourni un dénombrement des seigneuries qui lui appartenaient et de celles de sa pupille, Anne de Saint-Amadour, fille du premier mariage de sa femme Marguerite de Ville-sur-Yllon avec Jean de Saint-Amadour. Dans cet acte, il est qualifié de seigneur de Ville, Beaupré, Cirey, Saint-Amand, etc.... Parmi les seigneuries qu'il tient en fief d'Antoine, comte de Brienne, figure le fief de Vaubercey [2].

Ce seigneur mourut en 1534, le 1er décembre. Il avait épousé, comme on l'a déjà dit, Marguerite, fille de Jean de Ville-sur-Yllon, seigneur de Domjulien, Fontette et Barroville, dont il eut deux enfants, Jean du Châtelet et Catherine du Châtelet. En 1504, toujours d'après le même rôle des fiefs du baillage de Chaumont, Claude de Haraucourt, dame de Cirey-sur-Blaise, tenait en fief, du comte de Brienne, la quatrième partie de la terre et seigneurie de Vaubercey [3].

Il est probable que le rédacteur du rôle a omis quelques mots en écrivant ce passage et qu'il aurait dû dire : Dame (Catherine du Châtelet, épouse de) Claude de Haraucourt, dame de Cirey, tient en fief..... la quatrième partie de la terre et seigneurie de Vaubercey (dont son frère Philibert du Châtelet possède le surplus). — Catherine du Châtelet avait épousé Claude de Haraucourt, qui la rendit mère de vingt-deux enfants. Ce seigneur mourut en 1510 et sa femme en 1516 [4].

---

[1] Armes de la famille du Châtelet : d'or à la bande de gueules chargée de trois fleurs de lis d'argent, dans le sens de la bande. La Chesnaye-des-Bois.

[2] Voy. *Mém. de la Société acad. de Saint-Dizier*, t. VII, 1892-1894. Généalog. des Du Châtelet.

[3] *Mém. de la Société Acad. de l'Aube*, année 1899, p. 75, n° 47.

[4] Voy. Dom Calmet, Généalog. de la famille du Châtelet. ,

Jean du Châtelet, seigneur de Saint-Amand, Pierrefitte, Domjulien, Cirey, Bazoncourt et autres lieux, marquis de Trichâteau, fils de Philibert et de Marguerite de Ville, épousa en premières noces Jacqueline de Béthune, douairière de Christophe du Châtelet. Sa seconde femme fut Philippe de Ludres, qu'il épousa en 1553. Vers l'an 1545, il avait vendu à Denis Clérey, bourgeois de Troyes, tout ce qu'il possédait à Vaubercey, y compris probablement ce qui avait appartenu à sa tante Catherine du Châtelet, femme de Claude d'Haraucourt[1].

Dès le commencement du xve siècle, la famille Hennequin eut des biens à Vaubercey. Une de ses branches, celle qui fut propriétaire de la seigneurie, en prit le nom. Une autre branche, celle des seigneurs d'Epagne, n'eut que quelques parcelles de la terre de Vaubercey.

Le domaine des Hennequin de Vaubercey passa successivement, et par parties, aux Angenoust, Le Gras, Le Mairat, Marisy, Saigeot, Morillon, Hénin-Liétard (Voy. ces noms).

Les terres des Hennequin d'Epagne, à Vaubercey, appartinrent aux Luxembourg-Luxémont, la Mothe, Clérey, Legras, Saint-Hérem et Hénin-Liétard.

A partir de 1716, les seigneurs de Blaincourt étant devenus possesseurs des terres constituant le fief proprement dit de Vaubercey et les ayant réunies à leur domaine, le hameau perdit son nom et il ne fut plus question de cette partie du fief.

---

[1] Arch. dép. de l'Aube, 4, H *bis*, 2.

ÉPAGNE

Etymologie. — D'après M. d'Arbois de Jubainville, le nom d'Epagne que l'on trouve écrit *Hispania*, à la date de 1097, dans le cartulaire de Molême, viendrait, non du gentilice Hispanius qu'on n'a jamais rencontré jusqu'ici, mais bien du gentilice Spanius qui figure dans une inscription italienne et dans une inscription d'Afrique.

Spanius égale Hispanius avec apharèse de la voyelle initiale. Spanus, tiré du cognomen Hispanus, a été dépouillé de la syllabe initiale sous l'influence peut-être du grec σπάνιος.

(*Hi*) *spanius* a donné un dérivé *Hispaniacus* que l'on reconnaît dans les noms d'Epagny (Aisne, Côte-d'Or, Haute-Savoie), d'Epiniac (Ille-et-Vilaine), Espagnac (Corrèze).

Il y a en France une autre commune d'Epagne dans le département de la Somme [1].

Avant de connaître l'étymologie donnée par notre savant maître, devant l'autorité duquel nous nous inclinons respectueusement, nous nous étions demandé si le nom d'Epagne ne venait pas du mot latin *spina*, épine (en italien *spina ;* en espagnol, *espina ;* en portugais, *espinha* et, dans le vieux français, *espène*, *espoine*, *espeigne*, *espigne* et *espine*.

Voici ce qui motivait cette opinion. Dès les premiers temps de la Féodalité, il y eut à Epagne une mairie royale qui subsista jusqu'à la Révolution. Elle dut prendre tout naturellement le nom du pays dans lequel elle est établie. Or, antérieurement à l'an 1355, on la nommait la mairie de l'Epine, dénomination qu'elle conserva jusqu'à son aboli-

---

[1] Voy. M. d'Arbois de Jubainville, *Recherches sur l'origine de la propriété foncière et des noms de lieux habités en France*, p. 410.

tion. N'y a-t-il pas dans ce fait une sorte de confirmation de l'opinion que nous avions conçue[1]. ?

Le Village.

Vu d'un endroit élevé, le village d'Epagne paraît avoir à peu près la forme d'un T dont la traverse, représentée par les rues de la Pute-Rive (*put*, *pute*, mauvais, mauvaise, vilain, vilaine) et du Gué-au-Febvre, s'allonge à l'aspect du S.-O. sur le sommet d'une falaise taillée à pic, haute en certains endroits de 12 à 15 mètres, et incessamment minée par les eaux rapides de la rivière de l'Aube. La haste du T est figurée par la grande rue ou route de Saint-Léger-sous-Brienne qui va, en montant, jusqu'à l'ancien territoire de la grange d'Ormets.

Dans le village, à la rencontre de la haste du T avec sa traverse, c'est-à-dire à l'endroit où la route tourne brusquement pour gagner le pont de Blaincourt, on rencontre sur la droite la place publique, nommée le Tertre ou le Tertin. En ce lieu on voyait dernièrement un énorme tilleul ; c'était, si l'on en croit la tradition, un de ces arbres que Sully, le célèbre ministre du bon Henri IV, fit planter en souvenir de la conversion de ce monarque et de son arrivée au trône, faits réellement mémorables, puisqu'ils ouvraient pour la France une ère de paix et de prospérité.

Comme tout en ce monde, le vieux tilleul d'Epagne a subi les atteintes du temps, il a été renversé par la tempête qui a sévi dans la nuit du 15 au 16 février 1900.

L'église est placée au S.-O. du village, sur le bord de la falaise, à l'endroit où elle change de direction et fait un coude de l'ouest au midi.

---

[1] Pour les différentes formes du nom d'Epagne, voir le *Dictionnaire topographique de l'Aube*, par MM. Boutiot et Socard.

Cet humble monument est relié à la masse des habitations par une ruelle, dite ruelle Saint-Georges, aboutissant sur la rue du Gué-au-Febvre et sur la rue de l'Eglise, qui sont parallèles, et se prolongeant, au levant, jusqu'à ce qu'elle rencontre la route de Précy-Saint-Martin à Mesnil-Aubert, qui coupe la grande rue dans le haut du village.

Presque toutes les maisons sont construites en bois, sauf quelques-unes qui ont, du côté de la pluie, au S.-O., un pan de muraille ou pignon, soit en moellon de Bossancourt, soit en briques provenant des tuileries de l'Etape et de Brevonnes, soit en briques fabriquées suivant la méthode belge sur le territoire de Brevonnelle ou aux environs.

La tuile creuse est employée de préférence pour la couverture des maisons et bâtiments de culture, et cela par raison d'économie. Pesant moins que la tuile plate, elle peut être portée par une charpente plus légère, et par conséquent moins dispendieuse; d'autre part, la pente du toit étant moins rapide, donne plus de logement en hauteur.

Beaucoup de maisons, et en majorité celles des vignerons, ont leur façade sur rue; celles des laboureurs s'ouvrent généralement sur une cour entourée de bâtiments d'exploitation; elles sont presque toutes disposées de manière à faire face au midi.

Le Château.

Dans le lot de partage échu à Philibert de Cuvilliers, en 1556, figure un jardin en arbres, communément appelé le *Jardin de la Court*, aboutissant à deux fossés nommés les *Fossés de la Court*, et situé près du Closet et du chemin de Brienne. Il est à croire que cet emplacement est celui de l'ancien manoir mentionné dans le dénombrement fourni par Geoffroy d'Epagne, en 1390 [1].

---

[1] Arch. du chât. de Brienne.

Une pièce, datée de 1557, nous apprend que la maison communément appelée la *Maison seigneuriale d'Épagne*, appartenant à MM. d'Igny et d'Alichamp, tenait d'un côté à la Pute-Rive et d'autre au sieur de Luxémont et à la Grande-Rue.

Cet emplacement paraît correspondre à l'emplacement qu'occupe la maison désignée, encore aujourd'hui, sous le nom de Château.

Les d'Alichamp demeurèrent seuls possesseurs de cette maison, et il est probable que l'un d'eux la fit reconstruire à neuf, si l'on tient compte de la date de 1632 inscrite sur une pierre qui se trouve incrustée dans une cheminée à l'intérieur de cette maison.

Dans un aveu et dénombrement de 1755, M. Bajot se contente de mentionner « la maison seigneuriale, avec haute « et basse-cour, jardins et enclos à l'entour d'icelle, contenant neuf arpents [1] ».

Cette maison est une grande construction en bois, couverte en tuiles plates, comprenant un rez-de-chaussée composé d'un vaste corridor conduisant de la cour au jardin, et de neuf pièces de dimensions variées. Sur le tout est un comble très élevé. Près de cette demeure se trouvaient un grand colombier à pied et des bâtiments d'exploitation agricole.

A la mort de Claude-Edouard Bajot, le château d'Epagne devint la propriété de sa fille aînée, Madame de Rémond Dumesnil. Il passa ensuite à M. Brodier-Le Saint, marchand de biens à Lhuître, qui le céda, vers 1814, à M. Georges Le Brun, de Troyes, en échange de la propriété de Chicherey. La descendance de ce dernier la posséda jusqu'en 1857. Depuis cette époque, cette maison est habitée par plusieurs ménages de villageois qui, l'ayant

---

[1] Arch. Brion, d'Epagne.

modifiée suivant leurs besoins, lui ont fait perdre son caractère primitif.

La maison, située au midi de l'église, sur le versant de la côte Saint-Georges, est aussi désignée sous le nom de château. Dans l'emplacement qu'elle occupe était une petite demeure construite vers 1839. Habitée successivement par le sieur Georget, instituteur à Epagne, puis par M. Auguste Le Brun de la Hupproye, ancien officier des armées de l'Empire, fils aîné de Georges Le Brun possesseur du château des d'Alichamp, elle appartint ensuite à la fille unique de M. A. Le Brun, épouse de M. d'Aubigny d'Arrentières, cousine germaine de l'auteur de ces lignes, auquel elle vendit sa maison en 1860.

Ce nouveau détenteur agrandit sa propriété par des acquisitions; c'est lui qui fit construire, en 1873-1874, la maison actuelle et toutes ses dépendances. Il l'habita jusqu'en 1882, puis il céda cette propriété à M. Van den Plas, financier belge, gendre du baron Langrand, qui en fit sa demeure. Voulant retourner en Belgique, M. Van den Plas vendit sa maison le 21 septembre 1893 à M. Paul Masson, avoué à Bar-sur-Aube.

En creusant les fondations de la maison dont nous parlons, on mit à découvert quelques débris d'anciennes constructions, des pavés très bien taillés, des fers de flèches et des monnaies du moyen-âge, ce qui permet de croire qu'il y eut jadis une bâtisse assez importante en cet endroit.

La paroisse d'Epagne.

Epagne est aujourd'hui une paroisse succursale de Saint-Léger-sous-Brienne.

Au XIIe siècle, il portait déjà le titre de paroisse, et avait pour succursale Blaincourt, qui ne possédait qu'une chapelle. En 1145, à la demande de Gibuin, archidiacre de Brienne, Hatton, évêque de Troyes, pour venir en aide aux pauvres secourus par l'Hôtel-Dieu de Chalette, concéda à cette maison l'église d'Epagne et la chapelle de Blaincourt, avec le droit de présenter le prêtre appelé à les desservir [1].

L'évêque Mathieu, successseur d'Hatton, avec l'assentiment de l'archidiacre Girard, confirma cette donation en 1178, et, sur la présentation du maître de l'Hôtel-Dieu de Chalette, nomma Gibert curé d'Epagne, à charge par lui de livrer chaque année audit Hôtel-Dieu un demi-muid de grain prélevé sur les dîmes de la paroisse, et 20 sous aux quatre grandes fêtes pris sur les offrandes de l'église [2].

Lorsque l'évêque de Troyes eut, en 1199, placé l'hôpital de Chalette sous la dépendance de l'abbaye de Saint-Loup, et qu'en 1206, Jean, comte de Brienne, eut concédé à cette communauté ledit hôpital avec ses apparteances [3], les chanoines de Saint-Loup obtinrent le transfert de la paroisse à Blaincourt, où ils établirent un prieuré. A dater de cette époque, Epagne ne fut plus qu'une succursale desservie par les curés de Blaincourt ou leurs vicaires.

Cet état de choses dura jusqu'à la Révolution de 1789.

Lors de la restauration du culte, Epagne eut les mêmes desservants que Blaincourt, c'est-à-dire ou les curés de Brevonnes, ou ceux de Pel-et-Der et Précy. Il fut ensuite rattaché à Saint-Léger-sous-Brienne, dont il n'a été distrait que peu de temps (de 1848 à 1852), à l'époque où Blaincourt eut un curé à demeure.

---

[1] *Cart. de Saint-Loup*, édit. Lalore, p. 28.

[2] *Ibid*, p. 88.

[3] *Ibid*, p. 191.

L'Eglise.

Cette église, placée sous le vocable de saint Georges, est d'un aspect misérable. Elle se compose de deux parties bien distinctes, la nef et le chœur. Ce dernier, qui est le plus ancien, est bâti en craie et paraît dater de la même époque que le chœur de l'église de Blaincourt. L'agencement des fenêtres est, en effet, le même pour les deux églises. Il se compose d'une baie ogivale divisée à sa partie inférieure par un meneau qui vient s'amortir sous un entablement dont la frise est occupée par quatre petites ouvertures ovales correspondant aux deux divisions inférieures. Celles-ci se terminent en plein ceintre sous l'entablement. Au-dessus de la corniche se trouvent deux pleins cintres correspondant à ceux qui sont au-dessous de l'entablement et surmontés par une partie circulaire se rattachant à l'arcature de la baie.

L'église de Molins, autre dépendance de l'abbaye Saint-Loup, renferme des fenêtres disposées de la même façon.

Ces constructions semblent avoir été élevées dans la deuxième moitié du XVIe siècle.

La tradition prétend que les églises de Blaincourt et d'Epagne auraient été incendiées et détruites de fond en comble pendant la guerre des Anglais ; aucun document ne vient à l'appui de cette croyance.

La nef est bâtie en bois. Les constructions de ce genre étant de courte durée, on a dû opérer de nombreuses et fréquentes restaurations à cette partie de l'édifice, notamment en 1764 [1]. Celle qui eut lieu en 1871 amena la destruction du porche placé en avant de la nef.

TABLEAUX. — Le tableau du maître-autel est une peinture plus que médiocre, couverte de retouches inhabiles. Il

---

[1] Les travaux, qui coûtèrent 400 livres, furent exécutés par Claude Lebeuf, charpentier à Dienville, cautionné par Philippe Poulain, marchand de bois à Piney. — Arch. départ. de l'Aube, C, 1239.

représente le martyre de saint Georges. Avant 1871, il y avait sur l'autel de saint Vincent une petite peinture moins mauvaise, représentant le saint patron des vignerons ; elle a été entièrement détériorée lors des réparations de l'église exécutées à cette époque.

Statues. — On trouve aussi dans cet édifice deux statues en pierre laissant à désirer au point de vue des proportions, mais intéressantes à cause de leur âge et des costumes portés par les personnages qu'elles représentent.

L'une est une statue de la Vierge Mère assise, tenant l'Enfant Jésus sur ses genoux. Il est nu et tend les bras pour prendre la fleur que lui présente sa mère. Ce groupe était primitivement recouvert d'une peinture polychrome. Au bas de la statue, près des pieds de la Vierge, se trouve un écusson aux armes des Hennequin, seigneurs d'Epagne ; elle serait donc antérieure à l'an 1510, car, à cette date, la dite famille ne possédait plus rien à Epagne.

L'autre statue, sortie probablement du même atelier que celle de la Vierge, est aussi intéressante. Elle représente saint Georges terrassant le dragon. Le costume du saint guerrier est traité avec soin et l'archéologue peut y retrouver au complet l'équipement que portaient les gendarmes des ordonnances du temps de Charles VII.

Vitraux. — Les fenêtres ont été garnies de vitraux peints dont nous nous souvenons avoir vu quelques fragments encore en place. Aujourd'hui, il n'en reste rien.

Pierres tumulaires. — Dans le chœur se trouvent deux pierres tumulaires. Sur l'une, on lit l'inscription suivante écrite en caractères romains :

CY GIT
HONORE DALICHAMP ESCVYER
SEIGNEVR D'EPAGNE
FILS DE RENE
DALICHAMP ESCVYER SEIGNEVR DE
BRIEL ET AVTRES LIEVX
1667.

Sur l'autre, on lit :

CY GIT FRANÇOIS · HON
ORE · DALICHAMP... AGE
DE · TROIS · A.....
MOIS · FILS · DE · HONO
RE · DALICHAMP VIV
ANT ESCVYER SEIGNEVR
D'EPAGNE... AVTRES
LIEVX · ET · DE · DAMOISELLE
IEANNE · DV · MESNIL · SON
ESPOVSE......
LE XV JOVR · DV · MOIS · DE
FEVRIER 1663.
CY GIST · ENCORE · IEAN
GEORGES DALICHAMP
FILS · DV · DIT · HON
ORE · DALICHAMP · ET
DE · LA · DITE · DAMOISELLE ·
FRERE · DV · DIT · FRANÇOIS
HONORE · AAGE · DE · SIX ·
ANS · VN · MOIS · QVI · DE
CEDA · LE 30 AVRIS
1670
PRIE DIEV POVR EVX.

Devant la porte de l'église se trouve la tombe de :

DAME MARGVERITE PILAVOINE
EPOVSE DE CLAVDE
BAIOT DE TORCY SEIGNEVR D'EPAGNE
ET DE TORCY
DECEDEE ..... 1787.

CLOCHES. — En 1764, les habitants d'Épagne demandèrent la permission de s'imposer d'une somme de 90 livres restant due sur le marché qu'ils avaient conclu pour la refonte de leurs cloches[1].

---

[1] Arch. dép. de l'Aube, C, 1373.

Il est probable qu'une de ces cloches eut quelque avarie et dut être refondue. On voit, en effet, dans les actes de la paroisse, que le 9 octobre 1787 « la grosse cloche a été bénite par M. Brullart, sous l'invocation de saint Edouard et de Marie-Madeleine. »

Cette cloche existe encore. Elle porte l'inscription suivante :

L'AN 1788 IAI ETE NOMMEE CLAVDE EDOVARDE PAR MESSIRE
CLAUDE EDOVART BAIOT D'EPAGNE SEIGNEVR
D'EPAGNE ET SEIGNEVR POUR 7 PARTS EN ONZE DANS.
LA DITE TERRE SEIGNEVR DE HAVTE MOYENNE ET BASSE
IVSTICE DV DIT LIEV ET DAMOISELLE MARIE MADELEINE
PIOT DAME DE COVRSELLES ET DE FRESNOY.

La petite cloche n'existe plus, mais on trouve dans le clocher les traces de sa présence en cet endroit. Elle a probablement été fondue lors de la première République et convertie en monnaie de billon.

RELIQUES. — La sacristie possède un reliquaire en forme de statuette. Il est en bois et polychromé. Dans le socle existe un petit loculus contenant une relique de saint Georges, dont l'authenticité est très douteuse.

La Fabrique de l'Église.

Suivant la déclaration faite à l'assemblée du clergé de France[1], la fabrique possédait, en 1729, tant sur le finage d'Epagne que sur celui de Saint-Léger, 2 arpents 2 denrées de terres labourables et 4 denrées de prés, 23 denrées de vignes, 3 denrées de chenevières, le tout loué 46 livres 1 sou.

Elle devait faire face aux charges suivantes et payer :

---

[1] Arch. dép. de l'Aube, G, 562.

Au vicaire, pour acquitter les fondations .... **23** livres
Au maître d'école, pour les fondations et autres salaires. **6** »
Au sonneur, pour sonner les fondations .... **3** »
Pour le luminaire, qui éclaire l'église .... **3** »

Au total......... ... **35** livres

En l'an iv, les biens de la fabrique, confisqués au profit de la nation, furent mis en vente et produisirent une somme d'environ 1.264 livres.

Parmi les principaux bienfaiteurs de la fabrique, on trouve : en 1636, Marguerite Michaut, veuve de Jean Déchaut; en 1658, Edme Michaut; en 1659, Jean Denisot ; en 1662, Marguerite Roussel, femme de Pierre Doizelet; en 1675, Jean Charinet; en 1684, Anne Michaut, veuve de Claude Morange ; en 1701, Etienne-Antoine et Pierrette-Michaut, sa femme, etc.....

Noms de quelques curés et vicaires d'Epagne

1135. Hugo, curé d'Epagne. (*Cart. de Saint-Loup*, édit. Lalore, p. 28.)

1178. Girbertus, curé (*Ibid.*, p. 28.)

1188. Guilbert, chapelain. (*Cart. de Basse-Fontaine*, édit. Lalore, p. 98.)

1628. François Michelet, vic. (Arch. Brion, d'Epagne.)

1659. Dom. Michel Desguerrois, vic. (*Ibid.*)

1672. Mailly, vicaire. (Actes d'Epagne.)

1678. Gabriel de Saligny, chanoine de Beaufort, vic. (Arch. départ., C, 1238.)

1679. Nicolas Mérat, vic. (*Ibid.*)

1689. J. Frenard, vic. (Arch. Brion.)

1690. Pernel, vic. (Arch. départ., C. 1238.)

1701. Gabriel Mazure, vic. (*Ibid.*)

1713. Edme Bouillerot, vic. (Act. de Blaincourt.)

1716. Copin, vic. (*Ibid.*)

1720. Bouvart, vic. (*Ibid.*)

1723. Jean Robert, vic, (Arch. départ., C, 1238.)

1729. De Grigny, vic. (Act. d'Epagne.)

1736. Finot, vic. (*Ibid.*)

1738. Garnier, vic., religieux cordelier. (*Ibid.*)

1745. Moreau, vic.-prêtre, chanoine régulier. (*Ibid.*)

1753. H. Courolle, vic. (*Ibid.*)

1754. Adrien Protin, vic. (Act. de Pel-et-Der.)

1772. Guilbert, religieux cordelier, vic. (Act. de Saint-Léger.)

1782. Rignoux, vic. (Act. d'Epagne)

1783. Lalille, vic. (*Ibid.*)

1789. Belly, vic. (*Ibid.*)

1789. Jean Urbain, vic. (*Ibid.*). Il fut ensuite curé de Perthes-en-Rothière.

1789. Bompard, vic. (*Ibid.*)

1791. Jacques Congniasse Des Jardins, curé de Blaincourt et d'Epagne. (Actes d'Epagne.)

Presbytère.

Il semble qu'il y ait toujours eu à Epagne un presbytère pour loger soit le curé, soit le vicaire, chargés de desservir la paroisse. Nous avons trouvé dans les archives de la famille Brion, d'Epagne, une pièce relative au transfert de cette demeure sur un emplacement plus rapproché de l'église que celui qu'elle occupait précédemment. Nous croyons cet écrit assez intéressant, au point de vue de l'histoire locale, pour être reproduit en partie. En voici l'extrait :

« A tous ceux... Furent présens en leurs personnes
« Honoré Dalichamp, escuier, seigneur de Briel, Balleno,
« Flammericourt et Espagne, demeurant au dit Epagne, et
« les manants et habitants du dit Epagne, assemblés au son
« de la cloche au devant de l'église Monsieur Saint-Georges,
« patron du dit lieu, où se traitent ordinairement les affaires
« de la communauté, savoir: Louis Girardin, Nicolas Ciboy,
« marguillers de la dite église, Edme Badois, greffier,
« Jean Charinet, tailleur d'habits... la veuve feu Jean Doi-

« selet... tous demeurant au dit Epagne, d'autre part.
« Recongnurent les dictes partyes que comme ainsi soit que
« par cy-devant les dits habitants auroient donné par eschange
« au dict sieur Dalichamp demi denrée de terre en jardin
« appelée communément *le presbytère* attendu que le dict
« héritage estoit fort éloigné de l'Eglise pour y bâtir, joinct
« le peu d'espace, et en contre eschange le dict sieur
« Dalichamp aurait donné deux denrées de terre aux dicts
« habitants plus proches de la dicte église tenant à la ruelle
« Saint-Georges, laquelle place ne estant encore trouvée
« commode pour y bâtir, les dicts habitants font, ès mains
« du dict sieur Dalichamp, et donnent *le poirier sauvage*
« *du Croc-à-la-Terre*, pour en faire comme de choses à lui
« propres et au lieu des deux denrées de terre chenevière,
« le dict sieur Dalichamp a donné aux dicts habitants deux
« autres denrées de terre joignant la dicte église et propres
« pour y bâtir un presbytère tenant d'une part et d'aultre
« aux enfants de M. de Montangon, d'un bout au dict sieur
« Dalichamp et d'aultre bout à un chemin, et d'aultant que
« le dict sieur Dalichamp, par dévotion, à dessein et volonté
« de fonder un service le jour de feste Monsieur Saint Ho-
« noré, a esté prié par les dicts habitants vouloir faire bastir un
« presbytère pour loger le prestre, qui administrera la dicte
« église, sous les offres que font iceux habitants de faire
« faire le dict service le jour de feste de Monsieur Saint Ho-
« noré, par chacun an annuellement et perpétuellement, et
« servir luminaire, pain et vin aux offrandes à leurs frais et
« despens et y assister, un chef de famille de chascun ménage
« des dicts habitants, leurs hoirs et ayant cause, *à peine de*
« *chacun cinq sols d'amende* contre chascun ménage des
« dicts habitants défaillans, applicables en œuvres pieuses.
« ou charités, par l'esné de la famille ou descendans du
« sieur Dalichamp ; lequel service sera composé de... spé-
« cialement pour les âmes de défunt René Dalichamp et de
« demoiselle Marguerite de la Motte père et mère du dict

« sieur Honoré Dalichamp, Philippe Dalichamp et demoi-
« selle Claude de Lancosne, ses aïeul et aïeule, Nicolas
« Dalichamp et Marguerite de Saint-Blin, ses bisaïeux,
« Jean Dalichamp et demoiselle Catherine de Rhèges, ses
« trisaïeux, dénommés au procès-verbal de la coutume du
« bailliage de Troyes, et comme ses prédécesseurs tous
« escuiers, seigneurs du dit Briel, Epagne et autres lieux...
« ce qui a été accepté par les dicts habitants... ensuite des
« choses ci-dessus, le dict sieur Dalichamp a promis de
« bâtir une maison et pavillon sur les dictes deux denrées,
« composée de deux chambres basses, doubles cheminées
« de briques, buchié, planchéié et autres commodités
« nécessaires, le tout bon et en bon point, les clefs à la
« main, qui ont été délivrées aux dicts habitants qui sont
« tous contents, à ce est intervenu en personne M. Michel
« Vinot, prêtre, docteur en la faculté de Paris, dicte Sor-
« bonne, prieur du prieuré de Blaincourt et du dit Epagne,
« demeurant au dit Blaincourt, lequel, après advoir visitté
« et recognue la dicte maison estre en bon et suffisant estat,
« le dict sieur Vinot l'a acceptée pour maison presbytérale
« et s'en est tenu pour bien content et a déchargé et dé-
« charge les dicts habitants aux charges et conditions des
« autres maisons curiales et presbytérales en tel cas requis
« au diocèse et évesché de Troyes... les dits habitants pro-
« mettans tenir et entretenir le bâtiment ci-dessus obligent
« tous pour chacun leurs biens, leurs hoirs ayant cause
« faire faire le dict service aux clauses et conditions ci-
« dessus... Faict et passé au-devant de l'église, le vingt-qua-
« trième jour du mois de septembre 1669, signé : De
« Vassan. [1] »

En 1763, les habitants d'Epagne n'avaient pas tenu leur
promesse d'entretenir le presbytère ; il était en ruines depuis

---

[1] Arch. Brion, d'Epagne.

longtemps, il n'y avait pas de vicaire et le prieur de Blaincourt desservait par binage [1].

En 1781, la situation s'est améliorée ; le presbytère est
réparé et le prieur de Blaincourt entretient à Epagne un
vicaire qu'il paie 300 livres, sans que la communauté donne
la moindre chose. Il voudrait bien pouvoir s'en passer, mais
les débordements de la rivière d'Aube, qui souvent interceptent toute communication, rendent la chose impossible [2].

Six ans plus tard, on voit figurer au rôle de la communauté d'Epagne, parmi les charges, une somme de 50 livres,
pour l'entretien du presbytère [3].

Le 9 fructidor an IV, la maison presbytérale d'Epagne et
ses dépendances, devenue propriété nationale, fut adjugée
à M. Congniasse Des Jardins, de Pel-et-Der, qui la fit démolir au commencement du XIXe siècle.

Les Seigneurs d'Epagne.

En 1097, Gauthier (Walterius) d'Epagne (de Hispania),
est témoin d'une donation faite à l'abbaye de Molême, par
Gauthier, de Montigny-sur-Aube [4].

Erlebaud d'Epagne (Erlebaudus de Hispania) donne, en
1101, à l'abbaye de Sainte-Marie de Molême, une terre de
franc alleu qu'il possède à Essoyes (Exoium) et un homme
nommé Dudon, avec l'assentiment de son fils Payen (Pa-
ganus) et de sa femme Adeline [5].

Nocher, frère d'Erlebaud, suit cet exemple et, du
consentement de sa femme et de ses enfants, donne à la

---

[1] Arch. départ. de l'Aube, C, 1239.

[2] *Ibid.*

[3] *Ibid.*, C, 1373.

[4] Arch. de la Côte-d'Or, 1er *Cartul. de Molême*, fo 111-112.

[5] Voyez 1er *Cartul. de Molême*, fo 22, vo.

même abbaye la portion d'héritage qui lui appartient à Essoyes et consiste en terres labourables, bois et prés[1].

Hugues, surnommé Britto et qualifié comte d'Epagne, et ailleurs comte de Ramerupt, du vivant même de son père, André de Ramerupt[2], se trouve avec ce dernier, en 1104, à l'abbaye de Molême[3].

Hugues Britto semble ne pas avoir survécu à son père. Sa sœur, Alix de Roucy, épousa Erard Ier, comte de Brienne, dont elle eut Gauthier II, comte de Brienne et seigneur de la partie du comté de Ramerupt comprise dans la dot de sa mère.

Peut-être est-ce à la suite de la mort d'Hugues Britto et de son frère Ebles, évêque de Châlons, que le comté de Ramerupt fut démembré. La portion comprenant Ramerupt aurait été attribuée à la seconde des filles d'André, sœur d'Alix, femme d'Erard de Brienne, et la portion comprenant Piney aurait été incorporée au comté de Brienne.

On peut se demander si les écrivains, qui ont donné le titre de comte d'Epagne à Hugues Britto, n'ont pas fait erreur et confondu les noms d'Epagne et de Piney. Ces deux noms présentent, en effet, une certaine analogie, si l'on adopte l'opinion que nous avons émise, bien entendu sous toutes réserves, à propos de l'étymologie du nom d'Epagne, et l'erreur commise par les historiens semblerait même nous donner raison.

Dans un grand nombre de pièces, le duc de Piney est désigné sous le nom de duc *d'Epiney*, il est donc admissible que dans la pensée des scribes qui les ont écrites, le nom de Piney devait avoir pour étymologie, de même que

---

[1] Biblioth. nat. Champag., 21, p. 65, v°, cité par M. l'abbé Pétel, *Hist. d'Essoyes*.

[2] Fils d'Hilduin, comte de Rancy et de Ramerupt.

[3] D'Achery, Spicilège, in-4° (IV, 239). Voy. M. d'Arbois de Jub., *Les premiers seigneurs de Ramerupt* (Biblioth. de l'Ecole des Chartes, 5e série, II, 440).

le nom d'Epagne, le mot latin *Spina*, dont on a fait en français l'Espine et l'Epine, nom porté par plusieurs villages.

Hugues Britto aurait donc été comte de Piney, tandis que l'humble village d'Epagne serait resté une simple seigneurie du comté de Brienne.

En 1108, Renaud de Rougemont abandonne aux moines de Molême tout ce qu'il possède à Epagne pour être racheté par eux, car il était retenu comme otage[1]. Ce personnage était vraisemblablement seigneur du fief et hameau de Rougemont, situé sur le finage de Vaucogne et aujourd'hui détruit.

1129. — Renaud d'Epagne, chevalier, et Colin de Ramerupt sont témoins d'une donation faite au prieuré de Foicy-les-Troyes[2], par Guy du Mesnil et consistant en 4 setiers de grain à prélever sur le four de Précy. Renaud d'Epagne est oncle d'Agnès, prieure de Foicy, et Colin de Ramerupt, son cousin.

1147. — Frédéric, surnommé Salvator, avec l'approbation de son épouse, donne aux religieux de Clairvaux tout ce qu'il possède sur le finage d'Epagne, sans en rien retenir[3].

1166. — Renaud d'Epagne figure comme témoin dans une charte du prieuré de Foicy. A la même époque, il est encore témoin, avec ses fils Simon et Renaud, d'une donation faite à l'abbaye de Basse-Fontaine par Erard, comte de Brienne, et d'une autre donation faite à la même maison par Robert de Mathaux[4].

---

[1] *Cartul. de Molême*, édit. Socard, p. 253 des *Mém. de la Société Acad. de l'Aube*, année 1864.

[2] Arch. dép., 27, H, 3.

[3] Arch. dép., 3, H, 178.

[4] *Cart. de Basse-Font.*, édit. Lalore, p. 8.

1172 (Vers). — Renaud d'Epagne (Espaine) doit trois mois de garde en la chastellerie de Rosnay [1]. En 1177 il assiste à un échange fait entre Errard, comte de Brienne, et l'abbaye de Saint-Loup, et, en 1179, le même Renaud d'Epagne, qualifié chevalier du comte de Brienne, est témoin d'une donation [2].

1186. — Errard, comte de Brienne, constate et confirme une donation faite à l'abbaye de Saint-Loup par Renaud d'Epagne, fils de Renaud le viel, avec l'assentiment de sa mère. Il donne des terres sises à Auzon et au bas de Montangon [3].

1199. — Ce même Renaud d'Epagne, chevalier, est témoin de la donation faite au prieuré de Foissy par Wido (ou Guido) du Mesnil, à Précy.

Dans le cours du xiie siècle (la date précise n'est pas indiquée) Odo (ou Eude) d'Epagne, chevalier, frère d'Hugues, et Rodolphe, son fils, donnent à l'église de Saint-Léger-sous-Brienne, pour la sépulture d'Alwide, leur épouse et mère, un manse dans le village d'Epagne, un autre mause dans l'endroit appelé Ormets et sept journaux de terres entre les prés et le bois qui est de l'autre côté ; trois journaux près des vignes ; un journal et demi dans l'endroit appelé Muton, et la part qui leur appartient dans le petit bois qui est près de Saint-Léger. Remi d'Epagne assiste à cette donation [4].

Le fils d'Eude d'Epagne et d'Alwide, Rodolphe de Thors, fut enterré dans l'église de Saint-Léger-sous-Brienne [5].

1205 (Vers). — Renaud d'Epagne (d'Yspaine) figure sur

---

[1] M. Longnon, *Le Livre des Vassaux*.

[2] *Cart. de Saint-Loup*, édit. Lalore, pp. 87 et 92.

[3] *Ibid.*, p. 111.

[4] *Cart. de Montiérender*, édit. Lalore, p. 220.

[5] *Ibid.*, p. 219.

le rôle de la chastellenie de Rosnay au nombre des vassaux du comte de Champagne [1].

1230. — Pierre d'Espagne (peut-être d'Epagne ou de Piney?) et Alix, sa femme, ainsi que leurs descendants, sont déclarés exempts de toutes charges serviles et dispensés de répondre en justice aux prévôts du comte de Champagne, moyennant un demi-marc de rente annuelle [2].

1236. — Helwide, dame d'Epagne, et Jean, son fils, confirment l'église de Saint-Maclou de Bar-sur-Aube dans les droits que G..., archidiacre de Langres, leur oncle, avait donnés précédemment au chapitre sur les dîmes d'Urville et de Maizières [3].

1239, avril (V. S.). -— Jean d'Epagne, écuyer, d'accord avec Odelette, sa femme, donne à l'abbaye de Basse-Fontaine tout ce qu'il possède à Epagne.

Au mois d'août de la même année, Jean d'Epagne, damoiseau, et Comtesse, son épouse, vendent aux moines de Clairvaux le quart des terres de Meurville, leur part du four d'Urville et tout ce qu'ils possèdent dans ce village pour un prix de 100 livres de Provins [4].

1248. — Jean d'Epagne, chevalier, conformément au désir d'Isabelle de Sarnay, sa femme, donne à l'abbaye de Basse-Fontaine six setiers, moitié blé, moitié avoine, à prendre sur ses revenus en grain d'Epagne ou sur sa grange située dans ce village, dans le cas où ses revenus ne seraient pas suffisants pour parfaire cette quantité de grain [5].

1251. — Isabelle de Sarnay, après la mort de son mari, confirme cette donation en présence de l'évêque [6].

---

1 M. Longnon, *Le Livre des vassaux*, n° 2234.

2 Boutiot, *Hist. de Troyes*, I, 322.

3 Arch. dép., AI, 162.

4 *Cartul. de Clairvaux*, ms., n° 703, de la Biblioth. de Troyes.

5 *Cartul. de Basse-Fontaine*, édit. Lalore, p. 68.

6 *Ibid.*

1263, 20 mars (V. S.). — Vilain d'Epagne, damoiseau, reconnaît devoir aux chanoines de Saint-Maclou de Bar-sur-Aube un cens sur deux maisons qu'il possède au dit Bar dans l'enceinte du château, et il leur abandonne un cens qu'il avait le droit de percevoir sur un pressoir situé dans la même ville[1].

Trois ans après, le même Vilain d'Epagne, damoiseau, et Ermande, son épouse, vendent aux religieux de Clairvaux une pièce d'eau qu'ils possèdent à Bar-sur-Aube, entre le pont Boudelin et l'eau d'Herbert de Baerio, au-dessous du moulin du Meiz? (de Maso), pièce d'eau vulgairement nommée l'Aube. Le prix de vente est de 120 livres fortes de Provins[2]:

1282. — Jean d'Epagne, sans doute religieux de l'abbaye de Saint-Loup, de Troyes, est témoin de l'hommage rendu à cette abbaye par Soyer de Gand (Siguerus de Gandano), chevalier, pour tout ce qu'il possède à Lusigny.

1300. — Simon De Biat fournit aveu et dénombrement au comte de Brienne, pour les biens qu'il tient en fief à Épagne, à Blaincourt et à Vaubercey[3].

1347, juin. — Geoffroy de Marne-la-Maison, écuyer, rend foi et hommage au comte de Brienne, pour la seigneurie d'Epagne. Il doit faire garde, en armes et en chevaux, au château de Brienne[4].

Dans le cours du XIVᵉ siècle, Marie-Anne de Cirey fournit aveu et dénombrement au comte de Brienne pour partie d'Epagne[5].

1377. — Geoffroy d'Epagne, écuyer, rend foi et hom-

---

[1] Voy. M. d'Arbois de J., *Hist. de Bar-sur-Aube*, pp. 91 et 12.

[2] Arch. départ. A I, 34.

[3] Arch. du château de Brienne.

[4] *Ibid.*

[5] *Ibid.*

mage au comte de Vertus, pour divers revenus qu'il prélève sur les habitants de Jasseines [1].

Ce Geoffroy d'Epagne est peut-être le même que Geoffroy de Marne-la-Maison, qui figure avec Henri Daugiers et autres sur un rôle sans date des fiefs du comté de Rosnay, et dans lequel il est dit que ces deux seigneurs doivent garde au château de Rosnay pour leurs terres de Jasseines et de Donnement [2]. De Vaveray (p. 557) parle d'un Henri de Marne, seigneur, en 1392, du fief de Vaux.

Dans l'aveu et dénombrement qu'il fournit, en 1390, au comte de Brienne, Geoffroy de Marne reconnaît posséder à Epagne la *maison de la Cour* et une autre maison, entourée de fossés, située près du moutier (église), ou dudit lieu d'Epagne [3].

1404. — Jean de Marne, écuyer (sans doute fils de Geoffroy), rend foi et hommage pour Epagne [4].

1446. — Guillaume de Fuligny fournit aveu et dénombrement, pour cette même terre d'Epagne, qu'il possède du chef de sa mère, Ysabeau de Marne, fille de Jean de Marne-la-Maison [5].

1483. — Ervé de Bouguesgand, écuyer, seigneur d'Epagne, donne, à titre d'acensement, à Colot Houdéart, demeurant à Montois, deux journaux de terre, sis à Epagne, au-dessus du Garillon [6].

A une date qui nous est inconnue, mais qui ne peut être

---

[1] Arch. départ. de l'Aube, E, 105.

[2] *Ibid.* 7, H, 146.

[3] Arch. du chât. de Brienne.

[4] *Ibid.*

[5] *Ibid.* reg. d'aveux et dénombrements, f° 77.

[6] En italien, *gariglione*, carillon. Cet endroit est peut-être celui qui est connu maintenant sous le nom de Cafrou. Dans ce lieu la rivière, courant sur de gros blocs de marne bleue, fait un bruit continuel ressemblant à une sorte de carillon.

postérieure à l'an 1495, Robert de Fuligny, Nicolas de Châtillon, et demoiselle Jeanne de Fuligny, sa femme, vendirent leur terre d'Epagne à Jean Hennequin [1].

La famille Hennequin posséda peu de temps la terre d'Epagne. Entre les années 1503 et 1510, elle la vendit au comte de Brienne, Antoine de Luxembourg. Cette terre passa ensuite en la possession d'Antoine, bâtard de Luxembourg, puis aux de la Motte, d'Alichamp, d'Igny, de Choisy, de Thourotte, de Hénin-Liétard, de Montangon, et ensuite à divers acquéreurs, les de la Tour, de Beurville, Bajot, etc. (voy. ces noms). Seule, la maison de Hénin conserva jusqu'à la Révolution la part de seigneurie venant des Luxembourg. Cette part fut alors confisquée et vendue en détail au profit de l'Etat.

---

[1] Voyez ce nom. Biblioth. nat., P O, 1507, pièce 6.

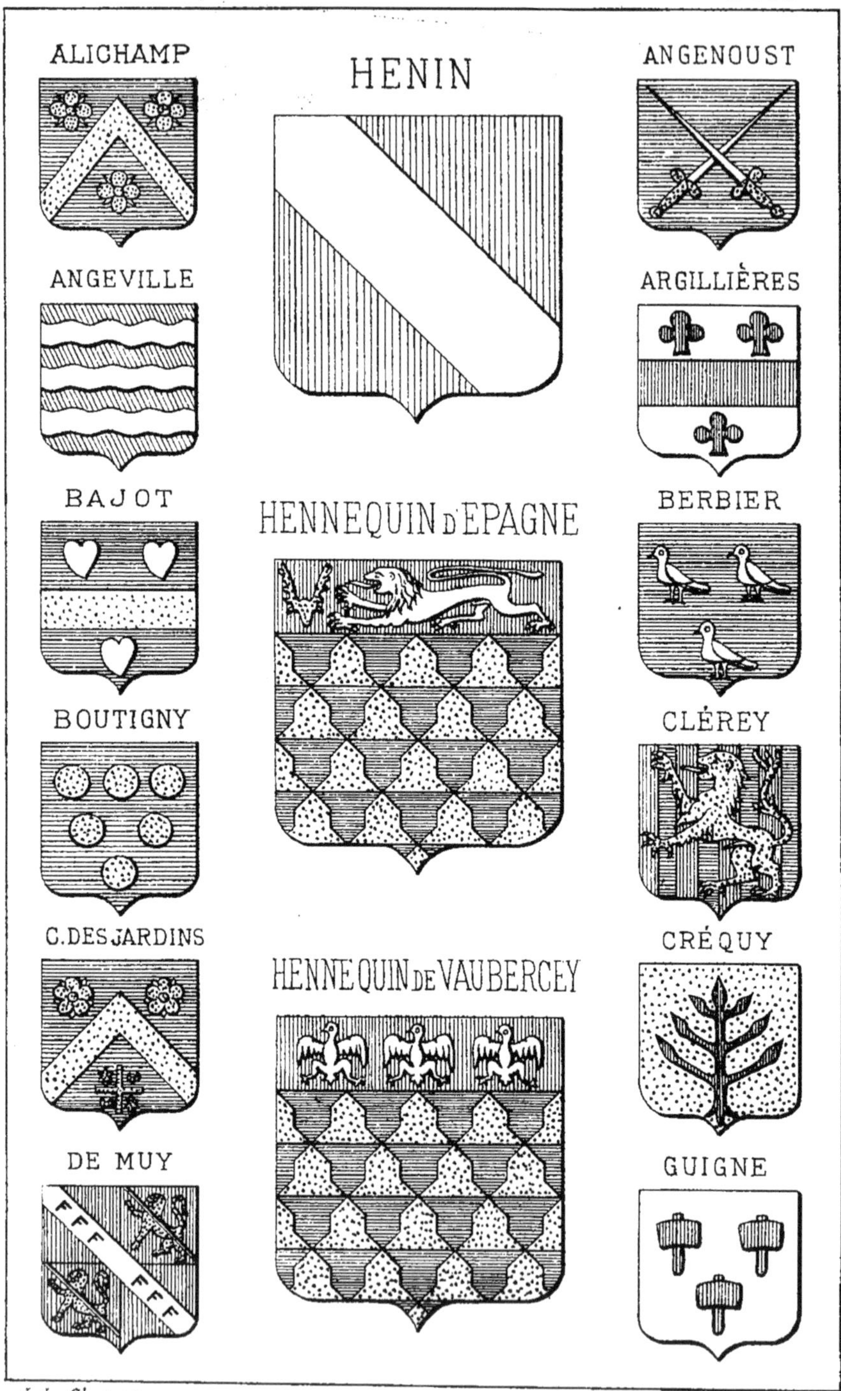

Armoiries de quelques seigneurs
de Blaincourt, Epagne et Vaubercey.

2ME PARTIE

RECHERCHES HISTORIQUES ET GÉNÉALOGIQUES

SUR LES

Seigneurs de Blaincourt, Épagne et Vaubercey

Et sur les personnes notables qui ont habité ces localités

Alichamp (d').

Seigneur d'Epagne en partie.

ARMES : *d'azur, au chevron d'or accompagné de trois roses à quatre feuilles du même.* L'écu soutenu de deux anges vêtus de gueules et d'azur, et sommé d'une sirène accolée d'un fil de sable, pour cimier[1].

Cette famille, dont le nom se trouve écrit tantôt Dallichant, Dalichamp ou Dallichamps et, enfin, sous la forme que nous avons adoptée, à l'exemple de Caumartin, de Lainé et autres, doit être originaire du village d'Alichamp, voisin d'Eclaron (canton de Vassy, Haute-Marne), auquel elle aura emprunté sa dénomination[2].

Les d'Alichamp, avant de posséder la terre d'Epagne,

---

[1] Caumartin, *Procès-verbal de la recherche de la noblesse de Champagne*, t. I, p. 34. — Roserot, *Armorial du départ. de l'Aube*, n° 27.

[2] Pour l'histoire de cette maison on peut consulter Caumartin, l'abbé Caulin (*Quelques seigneuries*, etc., p. 293), d'Hozier, le P. Anselme, etc.

habitaient déjà la région ; le nom de l'un d'eux figure sur une des cloches de l'église de Villevoque. Fondue en 1564, elle eut pour parrain et marraine Nicolas d'Alichamp, sieur de Villevoque, et demoiselle Marguerite, sa sœur.

René d'Alichamp, écuyer, seigneur de Briel, Flameri-court et Saint-Aubin, fils de Philippe d'Alichamp, écuyer, seigneur des dits lieux, et de demoiselle Claude de Lan-cosne[1], fut uni à Marguerite de la Mothe, fille assistée de noble sieur Claude de la Mothe, écuyer, seigneur du dit lieu, Epagne et Luxémont, et de demoiselle Barbe de Luxembourg, ses père et mère, et encore, de dame Claude de la Mothe, sa sœur, veuve de François d'Igny, chevalier, baron de Fon-tenay, Rizaucourt etc... Le contrat, passé à Colombé-les-deux-Eglises, fut signé le 12 juin 1579. M. d'Alichamp était assisté de M. Georges de Genlis, écuyer, sieur de Montille, époux de demoiselle Isabeau d'Alichamp, d'Alexan-dre et d'Archambault de Fontringan, écuyers, seigneurs d'Aulnay, Dronnay et des Nonnains ; de Pierre de Champy, ses cousins[2].

D'après une pièce sans date, conservée aux archives du château de Brienne, René d'Alichamp, qualifié seigneur de Briel et de la Mothe, époux de Marguerite de la Mothe, aurait habité le village de Morvilliers[3].

Ce seigneur mourut avant 1620, époque à laquelle sa veuve, Marguerite de la Mothe, vendit quelques terres à M. Le Gras de Vaubercey.

En 1558, René d'Alichamp, comme héritier de son frère Jean, possédait un quart dans la portion des gentilshommes de Balnot-le-Châtel. La veuve de Philippe d'Alichamp, son

---

[1] Elle épousa en secondes noces François de Chermont, écuyer, sieur du dit lieu de Chermont, gentilhomme de la maison du roi.

[2] Caumartin, t. I, au nom d'Alichamp.

[3] Voy. *Revue de Champ. et de Brie*, 1895, p. 145, notes sur la famille d'Alichamp.

autre frère, lui vendit en 1601 la portion que ce dernier possédait dans le même village[1].

Après lui, vers 1621, cette terre passa entre les mains de demoiselle Antoinette d'Alichamp, femme de Laurent de Chantereau[2]. En 1736, elle appartenait à Charlotte d'Alichamp, mariée à Claude Martin de Rochebonne, qui la vendit à M. Jean-Girard Royer, trésorier de France, à Paris.

Du mariage de René d'Alichamp et de Marguerite de la Mothe vinrent, entre autres enfants : Antoine, Honoré, René II, Antoinette, Françoise et Corneille.

Antoine fut seigneur de Briel en partie et semble être mort sans postérité.

Honoré et René II devinrent seigneurs d'Epagne ; Antoinette eut la terre de Balnot ; Françoise épousa Etienne, seigneur de Chastenay, qui, en 1641, fournit un aveu et dénombrement au comte de Brienne pour des héritages sis à Epagne[3]. Elle semble avoir épousé en secondes noces Robert de Noirefontaine, lequel, comme seigneur en partie d'Epagne par suite de ce mariage, fournit un aveu et dénombrement au comte de Brienne en 1665[4].

René II d'Alichamp, seigneur d'Epagne et de Briel, eut de son union avec Anne de Raguet une fille, Marguerite, et un fils, Pierre, seigneur en partie d'Epagne, vers 1640.

Marguerite d'Alichamp épousa Charles de Montangon. Elle mourut à Crespy, près Brienne, le 18 mars 1654. On voit encore sa tombe dans l'église de ce village.

Honoré d'Alichamp, chevalier seigneur de Balnot, Briel, Epagne et Flammericourt, fils de René d'Alichamp et de Marguerite de la Mothe, émancipé en 1618, épousa, le 20

---

[1] *Mémoires de la Sociélé Acad. de l'Aube*, 1890.

[2] Antoinette d'Alichamp épousa en secondes noces Jean Regnault. (Arch. de l'Aube, B. 1211).

[3] Archives du château de Brienne.

[4] *Ibid.*

septembre 1657, Jeanne du Mesnil (fille de feu Jean du Mesnil, vivant sieur de Chambourg, et de dame Suzanne de Mosseron, alors remariée à François Dominotte d'Abreville, écuyer, seigneur de Saint-Vrain), assistée d'honorés seigneurs Juste et Jacques de Mosseron, écuyers, seigneurs de Fuligny. Les témoins de l'époux étaient Charles de Conighan, écuyer, seigneur d'Autrey-le-Bois, et Philippe de Saint-Claude, écuyer, seigneur de Bailly.

Par suite de ce mariage, il devint seigneur du Petit-Mesnil et de Chaumesnil en partie [1].

En 1633, Honoré d'Alichamp rendit foi et hommage au comte de Brienne pour les cinq onzièmes de la seigneurie d'Epagne qu'il avait acquis le 12 juin de cette même année, de Guy-Charles-Louis d'Igny, par contrat passé à Rizaucourt devant Laillat et Pierron, notaires au dit lieu [2].

Quatre ans après, il présenta une requête au bailli de Chaumont pour obtenir l'autorisation de faire rétablir le pilori de la justice d'Epagne qui avait existé de tout temps devant le château du dit lieu pour marquer le droit de haute justice appartenant au seigneur.

Sa requête ayant été octroyée, le pilori fut relevé, ainsi que le constate un procès-verbal en date du 4 mai 1637.

En 1663, le 4 février, Honoré d'Alichamp et Jeanne du Mesnil, son épouse, vendirent à Mathieu d'Angeville, écuyer, sieur de Précy-Notre-Dame, à raison de 50 livres le journal tant terre que pré, une quantité de 25 journaux, 5 denrées, 6 cordes et 2 aulnes (à raison de 75 cordes par journal et 100 cordes par arpent), le tout situé au finage de Précy-Notre-Dame [3].

Le 9 février 1649, Honoré d'Alichamp figure à l'assem-

---

[1] Caumartin, t. I, p. 34.

[2] Arch. Brion, d'Epagne.

[3] Arch. du château de Brienne. — Précy-Notre-Dame, 59, I, n° 30.

blée des trois ordres tenue au bailliage de Chaumont pour la nomination des députés aux Etats Généraux [1].

Ce seigneur mourut à Epagne en avril 1667. A l'occasion de son enterrement, une litre fut peinte à l'intérieur et à l'extérieur de l'église de ce village. Il avait droit à cette prérogative comme tenant le premier rang parmi les seigneurs du lieu.

De son mariage avec Jeanne du Mesnil étaient issus quatre enfants : 1º François-Honoré Iᵉʳ, né en 1660, mort en 1663 ; — 2º François-Honoré II, né en 1663 ; — 3º Jean-Georges, né en 1664, mort le 30 avril 1670 ; — 4º Mâthie-Angélique. Cette dernière épousa, le 11 septembre 1688, Edme de Montangon, seigneur de Crespy et autres lieux, en présence de MM. de Montangon, François-Honoré d'Alichamp, De Belin, seigneur de la Mothe, Joseph et Louis de Maujon, seigneurs de Batilly, leurs proches parents[2], et aussi de M. Anthoine d'Hénin-Liétart, de Mᵐᵉ de Fumelle, épouse de Louis de Montangon, seigneur de Rouvray, Crespy, etc., de Mᵐᵉ Edmée de la Rue, femme de Louis de Montangon, seigneur de la Motte-Béard ; de Mᵐᵉ Charlotte de Belin, épouse de François d'Hyverny, chevalier, seigneur de la Bergerotte, capitaine au régiment de Flandre[3].

En 1669, lors de la recherche de M. de Caumartin, Jeanne Du Mesnil, veuve d'Honoré d'Alichamp, demeurait à Epagne avec ses enfants, qu'elle fit maintenir dans leur noblesse.

François-Honoré d'Alichamp, seigneur d'Epagne, figure

---

[1] Pièce originale appartenant au cabinet de M. l'abbé Millard, curé de Dommartin-Lettrée.

[2] MM. De Maujon descendaient de Madame Corneille d'Alichamp. Joseph était seigneur de Chefdeville, Unienville et Eclance ; son frère Louis, possédait la seigneurie de Batilly, à Unienville. — Voir : L'abbé Caulin, *Quelques seigneuries au Vallage*, etc.

[3] Minutes des notaires de Brienne. — Communication de M. Bardet.

comme parrain sur les actes de cette paroisse en 1672, avec demoiselle Marguerite Legras; il l'est encore en 1682 avec demoiselle Madeleine d'Amboise (elle signe d'Amboice), fille de Just de Mosseron et d'Edmée de Bossancourt[1].

En 1680, d'accord avec Edme de Montangon, son beau-frère, le seigneur d'Epagne soutint un procès contre l'abbaye de Basse-Fontaine au sujet de la nacelle qui servait à conduire au moulin. L'affaire se termina par une transaction[2].

Le 4 janvier 1684, François-Honoré d'Alichamp fut uni à Jeanne de Guigne, fille de Nicolas de Guigne, chevalier, seigneur de Romaines, La Roche-lès-Nogent-sur-Aube, Mareilles et Frampas, et de Jeanne Legoux. Elle le rendit père de : 1° François-Honoré III, baptisé en l'église d'Epagne le 5 janvier 1686. Son parrain fut François de Chantereau, écuyer, seigneur de Balnot, et sa marraine Marie-Angélique d'Alichamp. Il mourut le 11 janvier suivant; 2° Jeanne, baptisée à Epagne, le 5 octobre 1686; elle eut pour parrain Louis de Montangon, et pour marraine demoiselle Jacquette de Guigne, demeurant alors à Epagne[3]. En 1713, cette Jeanne d'Alichamp fut mariée à Messire Claude-Louis de Pont de Bourgneuf, seigneur de Pont et de Neuvelle, etc., chevalier de St-Louis, lieutenant-

---

[1] Cette demoiselle de Mosseron épousa Charles d'Allonville. — Voy. Caulin. *Quelques seigneuries*, etc., p. 315.

[2] Voy. à l'article Basse-Fontaine.

[3] En 1691, le 20 février, M. d'Alichamp, qui avait sans doute reçu sous son toit sa jeune belle-sœur, Jacquette de Guigne, lorsqu'elle eut perdu ses père et mère, la maria à Jean d'Aulnay, chevalier, seigneur de La Brie et Frampas, demeurant à La Brie, fils de feu Louis d'Aulnay, chevalier, seigneur de Morembert et Frampas, et de Charlotte Girardin, de la paroisse de Frampas. La cérémonie du mariage eut lieu à Epagne en présence de Léon d'Aulnay, écuyer, sieur de Fligny en partie, demeurant à Mathaux, fondé de pouvoirs de M. François de Pointes, chevalier, seigneur de Pisseloup, Mareilles, etc., demeurant audit Mareilles, près Andelot, curateur dudit Jean d'Aulnay; de M. Antoine d'Hénin-Liétard, seigneur de Blaincourt; de Jeanne de Guigne et d'autres parents. — Actes d'Epagne.

colonel au régiment de Choiseul, demeurant à Chaumont;
3° Antoinette, baptisée à Epagne, le 25 avril 1688.
M. d'Aulnay de Morembert, seigneur en partie de Frampas,
la tint sur les fonts de baptême avec demoiselle Antoinette
de Balidart, dame du Môny, en la paroisse de Piney[1];
4° Catherine-Elisabeth, baptisée à Epagne, le 30 novembre
1694. Son parrain fut Antoine de Saulx[2], et sa marraine
demoiselle Elisabeth de Conighan. Elle fut religieuse,
habitant à Bar-sur-Seine; 5° Jacques-Antoine-François,
baptisé à Epagne le 8 mars 1696. Il eut pour parrain
Jacques-Antoine d'Hénin-Liétard, seigneur de Montgenost,
fils de Messire Antoine d'Hénin-Liétard, chevalier, seigneur
de Blaincourt, et pour marraine, sa sœur, demoiselle
Jeanne d'Alichamp. J. A. F. d'Alichamp mourut jeune,
et fut inhumé dans le chœur de l'église d'Epagne le
28 octobre 1716[3]; 6° Charlotte, baptisée à Epagne, le
19 mai 1697. Parrain Edme de Montangon, seigneur de
Crespy, marraine Charlotte Andrey. Elle épousa, le 8 janvier
1717, Claude Martin de Rochebonne, ancien commissaire
d'artillerie, receveur de la terre de Blaincourt, fils de feu
Pierre Martin et de Gabrielle Poinsot[4]. Son curateur,
Jacques-Anne de Montangon, l'assistait. Claude Martin et
Charlotte d'Alichamp eurent, peu après la célébration de
leur mariage, un fils, Jacques-Claude Martin, baptisé à
Blaincourt, le 21 mars 1717, et dont le parrain fut Jacques-
Anne de Montangon et la marraine Angélique Petit[5];

---

[1] Antoinette de Balidart était sans doute fille de Charles-Marcel de Balidart,
seigneur de Fuligny et du Marchais (arrière-fief à Vernonvilliers).

[2] Probablement Antoine II, fils d'Edme de Saulx et de Jeanne de Guigne,
mentionné en 1683. — Arch. départ. de l'Aube, E. 656.

[3] Actes d'Epagne.

[4] Nous avons rencontré aux Arch. départ. de l'Aube, fonds de Créquy, une
pièce constatant que ledit Martin avait été constructeur et propriétaire de la
petite maison du Parc-aux-Cerfs de Versailles. — Gabrielle Poinsot mourut
à Epagne, en 1717, et fut inhumée dans la nef de l'église du côté de la chapelle de la Vierge.

[5] Actes de Blaincourt.

7° Anne-Antoinette, baptisée à Epagne le 14 décembre
1700; 8° Catherine-Gabrielle, baptisée à Epagne le 31
mars 1702. Elle fut mariée à Claude-Elie-Jules de Séguenot
(ou Secquenot), écuyer, qui, en 1728, se qualifiait seigneur
d'Epagne en partie. Elle mourut sans enfants avant le
29 juillet 1733, date de la déclaration de sa succession
faite par ses trois sœurs[1]; 9° François-Honoré IV, baptisé
à Epagne le 8 octobre 1703. Parrain, François de Mon-
tangon-La Forge, écuyer, seigneur de Crespy, marraine,
Mme Jeanne-Baptiste d'Hénin-Liétard, marquise de Soron
(Sorans)[2]. Il mourut l'année suivante et fut inhumé le
5 octobre 1704.

François-Honoré II d'Alichamp vendit, le 2 janvier
1693, à Edme de Montangon, chevalier, seigneur de Crespy,
y demeurant, et à Marie-Angélique d'Alichamp, sa femme
(sœur dudit vendeur), la moitié d'un gagnage sis à Pougy,
provenant d'Honoré d'Alichamp, leur père.

Ce seigneur figure comme exempt sur les rôles des tailles
de la paroisse de Blaincourt, depuis l'année 1681 jusqu'à
l'an 1710, date de sa mort. Il fut inhumé dans le chœur
de l'église d'Epagne le 3 septembre, près de sa femme,
Jeanne de Guigne, qui l'avait précédé dans la tombe le
31 juillet 1704[3].

En 1712, Jeanne d'Alichamp, fille aînée de François-
Honoré, requit le profit d'un défaut de comparution en
justice contre honorable homme Edme Yardin, demeurant
à Epagne, tuteur onéraire des enfants mineurs de François-
Honoré d'Alichamp, défaillant aux scellés et inventaire[4].

La seigneurie d'Epagne allait bientôt passer en d'autres
mains. En effet, le 24 septembre 1746, les demoiselles

---

[1] Arch. du château de Brienne. — *Etat des fiefs*, p. 39.

[2] Actes d'Epagne.

[3] *Ibid.*

[4] Pièce communiquée par M. Tassin Théophile, de Blaincourt.

d'Alichamp, Jeanne, veuve de Claude-Louis de Pont-de-Bourgneuf[1], Charlotte, veuve dès 1742 de Claude Martin de Rochebonne, habitant à cette époque Bar-sur-Seine, et Anne-Antoinette, fille majeure, par contrat passé devant Méchin, notaire à Bar-sur-Aube, vendent, moyennant 18.600 livres, à M. Charles Bajot, de Conantre, les parts leur appartenant dans la seigneurie d'Epagne[2].

Ces parts comprenaient tout ce que François-Honoré d'Alichamp avait possédé à Epagne, soit : *cinq onzièmes* venant de Charles et Louis d'Igny qui étaient au lieu de Philibert de Luxembourg, plus *deux onzièmes* comme représentant de la dame de Bermondes d'Escriennes laquelle était au lieu de Barbe de Luxembourg, et *un onzième et demi* comme représentant d'Anne de Montangon[3].

Anne-Antoinette d'Alichamp paraît s'être mariée depuis cette vente avec Jean-Baptiste de Montangon-La-Forge, veuf de Marie Collet, demeurant à Montiérender. Il existe en effet une dispense de bans relative à ce mariage, datée du 8 mai 1756 et adressée aux curés de Maizières-lès Brienne et de Saint-Parres-aux-Tertres[4]. Anne-Antoinette était sans doute, à cette époque, dame pensionnaire au prieuré de Foicy-lès-Troyes.

Angenoust.

Seigneur en partie de Vaubercey.

ARMES : *d'azur, à deux épées d'argent, en sautoir, les pointes en haut ; les gardes et les poignées d'or* (d'Hozier).

Cette famille est originaire de Paris.

Robert Angenoust fut seigneur de Vaubercey, en partie,

---

[1] Voy. ce nom.

[2] Arch. départ. de l'Aube, 4 H *bis*, 4.

[3] Voy. ce nom.

[4] Arch. départ., de l'Aube, G, 119, regist., fo 54, vo.

par suite de son mariage avec Guillemette Hennequin, fille de Guillaume Hennequin et de Pierette (ou Perette) Ludot. A la mort de ce dernier, ils eurent en partage le cinquième lot de ses biens [1].

En 1587, Guillemette Hennequin, veuve de Robert Angenoust, fournit au comte de Brienne un aveu et dénombrement pour partie de Vaubercey [2].

Le 10 octobre 1604, Jacques Angenoust, trésorier des salpêtres en la province de Champagne et Brie, héritier par bénéfice d'inventaire de Guillemette Hennequin, sa mère, sœur de feu Antoine Hennequin, fournit un aveu et dénombrement pour partie de Vaubercey [3].

Trois ans après, le 10 janvier, il vend à Antoine d'Hénin-Liétard tout ce qui appartenait à la dite demoiselle, sa mère, dans les seigneuries de Vaubercey et Précy-Saint-Martin, pour un prix de 5.000 livres [4].

Un autre membre de cette famille, Bernard Angenoust, écuyer, seigneur de Trancault, Bezançon et Machy, lieutenant-général au bailliage de Sens, posséda des terres de franc-alleu à Vaubercey et à Précy-Notre-Dame, comme époux de demoiselle Anne de Marisy, fille de François de Marisy, seigneur de Juzanvigny et de Torvilliers, et de Marie de Vassan. En novembre 1603, il fournit un aveu et dénombrement pour ces terres à François de Luxembourg, duc de Piney.

Après eux, ces biens passèrent à leur fille, mariée à Jean Le Mairat [5]. Ils consistaient en six journaux et deux arpents de terre en neuf pièces, et mouvaient en fief du duché de Piney.

---

[1] Arch. départ. de l'Aube, pièces supplémentaires.

[2] Arch. du château de Brienne.

[3] Arch. départ. de l'Aube, E, 161 et 152, I.

[4] *Ibid*. E, 161 I.

[5] Voy. ce nom.

Angeville (d').

Seigneur de Précy-Notre-Dame et Vaubercey, en partie.

Armes : *de sinople, à trois faces ondées d'argent.*(Grandmaison et Paillot.)

(On trouve ce nom écrit d'Angerville dans un jugement rendu en 1676 par les Élus, à la requête de Mathieu d'Angerville, écuyer, capitaine des gardes de la Reine[1]. Partout ailleurs, nous l'avons trouvé avec la forme Angeville).

Mathieu d'Angeville, écuyer du roi, exempt des gardes de la reine, époux de Nicole Petit, fille de Claude Petit et de Nicole Jacquelet, s'était, le 20 avril 1651, rendu acquéreur de la terre et fief de Planfort, par acte passé devant Balduc, notaire à Troyes, en présence de M. Claude Petit, écuyer de la reine, mandataire de son gendre, M. d'Angeville. Il ne conserva cette terre que très peu de temps, et il la vendit en 1656, à Jacques Gadoüot (ou Gadovot), sieur de Saint-Georges[2].

---

[1] Arch. départ. de l'Aube, C. 2246, reg.

[2] Jacques Gadoüot, sieur de Saint-Georges, chevau-léger de la garde de la feue reine, capitaine et sergent-major au régiment de cavalerie du roi, sous-gouverneur des pages de la Grande-Écurie, mourut le 9 octobre 1672, d'après sa tombe conservée en l'église de Brevonnes. Il avait épousé demoiselle Melchionne-Antoinette d'Argilly, veuve en premières noces de M. X... d'Angely, dont elle avait eu un fils, Philibert d'Angély, prêtre doyen de Challe-lès-Flavigny (ou Chasse-les-Flavigny). Elle décéda à Planfort, le 19 janvier 1681[1].

De son mariage avec ladite d'Argilly, Jacques Gadoüot eut un fils, Georges Gadoüot, qui figure comme parrain en 1668, sur les actes de la paroisse de Piney. Il semble être mort étant encore jeune. Il en eut aussi une fille, Éléonore Gadoüot, mariée le 27 février 1680 à M. Alexandre Legrand, écuyer, capitaine au régiment de Feuquières, fils de Charles Legrand et de Edmée Collot, de la paroisse de Lassicourt. Leur union fut bénie par Philibert d'Angély, frère utérin de la dite Éléonore, en présence de M. César Le Maistre, prévôt de Lassicourt, Remi Maury, lieutenant-général de Rosnay, Claude Tripon, recteur d'école, etc...[2]

En 1681, ils eurent une fille, Nicole Legrand, baptisée le 8 octobre.

[1] Actes paroissiaux de Brevonnes.

[2] *Ibid.*

Vers l'an 1651 ou 1652, M. d'Angeville acheta de M. de Lenoncourt, seigneur de Marolles, tout ce qu'il possédait dans la seigneurie de Précy-Notre-Dame[1].

Louis d'Angeville, garde de Mgr le duc d'Anjou, frère du roi, fut parrain à Précy-Notre-Dame[1]. Il était très probablement frère de Mathieu d'Angeville. A sa mort, arrivée le 24 août 1656, il laissait une fille, Jacqueline, qui fut marraine à Précy-Notre-Dame en 1674.

Du mariage de Mathieu d'Angeville avec Nicole Petit sont issus : 1º Mathieu-Louis, baptisé à Précy-Notre-Dame le 6 novembre 1656; parrain, Louis de Maujon, écuyer seigneur de Chefdeville, d'Ogne et de la Rothière, conseiller et maître-d'hôtel du roi ; marraine, demoiselle Anne Le Clerc, dame de Blaincourt, Brevonnelle et l'Aberge.

2º Jean, baptisé le 21 juillet 1658, mort à sept ans. Il avait eu pour parrain Jacques de Gadoüot, capitaine-major au régiment d'Uxelles, et pour marraine Jeanne Marceau, femme de M. le lieutenant de Vienne, seigneur de Gérosdot.

Son parrain fut Antoine d'Hénin-Liétard, seigneur de Blaincourt, et sa marraine, demoiselle Nicole Legrand. M. Jacques de Gadoüot avait une sœur Léodégarde de Gadoüot, qui vint habiter près de lui à Planfort, et que l'on voit figurer comme marraine, dans les actes de Brevonnes, le 26 mai 1676.

Éléonore Gadoüot, femme Legrand, mourut peu après la naissance de sa fille Nicole et fut enterrée à Brevonnes le 25 novembre 1681. Nicole Legrand fut mariée à Jean-Baptiste de Gondrecourt, chevalier, seigneur de Colombé-la-Fosse, conseiller du roi, président au Présidial de Chaumont.

Le 2 mai 1714, les deux époux vendirent le fief de Planfort à M. Jean-Baptiste Mathon, abbé de Beaulieu. L'acte de vente fut passé devant Nicolas Maison, notaire, au grenier à sel de Montmorency, demeurant à Brienne.

Ce fief, sis au finage de Brevonnes, comprenait une maison seigneuriale avec chapelle et dépendances, close de fossés, 66 arpents de terre et 14 arpents 34 cordes de pré pour le fief seul. Il était redevable à M. de Luxembourg d'un cens annuel de 60 livres, plus de deux setiers de froment et de deux setiers d'avoine[1].

Armes de la maison de Gadoüot : *de gueules, à deux épées passées en sautoir, les gardes et les poignées d'or ; au chef cousu d'azur, chargé de trois étoiles d'or.* (Caumartin, t. Ier, p. 234).

[1] Actes de la paroisse.

[1] Arch. départ. de l'Aube, AI, 310 1.

3° Antoine, baptisé le 4 mai 1659 ; son parrain fut Antoine d'Hénin-Liétard, capitaine de chevau-légers au régiment du roi et seigneur de Blaincourt, et sa marraine demoiselle Melchionne-Antoinette d'Argilly, femme de M. de Saint-Georges, seigneur de Planfort. Cet Antoine d'Angeville fut religieux de la congrégation de la Mission de Troyes, fondée en 1634, et il prêcha plusieurs missions dans le diocèse de Troyes, notamment à Rosnay en 1685[1].

4° Charlotte, baptisée le 7 juin 1661 ; parrain, M. de Villiers (Pierre d'Avanne, seigneur de Villiers-le-Brulé, près Piney) ; marraine, Mme Charlotte de Luxembourg, duchesse de Piney, comtesse de Ligny.

5° Marguerite, baptisée en 1662.

6° Marie, baptisée en 1665 ; parrain, Pierre Rousselot, greffier du bailliage et siège présidial de Troyes ; marraine, demoiselle Rose Hennequin, femme de M. Le Seurre, garde de la reine. Marie d'Angeville mourut en 1671. Dans l'acte de baptême de cette demoiselle, son père, Mathieu d'Angeville, est qualifié : écuyer de la grande écurie du roi, exempt des gardes du corps du roi, gentilhomme servant la reine, commandant pour sa Majesté au château de Vaux-le-Vicomte, seigneur de Précy-Notre-Dame et de Vaubercey, demeurant à Précy-Notre-Dame.

Nicole Petit mourut en 1670, agée de trente-six ans et fut inhumée à Précy-Notre-Dame. Parmi les signatures apposées au bas de son acte de décès nous relevons celle de Pierre Rousselot, son cousin germain du côté maternel.

Après la mort de Mme d'Angeville il fut dressé un inventaire de ses biens[2].

Le 20 novembre 1672, Mathieu d'Angeville se remaria avec Madeleine-Marguerite de Linage, veuve de Joachim

---

[1] Voy. l'abbé Prévost : *Saint Vincent de Paul et ses œuvres*, p. 209.

[2] Arch. départ. de l'Aube, E, 173.

Le Chevalier, seigneur de Saint-Hilaire, Moivre, etc., capitaine d'une compagnie du régiment de Rambuck, en présence de Charles de Linage, écuyer, seigneur de Nozay et autres lieux, frère de la dite dame ; d'André de Linage, seigneur de Loisy, Rouilly, Brusson, Sailly, etc., cousin ; de Jacques Bonnot, sieur des Caves et Frouligny, petit-cousin de la dite de Linage [1].

Madeleine-Marguerite de Linage avait probablement eu un fils de son premier mariage ; nous croyons le reconnaître dans la personne de Joachim-Joseph Le Chevalier, écuyer, sieur de Saint-Hilaire, parrain à Précy-Notre-Dame, en 1677, avec Charlotte d'Angeville, fille de feu Louis d'Ange-ville, garde de son Altesse royale [2].

Mme d'Angeville-de Linage mourut en 1705 et fut enterrée à Châlons [3].

C'est à la suite de son mariage avec elle que M. d'Ange-ville fut qualifié seigneur de Nozay [4].

Dans un jugement rendu en 1676 par les Élus, à la requête de Mathieu d'Angeville, il est dit : capitaine exempt des gardes de la reine [5].

Ce seigneur de Précy-Notre-Dame et Vaubercey mourut en 1677 et fut enterré dans l'église de Saint-Germain-l'Auxerrois, à Paris.

Ses enfants mineurs, Mathieu, Antoine et Charlotte, furent placés sous la curatelle de Louis d'Angeville, leur frère aîné.

En 1683, par décret du 14 juin, la terre et seigneurie de Précy-Notre-Dame fut saisie sur les héritiers de Mathieu d'Angeville et adjugée moyennant un prix de 18.000 livres

---

[1] Actes de Précy-Notre-Dame.

[2] *Ibid.*

[3] Voy. *Revue de Champagne et de Brie*, 1884, p. 394.

[4] Arch. départ. de l'Aube, C. 1587.

[5] *Ibid.*, C, 2246, reg.

à Louis de Vienne, seigneur de Gérosdot, créancier de la succession [1].

Vers la même époque, Louis d'Angeville et Charlotte, sa sœur, vendirent à M. de Vienne, les trois quarts des maisons, terres, prés, vignes et héritages, le tout en ruines, rentes et dépendances leur appartenant au territoire de Montois, paroisse de Précy-Saint-Martin, moyennant 330 livres [2].

De son mariage avec Marie Bareton, fille de Nicolas Bareton, président en l'élection de Troyes et de Françoise Andry, Louis d'Angeville eut une fille, Louise-Cécile, baptisée à Précy-Notre-Dame en 1682.

Nous avons dit que vers 1651 ou 1652, Mathieu d'Angeville avait acheté la partie de la seigneurie de Précy-Notre-Dame et de Vaubercey appartenant à M. de Marolles. On le voit successivement acquérir : en 1654, le 15 juin, de demoiselle Anne de Mauroy, veuve de François Le Page, seigneur de Précy-Notre-Dame, des Fossés-Robert (Vaubercey) et de Messon, alors tutrice de ses enfants mineurs, tous les droits de ces derniers sur la seigneurie de Précy-Notre-Dame et Vaubercey ainsi que la maison et le gagnage des Fossés-Robert (ou Fossés de Haudebert) et aussi les gagnages de Précy et de Lesmont [3]; puis, vers la même époque, les terres de Vaubercey et la ferme de La Motte, venant de Marie de Saint-Amour, veuve de Simon Le Picard; en 1656, des habitants de Précy-Notre-Dame, une ruelle et une portion des usages, à la condition de rétablir à ses frais une des chapelles de l'Église; également en 1656, de M. François Le Goix, écuyer, sieur de la Bauve, les terres qui étaient échues à ce dernier par succession de sa femme, Marie de Saint-Amour, (27 journaux, pour 950 livres);

---

[1] Arch. du chât. de Brienne. — Précy-Notre-Dame, 1, D, n° 7.

[2] Arch. départ. de l'Aube, E, 173.

Arch. du château de Brienne, 22, A, n° 6.

en 1659, de demoiselle Isabeau (ou Elisabeth) de Marisy, tous ses droits sur la seigneurie de Précy-Notre-Dame et Vaubercey[1].

Le 13 juillet 1660, Mathieu d'Angeville fournit un aveu et dénombrement à M. Charles-Henri de Clermont-Luxembourg, duc de Piney, pour toutes ses terres. Il est dit dans cette pièce que la maison seigneuriale de Précy-Notre-Dame consiste en un corps de logis et cour fermée de murailles, et 10 journaux, 5 cordes de dépendances, clos de fossés[2].

En 1663, il achète encore de Claude Maufroy et d'Elisabeth de Marisy, demeurant à Avant, moyennant 120 livres et un muid de vin, tout ce qu'ils possèdent à Précy-Notre-Dame[3], et de M. Honoré d'Alichamp, seigneur d'Epagne et de Jeanne Dumesnil, son épouse, pour une somme de 1300 livres (à raison de 50 livres le journal) des héritages situés au finage de Précy-Notre-Dame[4].

Le 11 janvier 1664, M. d'Angeville donne des terres sises à Pel-et-Der à M. de Boisclair, écuyer, sieur de Torcy, et à demoiselle Louise de Marisy, son épouse, en échange d'autres terres dépendantes du finage de Précy-Notre-Dame[5].

En 1675, le 17 avril, Mathieu d'Angeville et Madeleine de Linage, sa femme, achètent quelques terres à Précy-Notre-Dame[6].

D'après la déclaration qu'il en fit le 6 octobre 1675, la terre et seigneurie de Précy-Notre-Dame, appartenant à Mathieu d'Angeville, consistait en une maison seigneuriale

---

[1] Arch. du château de Brienne, 59, D, 4.

[2] *Ibid.* Précy-Notre-Dame, 2, B, 4.

[3] *Ibid.*

[4] Arch. Brion, d'Epagne, et Arch. du château de Brienne, Précy-Notre-Dame, 59 I, nᵒˢ 28, 29 et 30.

[5] Arch. du château de Brienne. — Précy-Notre-Dame, 1, B, nᵒ 6.

[6] *Ibid.*, 5 G, nᵒ 49.

et autres maisons ; 386 journaux de terres labourables,
9 journaux 17 cordes de vignes, 74 fauchées et demie et
61 cordes et demie de prés, plus des jardins et des
chenevières.

Argillières (d').

Seigneur de Précy-Notre-Dame et Vaubercey en partie.

ARMES : *d'or, à la fasce de gueules accompagnée de trois trèfles
du même.* Devise : *Me decet augustum pignus virtutis avorum*
(Caumartin).

Pierre d'Argillières, écuyer, seigneur de Montceaux,
conseiller à la cour des monnaies de Paris en 1575, puis
général des monnaies en 1582, épousa le 14 février 1575
Marie Hennequin, fille de Jean Hennequin, seigneur de
Brevonnelle. Elle prenait le titre de dame de Précy-Notre-
Dame et Vaubercey, parce qu'elle possédait quelques terres
sur ces deux finages. Lors du partage de la succession de
Jean Hennequin, en 1597, les domaines de Blives, La Cour-
Saint-Falle et Savières tombèrent dans le lot de Pierre
d'Argillières[1]. Ce dernier mourut en 1612, le 6 janvier,
et sa femme en 1616, le 6 août.

Ils avaient eu treize enfants, dont le douzième, Pierre
d'Argillières, fut parrain en 1624 avec demoiselle de Loxandeau, à Précy-Notre-Dame, de Marguerite, fille de Jean
Le Bé et de Marie d'Argillières[2].

Seigneur en partie de Blives, il devint seigneur également en partie de Vaubercey et Précy-Notre-Dame par
suite de son mariage avec demoiselle Anne d'Asconia, qu'il
épousa en 1626[3].

---

[1] Arch. départ. de l'Aube, E, 388, 416, 1185, 1.

[2] Actes de Précy-Notre-Dame.

[3] *Ibid.*

Le 27 août de la même année eut lieu le baptême de leur fils François, qui eut pour parrain François de Précy, sieur de Précy-Notre-Dame, et pour marraine Suzanne du Postel, femme de M. de Monthavan, son aïeul[1].

Anne d'Asconia mourut le 14 février 1635. Il est probable que son fils François ne vivait plus et qu'elle ne laissa pas d'autres enfants ; ses biens durent passer à ses collatéraux, car, à partir de cette époque, nous ne trouvons aucun des membres de la famille d'Argillières prenant le titre de seigneur de Vaubercey.

Dans l'excellent travail de M. Roserot sur la famille d'Argillières[1], on lit que Louise d'Argillières, sœur de Pierre et treizième enfant de Pierre d'Argillières et de Marie Hennequin, portait le titre de demoiselle de Vaubercey. Il est probable qu'elle se qualifiait ainsi parce que dans son lot de partage il lui était échu une partie des terres que sa mère possédait à Précy-Notre-Dame et à Vaubercey.

Asconia (d').
Seigneur de Vaubercey en partie.

ARMES : Les armes de la famille d'Asconia nous sont inconnues.

En 1626, Antoine d'Asconia, écuyer, seigneur de Monthavan (ou Monchavan), époux de Suzanne Du Postel[3], habitait la ferme des Fossés-Robert (nommée aussi : ferme des Fossés-de-Haudebert, ou de Vaubercey).

Dans le cours de cette même année il mariait sa fille, Anne d'Asconia, à Pierre d'Argillières dont on a parlé plus haut. Cette dame mourut aux Fossés-Robert et fut inhu-

---

[1] Actes de Précy-Notre-Dame.

[2] *Revue de Champ. et de Brie*, 1884, pièce justificative n° 27.

[3] Voy. ce nom.

mée à Précy-Notre-Dame[1]. A la suite de leur mariage, les deux époux avaient habité Pel-et-Der.

Bajot.

Seigneur d'Epagne.

ARMES : Si l'on s'en rapporte à d'Hozier, Bajot portait : *d'azur, à la fasce d'or accompagnée de trois écus d'argent* : mais, d'après la *Revue de Champagne et de Brie*, année 1886, p. 142 et une pierre gravée avec inscription, conservée dans la chapelle Saint-Gilles, à Troyes, les armes de cette famille seraient: *d'azur, à la fasce d'or accompagnée de trois cœurs d'argent*, ou : d... au chevron d... accompagné de trois cœurs d... Ces derniers blasons nous paraissent être les vrais, d'Hozier ayant souvent modifié, suivant sa fantaisie, les armes dont on lui demandait l'enregistrement.

La maison Bajot appartenait à la bourgeoisie troyenne. En 1688, Edme-Jérémie Bajot, marchand, était trésorier de l'Aumône générale à Troyes[2]. Il fut, aussi, juge-garde de la Monnaie de cette ville et mourut en 1704, ayant marié, en 1700, son fils, Pierre Bajot, à Simonne Truelle, fille de Jacques Truelle et d'Anne Dufour.

En 1695-1696 Charles Bajot, que nous croyons frère ou proche parent de Jérémie Bajot, était procureur fiscal au bailliage d'Arcis-sur-Aube[3].

Le 24 septembre 1746, Charles Bajot, dit de Conantre, avocat en parlement (probablement fils de Charles Bajot, procureur fiscal à Arcis), acheta des demoiselles d'Alichamp tout ce qu'elles possédaient dans la terre et seigneurie d'Epagne.

Par acte du 22 mai 1751, insinué à Brienne le 31 juillet suivant, il céda son acquisition moyennant 28.000 livres

---

[1] Actes de Précy-Notre-Dame.

[2] Arch. départ. de l'Aube, AI, 121.

[3] Arch. départ. de l'Aube, C, 2266.

au sieur Edouard Bajot, dit de Torcy, son frère, entreposeur des tabacs à Arcis-sur-Aube, époux de demoiselle Marie-Claude Plongeon de Barmont[1].

En 1755, Edouard Bajot de Torcy, alors président au grenier à sel d'Arcis-sur-Aube, demeurant au dit lieu, fournit au comte de Brienne un aveu et dénombrement de la terre d'Epagne, acquise par lui de son frère Charles Bajot, avocat en parlement, seigneur de Conantre et de Fère-Champenoise.

Il se déclara possesseur de « cinq parts en onze de la justice, terre et seigneurie d'Epagne »; il détient en outre « la maison seigneuriale consistant en haute et basse-cour, « jardins, enclos à l'entour d'icelle, qui peut contenir en « tout neuf arpents; un pressoir banal qui peut valoir « annuellement 12 livres; une portion de la rivière pou- « vant donner un revenu annuel de 50 sous; le greffe « d'Epagne pouvant valoir annuellement 3 livres; la ferme « des amendes pouvant valoir la même somme; plus le « droit de prélever des cens sur les terres, prés et vignes du « finage d'Egagne, à raison de 2 sols par journal portant « lots et vente, ce qui peut valoir annuellement 20 livres.[2]»

Le 13 octobre 1759, M. Edouard Bajot acheta de Mme Thérèse de Poiresson, veuve de Anne-Louis-Jean, comte de Beurville, chevalier, seigneur de Pellemonthier, Longeville et autres terres, gentilhomme ordinaire hono-raire de la Chambre du roi, demeurant ordinairement en son château de Pellemontier, au nom et comme se portant fort de Louis-François de Beurville, son fils, chevalier,

---

[1] Un sieur de Barmont était, en 1687, receveur des revenus casuels du roi, à Troyes. Un autre personnage du même nom, François Plongeon de Barmont, se qualifiait, en 1750-1769, premier valet de la petite écurie du roi. (Arch. dép. de l'Aube, C. 2241.) — Il est à noter que P. Denis Perrotin de Barmont, chanoine de Saint-Etienne de Troyes, avait pour armes, d'après d'Hozier : d'argent à trois cœurs de gueules. — Voy. *Revue de Champagne et de Brie*, 1886, p. 143.

Arch. Brion, d'Epagne.

seigneur des dits lieux, major au régiment de la Mestre de
camp générale de cavalerie, étant de présent à l'armée du
Rhin ; de Messire X.... de Cointel (*alias* : de Cointre),
chevalier, mestre de camp et lieutenant-colonel au régiment
de Virtemberg, cavalerie allemande, et dame Anne-Jeanne-
Louise-Françoise de Beurville son épouse, une part et un
quart de part en onze, les onze faisant le tout, de la terre
et seigneurie d'Epagne, consistant en haute, moyenne et
basse justice, rivière, cens, rentes, redevances, droits de
lots et ventes, défaut et amendes, une maison, accin et
petit jardin en dépendant, trois journaux de terres environ,
et treize denrées de vignes, et généralement tout ce qui
leur appartenait dans la seigneurie d'Epagne, par suite de la
succession du défunt seigneur de Beurville, leur père et
beau-père.

La vente fut faite pour un prix de 2400 livres. L'acte en
fut passé au château de Mathaux, où les parties s'étaient
assemblées devant Nicolas Girardin et Charles Augenoust,
notaires à Brienne[1].

Dans le cours de cette même année, M. Bajot fournit un
aveu et dénombrement pour cette nouvelle acquisition.

La fortune de M. Bajot s'étant amoindrie à la suite de
spéculations malheureuses, il dut, en 1784, mettre en vente
sa seigneurie d'Epagne.

On lit dans les *Annonces, Affiches et Avis divers de
Troyes* pour 1784, p. 631, l'insertion suivante :

« Le 21 avril 1784, à vendre : démembrement de la
« terre d'Epagne à six lieues de Troyes, une demie de
« Brienne, une demie de la grande route. Cette terre est
« dans la plus belle situation, sur le bord de la rivière
« d'Aube, ayant une belle maison de maître, consistant
« en six appartements, entre cour et jardin ; colombier,

---

[1] Arch. Brion, d'Epagne.

« remise, écurie, vinée et logement du fermier séparé de celui
« du maître ; clos, potager, le tout dans le meilleur état.
« Elle consiste en sept onzième ; cent soixantes-dix journés
« de terre à froment affermés en blé, estimés 1200 livres ;
« en trente arpens de bois et accins ; environ vingt journés de
« prés ; cinq arpents de vignes ; pressoir banal produisant
« par chacun an environ vingt pièces de vin ; droits
« seigneuriaux cens lots et ventes ; très belle pêche et
« chasse, plaine et bois, une garenne d'environ cinq arpents.
« Cette terre est située coutume de Chaumont. S'adresser
« à M. Bourgouin, notaire à Arcis, et M. Bajot, de
« Torcy ».

Claude-Édouard Bajot, dit de Torcy, receveur de
l'entrepôt du tabac à Arcis-sur-Aube, fils du vendeur, se
rendit acquéreur du domaine d'Épagne, à l'aide des
deniers de sa femme Marguerite Pilavoine, fille de Louis
Pilavoine et de Marie-Françoise Duchat[1], à la charge
d'en verser le prix aux créanciers de son père. Ce dernier
mourut l'année suivante.

Claude-Édouard Bajot était né à Arcis-sur-Aube, et y
avait été baptisé le 1er juin 1757. Il avait eu pour parrain
Claude Martinet, directeur de la poste d'Arcis, et pour
marraine demoiselle Thérèse Piot, veuve de Charles Bajot,
seigneur de Conantre[2].

---

[1] Marguerite Pilavoine avait épousé en premières noces Simon Thierry,
dont elle eut trois filles : Thérèse Thierry, mariée à Maurice Huguier ; Anne
Thierry, femme d'Isidore Véry, receveur de la seigneurie des Caves et de Luré ;
et Marie Thierry, fille majeure, demeurant à Conflans-sur-Seine en 1784. —
Arch. de l'Aube, 9, H, 4, I.

[2] Ce Charles Bajot fut, croyons-nous, le père de Thérèse-Anne Bajot, mariée
à Charles Mony, président au grenier à sel d'Arcis-sur-Aube, père de Charles
Mony, né en 1736, qui épousa Claudette Le Myre, fille de Pierre Le Myre, an-
cien capitaine de cavalerie. De cette union vint un fils, le poète Mony-Quitaine
(Dominique-Victor), marié à Lucie-Adélaïde Rémond de Montmaur. Né à
Arcis le 11 octobre 1765, cet écrivain y mourut le 25 mars 1806, laissant une
fille, Eugénie-Adélaïde Mony, qui fut femme de Charles Olivier, avocat à
Troyes, par elle possesseur du château de Vaux, près Fouchères. (Cette terre

Marie-Charlotte Bajot, sœur de Claude-Édouard, épousa, le 23 avril 1775, Louis-Antoine Minette, écuyer, sieur de Saint-Martin, chevalier de Saint-Louis, maréchal des logis des gardes du corps du comte d'Artois, fils d'Antoine Minette, sieur de Saint-Martin, capitaine attaché à la place d'Estaing, et de feue Marie-Françoise Adam, en présence de M. Édouard Mony, négociant à Arcis, et de dame Marie Navarre, son épouse, cousin germain paternel de l'épouse ; de Cyprien Aviat, procureur à la Cour, et de dame Marie-Anne Mony, son épouse, cousine et autres parents [1].

Par son contrat d'acquisition de la terre d'Épagne, qui fut passé devant Bourgeois, notaire à Troyes, le 28 juin 1784, Claude-Édouard Bajot fut tenu de payer une rente de 500 livres constituée, au principal de 10.000 livres, à M. Minette de Saint-Martin, son beau-frère, alors tuteur de l'enfant issu de son union avec demoiselle Bajot de Torcy.

En 1789, C.-E. Bajot louait de M. de Rouault, abbé commendataire de Saint-Loup de Troyes, demeurant rue du Vert-Galland, 50 arpents de terre dépendants du gagnage d'Ormay, moyennant une redevance annuelle de 350 livres [2].

A la même date, il figure à l'assemblée du bailliage de Chaumont, dans l'Ordre du Tiers-État [3].

Le fermage d'Ormay ayant été déclaré propriété nationale, en même temps que tous les biens du prieuré de

---

lui venait de sa mère, Adélaïde Rémond de Montmort.) Charles Olivier mourut à Troyes en 1846. Ses héritiers furent ses deux fils, dont l'aîné, Louis-Auguste Olivier, marié à Louise-Alexandrine Prévot, fut avocat à Troyes, et mourut à Saint-Parres-les-Vaudes, le 6 janvier 1896, léguant une somme importante à la Loge maçonnique de Troyes.

[1] Arch. Brion, d'Épagne.

[2] Arch. départ. de l'Aube, 4, H, 4 *bis*.

[3] Louis Laroque et Ed. de Barthélemy, *Catal. des gentilshommes qui ont pris part aux États généraux de 1789.*

Blaincourt, M. Bajot s'en rendit acquéreur pour un prix de 11.800 francs. On a prétendu qu'en cette circonstance, il n'était que le prête-nom de son compatriote, le célèbre Danton, désireux de cacher, sous des noms empruntés, l'emploi de la fortune qu'il aurait amassée pendant sa présence à la tête des affaires publiques. Cette inculpation paraît mensongère ; rien jusqu'ici n'a pu la justifier[1].

Marguerite Pilavoine mourut le 2 septembre 1787. Sa tombe existait encore, il y a quelques années, sous le porche de l'église d'Épagne.

Du mariage de la dite dame avec Claude-Édouard Bajot étaient issues deux filles. L'une, Marguerite-Louise Bajot, épousa en premières noces Jean-Baptiste de la Rothière, chirurgien-militaire, et, en secondes noces, Charles de Rémond Du Mesnil, ancien élève de l'École militaire de Brienne, officier de l'armée de Condé, né en 1774, mort à Ervy en 1830, fils de Marie-Amélie-Philippe de Rémond, écuyer, seigneur du Mesnil et de dame Marie-Madeleine Jouault. La famille de Rémond, qui forma de nombreuses branches, fut maintenue dans sa noblesse par l'ordonnance des intendants Larcher, Ferrand, De Pommereu, Bignon, et par arrêt du Conseil d'État. Ses armes étaient : *de gueules, à 3 roses d'argent posées 2 et 1.* Il fut baptisé à Ervy, et eut pour parrain Charles de Jouault, écuyer, lieutenant d'infanterie à Douai, représenté par le sieur Marie-Antoine-Joseph-Edme de Grignon de Bureaux, et pour marraine très haute et très puissante dame Marie-Antoinette Coste de Champeron, épouse de Louis-Auguste-Eléazar, comte de Sabran, vicomte de Marron, guidon de gendarmerie, demeurant à Paris[2].

Vers l'an 1813, M. de Rémond vendit à M. Brodier-

---

[1] Voy. *Ann. de l'Aube*, 1898, p. 162 : Notice, par M. Alb. Babeau.

[2] Actes paroissiaux d'Ervy.

Lesaint, marchand de biens demeurant à l'Huître, la moitié de la terre d'Épagne appartenant à la demoiselle Bajot, son épouse. Très peu de temps après, M. Brodier céda ce domaine à M. Georges Le Brun-Faultrier, de Troyes.

La seconde des filles de M. Bajot, Clotilde-Edouarde, épousa M. Michel-Antoine Brion, de Conflans-sur-Seine, mort à Épagne le 6 septembre 1844, et dont la descendance est encore représentée dans ce village.

Basse-Fontaine (Abbaye de).

ARMES : *d... à un saint Jean de..., le champ semé de fleurs de lis sans nombre.* (D'après une note faisant partie des papiers de l'abbaye.)

Fondée vraisemblablement par Agnès de Baudement, mère de Gauthier II, comte de Brienne, l'abbaye de Sainte-Marie (ou de Notre-Dame) de Basse-Fontaine fut largement dotée par ce seigneur, ainsi que le constate un cyrographe daté de l'an 1143[1].

Saint Norbert avait établi la communauté de Prémontré en 1120, dans le diocèse de Laon. Peu de temps après, on vit s'élever de nombreuses maisons appartenant à cet ordre, et entre autres le monastère de Beaulieu, qui devint l'abbaye mère de Basse-Fontaine, en fournissant à Agnès de Baudement les premiers religieux appelés à occuper les bâtiments claustraux édifiés par ses soins. Beaulieu fut aussi la mère des abbayes de La Chapelle-aux-Planches (commune de Puellemontier, Haute-Marne) et de Chartreuve (commune de Chéry-Chartreuve, Aisne.)

Les religieux de l'ordre de Prémontré étaient soumis à la règle de saint Augustin. Ils devaient pratiquer un jeûne perpétuel et s'abstenir d'aliments gras. Leurs vêtements

---

[1] Voy. *Cartul. de Basse-Fontaine*, édit. Lalore, p. 1, n° 1.

étaient entièrement blancs. Par dessous la soutane ils por-.
taient un scapulaire, et, lorsqu'ils sortaient, ils mettaient
un manteau comme les ecclésiastiques et un chapeau blanc.

Dans la maison, ils avaient un petit camail ; au chœur,
pendant l'été, ils revêtaient un surplis et une aumusse
blanche et l'hiver un rochet avec une chape et un grand
camail blanc[1].

Possessions de Basse-Fontaine.

Sur Blaincourt et Vaubercey.

Dès l'année 1148, l'abbaye de Basse-Fontaine, d'après
une lettre de confirmation de ses biens émanant du pape
Eugène III, possédait les dîmes de Blaincourt. Il est probable
qu'elle les devait à la générosité des comtes de Brienne qui,
à la suite des guerres et des désastres ayant précédé cette
époque, s'étaient emparés des revenus d'une partie des
églises de leur comté[2].

En 1188, outre les dîmes de Blaincourt, les religieux
de Basse-Fontaine avaient des cens et des moulins dans
cette paroisse[3]. L'emplacement de ces moulins n'est pas
indiqué, mais il ne saurait être autre que celui qu'occupaient
dernièrement les moulins de Blaincourt. Il est vrai que
dans le cyrographe de Gauthier II, il est dit que le comte
de Brienne leur a permis de bâtir un moulin sur l'Aube,
pour l'usage de leur maison, entre les ruisseaux de Pontot
et de Perouset, mais nous ne croyons pas que ce moulin ait
jamais été construit.

Mathaux a possédé jadis un moulin, il se trouvait placé

---

[1] Voy. le P. Héliot, *Hist. des ordres monastiques*, etc., t. II, p. 164.

[2] Voy. *Cartul. de Basse-Fontaine,* éd. Lalore, p. 133.

[3] *Ibid.* Lettre de confirmation du pape Clément III.

près du village et non entre deux ruisseaux, il ne doit donc pas être confondu avec celui dont nous venons de parler.

En 1214 (V. S.) au mois de janvier, Aelis de Mathaux, femme noble, veuve de Guillaume de Chalette, donne à l'église de Basse-Fontaine l'Essart-Guillaume, situé au-dessus de la Brevonne avec tout le bois adjacent entre la Brevonne et le hameau de l'Etape [1]. En 1227, Gauthier, comte de Brienne, donne à l'abbaye le plein et entier droit d'usage dans ses eaux courantes de la rivière d'Aube pour l'exercice de la pêche. Dans l'acte qui constate cette largesse, il rappelle les dons qu'il a faits à cette maison pour les divers établissements qu'elle possède et, entre autres, celui du droit d'usage dans tous les bois de son comté (à l'exception du bois d'Ajou), soit pour brûler, soit pour bâtir, soit pour un besoin quelconque ou pour le pâturage des grosses et menues bêtes, dont il l'a gratifiée en faveur du moulin situé entre Blaincourt et le Mesnil-Aubert [2].

Un compromis fait entre l'abbaye de Basse-Fontaine et l'abbaye de Saint-Loup de Troyes, le 1er mars 1239, nous apprend qu'à cette époque les moines de Basse-Fontaine jouissaient de la moitié des dîmes de Blaincourt, grosses et menues, qu'ils possédaient par suite d'une amodiation que leur avait faite Viard, prieur de Blaincourt, de la part des dîmes qu'il avait le droit de prélever sur les terres de la Corvée et du Poirier ; qu'ils étaient, en outre, propriétaires de deux masures, dans l'une desquelles ils avaient bâti en commun avec l'abbaye de Saint-Loup une vinée et, dans l'autre, une partie de leur grange de Blaincourt. Comme ces constructions dépendaient de leur censive et pouvaient cesser de leur appartenir par suite de prescription, ils les réclamèrent pour qu'elles ne tombassent pas en mainmorte [3].

---

[1] *Cart. de Basse-Fontaine*, édit. Lalore, p. 23 et 24.

[2] *Ibid.*, édit. Lalore, p. 16.

[3] *Ibid.*, édit. Lalore, p. 91.

En 1240, Basse-Fontaine et Saint-Loup s'accordent sur leurs droits respectifs. Il est convenu que les moines de Basse-Fontaine ne paieront aucune dîme pour les terres qu'ils possèdent à Blaincourt au jour du compromis, mais qu'ils seront tenus de payer la dîme de toutes celles qu'ils achèteront dans la suite. Ils abandonnent à l'abbaye de Saint-Loup la portion qui leur revient dans les grosses et menues dîmes de Blaincourt, de Vaubercey et d'Epagne, ainsi que tout ce qu'ils possèdent à Vaubercey, venant de Bergognon de Rivières, et tous leurs droits sur les masures, moyennant une redevance d'un muid de froment et d'un muid d'avoine à la mesure de Brienne, que le prieur de Blaincourt s'engage à leur payer annuellement.

Au moment de cet accord, l'abbaye de Basse-Fontaine possédait à Blaincourt : dans l'endroit où s'élevait la maison de Thierry, trois journaux; — au Marchatz à la Corte-Roye, un arpent et demi; — à la Mostenière (*alias*, mostrière), sept arpents; — à la Croix de Blaincourt, près la terre de Jehan le Nain, un arpent; — sur la côte de feu Guillaume le pêcheur, trois arpents et demi; — au pré Saint-Félix, un arpent; — au Boel, deux arpents; — Assont camp-recons, deux arpents; — sur la Corte-Roie Donnet, un demi-arpent; — à l'Essert-Garnier, deux arpents; — De lez la terre le gueude (*alias*, le guédé), un arpent.

A Vaubercey, quatre arpents venant de Perrinot-de-Pel, savoir : un arpent près de la maison des lépreux de Blaincourt (il y avait donc une léproserie à Blaincourt en 1240); — un arpent devant la maison de Jean de Vaubercey; — un autre arpent à la Planchotte, plus deux arpents au-dessus de la vigne de Lambert de Vaubercey [1].

En 1241, au mois de mars (V. S.), l'abbaye de Basse-Fontaine acquiert par échange avec les religieux de la

---

[1] *Cart. de Basse-Fontaine*, édit. Lalore, p. 70.

Maison-Dieu du Chêne, près d'Arcis-sur-Aube, 18 deniers de cens à Blaincourt[1].

En 1327, Pierre, fils et héritier de Simon, seigneur de Montangon, et Nicole, son épouse, vendent à l'abbaye de Basse-Fontaine tous les biens qu'ils possèdent à Vaubercey, plus quatre arpents de terre sis à Précy-Notre-Dame. Ils cèdent aussi à cette abbaye tout ce qui leur appartient à Pel-et-Der[2].

En 1329, le jeudi après Pâques, l'abbaye de Basse-Fontaine, par l'intermédiaire de maître Jean Guard du Fua, avocat ès-foires de Champagne et citoyen de Troyes, achète à l'adjudication faite sur requête des exécuteurs et créanciers de feu Thomas Noisote et Jean de la Coste, une grange (ou fermage), située à Blaincourt et nommée La Roberde ou La grange Robert[3].

Gauthier, comte de Brienne, amortit, en 1331, cette grange dont le revenu était estimé 30 livres, et il garantit aux religieux de Basse-Fontaine qu'ils peuvent en jouir paisiblement sans crainte d'être inquiétés par qui que ce soit[4].

Le 30 décembre 1518, la ferme dite La Roberde est louée par contrat passé devant Etienne Huet et Jean Pelletier, notaires à Brienne, à Guillaume et à Jean de Gresle, moyennant une redevance annuelle de 53 setiers de grain, moitié blé et moitié avoine[5].

En 1577, Germain Saigeot, notaire et secrétaire du roi, seigneur en partie de Vaubercey, achète plusieurs pièces de terres dépendantes du gagnage de Basse-Fontaine, à

---

[1] *Cart. de Basse-Fontaine*, édit. Lalore, p. 36 et 37.

[2] Cartul. du prieuré de Précy-Notre-Dame, conservé dans les archives de cette commune.

[3] Arch. départ. de l'Aube, 1, H, 1.

[4] *Ibid.*, 1, H, 2.

[5] *Ibid.*

Blaincourt. Ces biens sont vendus pour fournir la part contributive de l'abbaye dans les 50.000 écus d'or soleil, accordés au roi par le clergé de France. Guillaume de Taix, doyen du chapitre de la cathédrale de Troyes, était alors abbé de Basse-Fontaine [1].

En 1680, l'abbaye eut à soutenir un procès contre M. d'Alichamp, seigneur d'Epagne, au sujet de la nacelle qui servait à traverser la rivière pour aller au moulin de Blaincourt, procès terminé par une transaction dans laquelle il est dit : « Que l'île du moulin appartient au « couvent de Basse-Fontaine, sans que le sieur d'Alichamp « et le sieur de Montangon, son beau-frère, puissent élever « aucune prétention sur elle; que l'emplacement situé à « Epagne, lieudit la Côte-Saint-Georges, sur lequel est « bâtie la maison presbytérale dudit Epagne, appartient en « toute propriété auxdits sieurs d'Alichamp et de Mon- « tangon, sans que les religieux de Basse-Fontaine puissent « y prétendre en aucune manière. »

Par le même accord il est convenu pour ce qui concerne le passage sur le bras de rivière nommé les ruisseaux d'Epagne (c'est-à-dire sur la fausse rivière ou rivière du bâtard), à l'aide de la nacelle que les religieux ont établie en cet endroit, « que ladite nacelle, du consentement de « MM. d'Alichamp et de Montangon, demeurera au lieu « où elle se trouve au moment de la transaction et servira « pour aller et venir au moulin de Blaincourt, sans que les « particuliers puissent prétendre en tirer la conséquence « d'un droit de passage [2]. »

Dans la déclaration du revenu de la mense conventuelle de Basse-Fontaine, datée de 1729, la ferme de Blaincourt (La Roberde), comprenant 40 journaux de terre par

---

[1] Arch. départ. de l'Aube, E, 157 et 158.

[2] Arch. départ. de l'Aube, 1, H, 2.

saison et 18 fauchées de pré, est dite affermée à raison de 210 livres par an.

Le revenu du moulin faisant partie de la mense abbatiale est de 700 livres. Ce revenu appartient à l'abbé seul, mais les religieux ont le droit de faire moudre leurs grains en franchise dans le dit moulin [1].

En 1764, lors du partage des biens de la communauté entre les moines et leur abbé, la ferme de la Roberde fut attribuée aux religieux. L'abbé eut dans son lot les grains dus par le prieur de Blaincourt et le moulin. Le droit de pêche dans la rivière d'Aube demeura commun aux deux parties. A cette époque, M. François Mallet de Graville de Drubec était abbé [2].

Le 16 septembre 1770, le Conseil général de l'ordre de Prémontré, en conséquence de l'arrêté du roi Louis XV, rendu en 1760, pour la réformation des maisons religieuses, décida que la maison et la mense conventuelle de Basse-Fontaine seraient supprimées, vu le petit nombre de religieux (ils n'étaient que trois), et l'impossibilité où ils se trouvaient d'acquitter les fondations, et que cette maison et cette mense seraient réunies à une autre communauté de la même observance.

Il est très certain que M. de Loménie, comte de Brienne, devenu possesseur d'une immense fortune par son mariage avec Mlle Fizeau de Clémont, et désireux d'agrandir le parc de Brienne et de lui donner une importance en rapport avec le château princier qu'il faisait bâtir, ne fut pas sans influer grandement sur la décision du Conseil de l'Ordre de Prémontré, qui lui permettait de se rendre

---

[1] En 1595, ce moulin était loué avec le saucis et l'usage de 20 arpents de bois, dans le bois Charlot (situé près de l'abbaye), moyennant 30 écus, 2 chapons, 2 poules, 6 livres de cire, 20 sols aux religieux et leur mouture franche.

[2] Arch. départ. de l'Aube, C, 833.

acquéreur de la vieille abbaye de Basse-Fontaine et de ses dépendances.

Le 19 juin 1773, toute la procédure étant terminée, le décret de suppression fut rendu. La mense conventuelle fut réunie à celle de l'abbaye de Beaulieu ; quant à la mense abbatiale, tous ses droits furent réservés et durent être les mêmes à l'égard de Beaulieu qu'ils avaient été à l'endroit de Basse-Fontaine. M. Charles-Etienne de Loménie, archevêque de Toulouse, était alors abbé commendataire de Basse-Fontaine.

Dès le 12 octobre 1774, M. le comte de Loménie se rendit acquéreur des bâtiments de l'église, du clos et de la basse-cour de Basse-Fontaine [1]. Le portail de l'église fut transporté à Brienne-la-Vieille et plaqué en avant de la nef de l'église de ce village ; le reste de l'édifice fut démoli. Quelques stalles en bois sculpté, datant de la première partie du xvie siècle et provenant de ce monument, se voient encore dans les églises de Précy-Notre-Dame et de Rame-rupt.

Enfin, le 21 juin 1775, M. de Loménie se fit adjuger, moyennant une rente de 4.100 livres, les biens de la mense conventuelle, consistant dans le hameau de Mesnil-Aubert, et tout le territoire de Basse-Fontaine formant environ 633 arpents [2].

La ferme de la Roberde, au moment de la supression de l'abbaye, était louée à Claude Loiselet à raison de 360 livres par an. Elle fut alors distraite de la mense conventuelle et réunie à perpétuité à la cure de Précy-Notre-Dame [3].

Il existait dans ce village de Précy un prieuré qui avait été donné à Basse-Fontaine en 1097, et dont le titulaire

---

[1] Arch. départ. de l'Aube, cote nouvelle, H, 46, correspondant à l'ancienne, 1, H, 1.

Ibid.

[3] Arch. départ. de l'Aube, G, 60, reg., f° 12 v°.

✠ S ADAM CVRRATI · BE · MARIE · D · PRESEIO ·

(† *Sigillum Adami currati . beate · Marie · de · Preseio*)

(† **Sceau d'Adam, curé de (l'église de) la bienheureuse Marie de Précy**)

Sceau ogival datant du commencement du XIIIe siècle. — Légende écrite en majuscules gothiques. Dans le champ, la Vierge-Mère, assise, tient de la main droite un fleuron et porte sur son bras gauche l'Enfant Jésus, qui lui présente un fruit.

La matrice originale de ce sceau appartient à M. Vagbeaux, propriétaire à Brienne-le-Château.

Dans le cartulaire de Basse-Fontaine, il est fait mention, vers l'an 1189, d'un nommé Adam, clerc *(clericus)*, qui assiste comme témoin à une convention faite entre l'abbaye et Reynaud Crocant. Comme la cure de Précy-Notre-Dame dépendait de Basse-Fontaine, on peut croire que le nommé Adam, qui figure dans le traité ci-dessus mentionné, fut pourvu dans la suite de cet office et posséda le sceau en question.

était curé de la paroisse. C'est à la présence de ce prieuré, placé comme Basse-Fontaine sous le patronage de Notre-Dame, que la paroisse de Précy-Notre-Dame doit une partie de son nom.

En 1773, lors de l'imposition établie pour la construction d'une caserne de maréchaussée à Brienne, il fut constaté que le revenu des biens possédés à Blaincourt par M. de Loménie, archevêque de Toulouse, comme abbé de Basse-Fontaine, s'élevait à 1.400 livres, et que celui du prieur de Précy-Notre-Dame, représentant les moines de cette abbaye, était de 400 livres 10 sols.

D'après l'état des biens-fonds privilégiés de la communauté de Blaincourt, l'archevêque de Toulouse, premier ministre, possédait dans cette localité, toujours comme abbé de Basse-Fontaine, les moulins à eau, une maison, deux denrées d'accin et un journal de terre, le tout loué 1.400 livres; de plus, il faisait valoir l'île du moulin plantée en bois et contenant environ 15 arpents.

Le prieur de Précy-Notre-Dame jouissait à Blaincourt des 108 arpents de terre et des 14 arpents de prés de la ferme de la Roberde, loués 680 livres.

Le 7 février 1791, l'État mit en vente les biens du clergé. La ferme de la Roberde, venant de l'abbaye de Beaulieu (représentant Basse-Fontaine et le prieur de Précy), fut vendue à Pierre Robert, marchand à Bar-sur-Aube, pour une somme de 17.500 livres payable en assignats [1].

Le 4 avril de la même année, Jean Finot, meunier, se rendit adjudicataire des moulins de Blaincourt appartenant à la même abbaye, moyennant 13.000 livres, également payables en assignats. Il dut verser de suite 3.900 livres et le surplus par annuités de 1.026 livres 14 sous 2 deniers.

---

[1] Cette ferme a depuis appartenu à MM. Olivier, de Landreville, qui l'ont vendue en détail.

Possessions de Basse-Fontaine sur Epagne.

Cette abbaye possédait à Epagne 200 arpents de terre et bois dans le bois de Wèvre, que, suivant sa charte datée de juin 1231, Gauthier, comte de Brienne, lui avait donnés en reconnaissance de l'aide pécuniaire qu'il en avait reçue [1].

Ils jouissaient déjà de quelques terres et chemins dans ce bois par suite de l'échange qu'ils avaient fait en 1186, avec Erard de Brienne, des terres, prés et rentes leur appartenant à Précy-Notre-Dame [2]. Cette partie du bois de Wèvre, était bien alors sur le finage d'Epagne, car, en juillet 1240, une transaction eut lieu entre l'abbé et le couvent de Saint-Loup de Troyes (jouissant, à cause du prieuré de Blaincourt, des dîmes d'Epagne) et l'abbé et le couvent de Basse-Fontaine, au sujet des dîmes novales[3] du bois de Wèvre, sur lesquelles les moines de Saint-Loup élevaient des prétentions [4].

Basse-Fontaine possédait en outre sur Epagne, en 1239, deux journaux de terre près du sentier de Pissoet, provenant du don qui lui avait été fait, en 1226, par Guiard, archidiacre de Troyes [5] ; un journal en la voie de Montois [6], plus des terres nommées les terres de Notre-Dame [7], et d'autres terres situées entre les moulins de Blaincourt et les vannes (*vannœ*. Peut-être le déversoir ?).

En 1239, Jean d'Epagne, écuyer, donne à l'église de

---

[1] *Cart. de Basse-Fontaine*, édit. Lalore, p. 17.

[2] *Ibid.*, p. 13.

[3] On appellait terres novales celles qui ne rapportaient que du bois ou de l'herbe et qui venaient d'être mises en culture.

[4] *Ibid.*, p. 74.

[5] *Ibid.*, p. 42.

[6] *Ibid.*, p. 91.

[7] Dans la charte qui nous fournit ces documents il est dit que ces terres, nommées aussi Le Pré-Marie, produisaient une dîme s'élevant à 27 gerbes de blé ou environ.

Sainte-Marie de Basse-Fontaine tout ce qu'il possède à Epagne et tout ce qu'il pourra y posséder par héritage. Odelette, son épouse, ratifie cette donation [1].

En 1248, Jean d'Epagne, chevalier, avec l'assentiment d'Ysabelle de Sarnay, son épouse, donne à l'église de Basse-Fontaine huit setiers de grain, moitié blé et avoine, à prendre sur ses revenus d'Epagne ou dans sa grange, si ses revenus ne suffisent pas pour parfaire cette quantité [2].

Plus tard, en 1254, Bernard Bourgeois et Marguerite, sa femme, demeurant à Troyes, feront don à l'abbaye de Basse-Fontaine, de l'étang de Wèvre. Le pré nommé Prépaille avait été donné à cette maison, dès 1205, par Arnould Gaillard [3].

Dans le cours de l'année 1540, les religieux cédèrent à titre d'accensement ou plutôt vendirent à réméré à M. de la Chaussée, seigneur de Villevoque, une pièce de terre qu'ils avaient commencé à planter en vigne. Cette propriété passa dans la suite à M. de Corberon, et son descendant, Louis de Corberon, la vendit en 1656 à plusieurs habitants d'Epagne. L'abbaye exerça alors son droit de retenue et, en 1682, elle rentra en possession de son ancienne propriété en payant aux détenteurs une somme de 200 livres.

Bien qu'à cette époque la terre dont on vient de parler n'ait plus été comprise dans le finage d'Epagne, nous avons mentionné le fait parce qu'il explique le nom de la contrée de vignes du finage de Saint-Léger, encore appelée Les Corberonnes du nom de ses anciens propriétaires.

On doit penser que vers cette époque les finances de l'abbaye de Basse-Fontaine étaient en bon état, car les religieux achetèrent en 1541 deux arpents de vignes venant de demoiselle Madeleine de Ménisson, veuve de Jean Molé,

---

[1] *Cart. de Basse-Fontaine*, édit. Lalore, p. 67-68.

[2] *Ibid.*, p. 67-68.

[3] Arch. départ. de l'Aube, 1, H, 2.

sieur de la Motte. Ces vignes, situées non loin de celles qui ont été mentionnées plus haut, tenaient aux biens de Philibert de Montangon et à ceux de Charlotte de Mailly, veuve de maître Pierre des Boves [1].

A l'époque de la Révolution, l'abbaye de Basse-Fontaine ne possédait plus rien sur Epagne.

Berbier du Metz.

Possesseur de quelques terres à Vaubercey, Pel-et-Der
et Précy-Notre-Dame.

ARMES : *d'azur, à trois colombes d'argent.* (D'Hozier. — Epitaphes en l'église de Rosnay, etc.)

Cette famille s'était établie à Rosnay dès la fin du XVIe siècle. En 1593, Gaon (ou Gédéon) Berbier, écuyer, sieur du Metz (fief sis à Rosnay), exerçait les fonctions de lieutenant-général aux comtés de Rosnay, Vertus et La Ferté-sur-Aube. Son fils Jacques II Berbier obtint en 1631 l'enregistrement d'un acte l'autorisant à joindre à son nom celui de son fief.

Il avait épousé Marguerite de Vassan, fille de Zacharie de Vassan, écuyer, grenetier au grenier à sel de Vitry-le-François, et c'est comme héritier de ce dernier qu'il devint propriétaire de deux maisons avec leurs appartenances (sises à Pel-et-Der, dans les lieuxdits La grande rue, et Le Maury) et de divers héritages sur les finages de Pel-et-Der, Précy-Notre-Dame et Vaubercey.

Zacharie de Vassan avait acheté le 3 novembre 1599 les dits biens d'Etienne Thibault, labourer à Pel-et-Der [2].

De son mariage avec Marguerite de Vassan, dame de

---

[1] Arch. départ. de l'Aube, 1, H, 1.

[2] Arch. du Château de Brienne, Pel-et-Der, 1, A, n° 1.

Melligny et de Rizaucourt, Jacques II Berbier eut pour enfants : 1° Jacques III Berbier, sieur du Metz et de Chalette, conseiller du roi, trésorier général des gardes de la reine-mère, époux de Marie Le Grand, fille de Jacques Le Grand et d'Elisabeth Godet ; 2° Marie Berbier, femme de Claude Le Petit de Lavaulx, écuyer, demeurant à Foulain ; 3° Marguerite Berbier, mariée à François Gouthière, conseiller du roi, lieutenant criminel et assesseur en la maréchaussée de Bar-sur-Aube.

En 1613, Jacques II Berbier et Marguerite de Vassan, sa femme, demeurant à Rosnay, donnèrent à bail un gagnage leur appartenant, situé au finage de Pel-et-Der et finages voisins, consistant en 77 journaux de terres, prés, bois, censives, lots et rentes, moyennant 120 livres par an.

Le 17 novembre 1639, Jacques III Berbier, écuyer, sieur du Metz, demeurant alors à Brienne, acheta les parts de ses deux sœurs dans le gagnage de Pel-et-Der pour un prix de 1.000 livres [1].

Louis Berbier du Metz, écuyer, prêtre, conseiller et aumônier ordinaire du roi, prieur de Frécul, de Saint-Pierre de Chalette, de Guignicourt et de Hoiricourt, abbé commendataire de l'abbaye de Huyron, demeurant à Rosnay, fils de Jacques III Berbier, augmenta son gagnage de Pel-et-Der en y joignant cinq journaux de terres en franc alleu et en plusieurs pièces sises au finage de Pel-et-Der et achetées par lui en janvier 1658 moyennant 180 livres [2].

En 1670 eut lieu le partage définitif des biens de M. Berbier du Metz le grand-père, entre ses quatre petits-enfants, Gédéon, Louis, abbé d'Huyron, Pierre-Claude, lieutenant-général, et Jacques, seigneur de Saint-Remi (fief sis à Chalette).

---

[1] Arch. du Château de Brienne. — Pel-et-Der, 1, A, n° 2.

[2] *Ibid.*, 25, B, n° 7.

Gédéon Berbier du Metz fournit, en 1705, la déclaration de ses terres situées au finage de Précy-Notre-Dame.

Le 19 février 1707, Louis de Vienne, comte de Lesmont, conseiller du roi en sa cour de parlement, demeurant à Paris, rue Saint-Thomas-du-Louvre, acheta de Gédéon du Metz, chevalier, comte de Rosnay, conseiller du roi, président en la chambre des comptes, demeurant rue des Fossés-Montmartre, trente journaux en plusieurs pièces au finage de Précy-Notre-Dame, plus un arpent de terre au finage de Lesmont, le tout pour une somme de 1.600 livres.

Le 21 avril suivant, M. de Vienne loua ce gagnage à François de Ligny, fermier de la Basse-Cour du château de Précy-Notre-Dame, moyennant une redevance annuelle de 70 livres et deux chapons[1].

En 1733 le gagnage de M. de Vienne, à Pel-et-Der et à Précy-Notre-Dame, consiste en 72 arpents 33 cordes de terres et 19 arpents et demi de prés.

Bermondes (de) *Voy.* CHOISY.

Beurville (de).
Seigneur d'Epagne en partie.

Anne-Jean-Louis de Beurville, gentilhomme honoraire de la maison du roi, demeurant ordinairement en sa terre de Puellemontier, acheta, le 22 juillet 1732, de Pierre de la Tour, écuyer, ancien capitoul de Toulouse, seigneur de Crespy en partie, et de Béard, conseiller du roi, receveur général aux finances de Limoges, les terres de Béard et Crespy consistant en château de Béard, entouré de fossés,

---

[1] Archives du château de Brienne. — Pel-et-Der, 25, C. 9 et 11.

jardins, etc., tel que le tout, avait appartenu au sieur René de Montangon, plus les terres, vignes, maisons et autres biens ayant appartenu au dit de Montangon sur le finage d'Epagne. Le prix de vente pour le tout fut de 4.500 livres, plus 500 livres à payer aux enfants de M. de Montangon de Rouvroy[1].

Le 13 octobre 1759 la veuve de Jean Louis de Beurville, Anne-Thérèse de Poiresson et ses enfants, par acte passé devant Girardin, notaire à Brienne, vendirent, moyennant 2.400 livres, tout ce qu'ils possédaient en la terre et seigneurie d'Epagne à M. Edouard Bajot, de Torcy.

Bourneuf (de Pont de).

ARMES. — *Fascé d'argent et de gueules de six pièces, à la bande d'argent brochant sur le tout* (Chevillard).

Claude-Louis de Pont de Bourneuf, chevalier, seigneur de Bourneuf, de Pont et de Neuvelle, né le 13 janvier 1668, était veuf en premières noces de Guillemette de Catherine, et en secondes noces de Marguerite de Scoriot qu'il avait épousée en 1693, lorsqu'il se remaria, le 8 juin 1713, à demoiselle Jeanne d'Alichamp, « le dit sieur de Bourneuf, « chevalier de Saint-Louis, lieutenant-colonel au régiment « de Choiseul, étant de la paroisse de Saint-Jean de Chau- « mont, et la dite demoiselle d'Alichamp de celle de Saint- « André-lès-Troyes ».

Leur mariage fut célébré en présence de « M. Antoine « d'Hénin-Liétard, chevalier, seigneur de Blaincourt et « autres lieux, de M. Jacques-Antoine d'Hénin-Liétard, « chevalier, marquis de Blaincourt et de Saint-Falle, baron « de Dienville et autres lieux ; de Jacques-Antoine Dali-

---

[1] Arch. Brion, d'Epagne.

« champ (*sic*), écuyer, frère de la mariée, de Messire
« Louis Puissant, lieutenant de mairie en la ville de Chau-
« mont ; de M. de Joassan et de M. Charles d'Aunay,
« écuyer, leurs parents et amis[1]. »

De ce mariage vinrent deux enfants : Louis de Bourneuf,
né en 1716, le 6 février, mort doyen du chapitre de Vitry-
sur-Marne le 13 janvier 1793, et Marguerite, née en 1724,
morte à Ville-sur-Terre en 1795.

En 1726, M. de Bourneuf et son épouse, en même temps
que la demoiselle Anne d'Alichamp, fille majeure, dame
d'Epagne, vendirent à Claude-Martin de Rochebonne,
aussi seigneur d'Epagne, ancien officier d'artillerie demeurant à Balnot, et à Charlotte d'Alichamp sa femme, les
parts et portions leur appartenant du chef de leur frère
François-Honoré d'Alichamp, dans la seigneurie de Balnot,
en la province de Bourgogne, moyennant le prix de 1000
livres pour chacun des deux vendeurs[2].

Le 20 août 1738, M. de Bourneuf, lieutenant-colonel,
résidant ordinairement à Charmes, et Jeanne d'Alichamp,
sa femme, par acte passé devant Trouard-Riolle, notaire à
Précy-Saint-Martin, aliénèrent quelques arpents de leur
terre d'Epagne[3].

Comme M. de Bourneuf figure à titre d'exempt sur le
rôle des tailles de la paroisse de Blaincourt pour l'année
1742, M. l'abbé Caulin aurait donc écrit à tort [4] que M. de
Bourneuf mourut en 1731.

On a vu plus haut, au nom de d'Alichamp, que Madame
de Bourneuf et ses sœurs vendirent en 1746 le domaine
d'Epagne à M. Bajot, de Conantre.

---

[1] Actes de Blaincourt.

[2] Minutes des notaires de Brienne. — Communication de M. Bardet.

[3] Pièce communiquée par M. Tassin, de Blaincourt.

[4] Voy. *Quelques seigneuries*, etc., p. 510.

Boutigny (de).

Seigneur de Blaincourt.

ARMES : *d'azur, à six besans d'or posés 3, 2 et 1* (Vaveray, *L'Élection de Vitry-le-François*, p. 288).

Nous n'avons rencontré que très peu de documents sur la famille de Boutigny, qui posséda la seigneurie de Blaincourt à la fin du xve siècle.

En 1317, Geoffroy de Boutigny était écuyer de Jeanne de Châtillon, duchesse d'Athènes et comtesse de Brienne, qui lui donna la terre de Jehan de Morambert[1].

En 1353, Gauthier de Boutigny, chevalier, guerroyait en Italie avec Gauthier IV, comte de Brienne[2].

La veuve de Geoffroy de Boutigny, Jehanne de Hérouville, est mentionnée à la date 1395 dans un mémoire rédigé pour les habitants de Vaucogne.

Le 15 janvier 1488, Jean de Boutigny fournit un aveu et dénombrement au comte de Brienne pour la terre de Blaincourt, dont il possède la justice haute, moyenne et basse[3].

En 1503, Geoffroy de Boutigny, écuyer, demeurant à Frampas, et demoiselle de Boutigny, sa sœur, demeurant à Viâpres-le-Petit, reconnurent tenir en fief du comte de Brienne et en arrière-fief du roi la terre et seigneurie de Blaincourt assise au bailliage de Chaumont[4].

Plus tard, cette terre passa en la possession de la maison de Guigne, à la suite du mariage de Claude de Boutigny, fille de Geoffroy et sœur de Jean, avec Edme de Guigne[5].

---

[1] Voy. M. d'Arbois de Jubainville, *Actes des comtes de Brienne*, n° 203.

[2] *Ibid.*, n° 232.

[3] Arch. départ. de l'Aube, E. 154.

[4] Arch. du château de Brienne.— Inventaire des titres de la mouvance du comté.

[5] Voy. ce nom.

Choisy (de).

Seigneur d'Epagne en partie.

ARMES : *d'azur, au chef emmanché d'or.* (Caumartin). — Emmanché d'or et d'azur en fasce, de deux pièces. (De Vaveray, *L'Election de Vitry-le-François*, p. 514). Le sceau de Pierre de Choisy porte des armoiries dont le dessin correspond exactement à la description donnée par de Vaveray. Ce sceau est appendu au bas d'un dénombrement fourni, en 1621, par Catherine de Verneuil[1].

Louis de Choisy, seigneur de Thiéblemont, homme d'armes de la compagnie de Robert de la Marck, seigneur de Sedan, devint possesseur d'une partie d'Epagne par son mariage avec Barbe de Luxembourg, fille d'Antoine de Luxembourg, sieur de Luxémont, et d'Isabeau de Marolles.

De ce mariage sont issus :

1° Isabeau de Choisy, épouse de Jean de Verneuil, seigneur d'Orconte ;

2° Marguerite de Choisy, mariée en premières noces à Pierre de Noirelontaine, vicomte de Vouciennes, qui ne vivait plus en 1571, et en secondes noces à Robert de Baudier[2], seigneur de Serigny ;

3° Claude de Choisy, l'aîné, seigneur de Thiéblemont, capitaine au régiment de Vernancourt, marié à Claudine de la Baulme dont il eut Pierre de Choisy, seigneur de Thiéblemont, époux de Catherine de Verneuil. Ce dernier fut père de Varin de Choisy, qui fut uni à Suzanne de la Rochette, dont sont issus Charles, Claude, Edmée et Nicole de Choisy ;

4° Claude de Choisy, le jeune.

En 1556, Philibert de Luxembourg passait une consti-

---

[1] Arch. Brion, d'Epagne.

[2] Voy. Caumartin.

tution de rente au profit de son beau-frère Louis de Choisy, déjà veuf à cette date[1].

L'année suivante, Louis de Choisy fournit au comte de Brienne, au nom de ses enfants Claude l'aîné, Claude le jeune, Isabeau et Marguerite, un aveu et dénombrement pour deux parts en onze de la terre et seigneurie d'Epagne, et pour un cinquième dans un quart de la seigneurie de Lignol leur appartenant du chef de feue Barbe de Luxembourg, leur mère[2].

Le 5 septembre 1569 Claude de Choisy, écuyer, seigneur de Thiéblemont, Sainte-Livière et Epagne en partie, assisté de Jean de Verneuil, sieur d'Orconte, de Jean de Noirefontaine, sieur du Buisson, et de Claude de la Vienne, écuyer sieur de Thonange, épousa demoiselle Claude de la Baulme, fille d'Etienne de la Baulme, chevalier sieur d'Eslais et de Bétignicourt et de dame Jeanne d'Avanne, alors remariée à Jean de Castre chevalier, seigneur de Michery. La dite demoiselle était assistée de Joachin de la Baulme, seigneur d'Eslais et de Bétignicourt, de Georges de la Baulme, ses frères, et de Claude d'Aulnay, sieur de Chalette en partie[3].

Claude de la Baulme fut mariée en secondes noces à Nicolas de Tournebulle, qui fournit un aveu et dénombrement au comte de Brienne pour les biens que possédaient à Epagne les enfants de feu Claude de Choisy[4].

Le 9 janvier 1621, Catherine de Verneuil, veuve de Pierre de Choisy, fils de Claude, tutrice de son enfant mineur Varin de Choisy, fournit un aveu et dénombrement à René de Maricourt, chevalier, baron de Moussy-le-Châtel, et à Charles de Clèves, seigneurs et barons d'Arcis-sur-Aube,

---

[1] Voy. P. Anselme, t. III, p. 733, C.

[2] Arch. départ. de l'Aube, E. 161 et 168.

[3] Caumartin.

[4] Arch. du château de Brienne.

pour un cinquième du fief de Coperet, assis en la châtellerie du dit Arcis[1].

En 1633, Catherine de Choisy, fille de Claude, et veuve de Mathieu de Bermondes[2], seigneur d'Ecriennes, qu'elle avait épousé le 11 janvier 1606, fournissait au comte de Brienne un aveu et dénombrement pour un onzième de la seigneurie d'Epagne. A cette date, elle était remariée à Jean des Fourneaux, seigneur de l'Estot, veuf de Nicole de Luxembourg.

De son premier mariage elle avait eu un fils, Pierre de Bermondes qui, le 17 novembre 1644, épousa Marie de Marle, dont il eut probablement François de Bermondes, lequel rendit foi et hommage au comte de Brienne pour partie d'Epagne, le 13 mars 1697, et une fille, Madeleine de Bermondes, mariée le 7 avril 1633 à Jean IV de Noirefontaine, seigneur du Buisson, qui la rendit mère de deux fils, Jean V de Noirefontaine et Robert de Noirefontaine[3].

En 1665, Robert de Noirefontaine, écuyer, est qualifié seigneur d'Epagne en partie, et en 1680 il fournit son aveu et dénombrement pour cette seigneurie[4].

Dans la quittance des droits de retrait lignager de la terre de Vaubercey, donnée en 1691 par le comte de Brienne à M. de Saint-Hérem, est comprise une petite ferme sise à Epagne et appartenant à Jean de Noirefontaine, propriété dont M. de Saint-Hérem vient de faire l'acquisition[5].

---

[1] Arch. Brion, d'Epagne.

[2] Armes des de Bermondes : d'or à la croix tréflée de sinople. — Caumartin.

[3] Arch. du château de Brienne.

[4] *Ibid.*

[5] Arch. départ. de l'Aube, E, 154 et AI, 463.

Clérey.

Seigneur de Vaubercey en partie.

ARMES : *Palé de gueules et d'azur de huit pièces, au lion d'or brochant sur le tout.* — On rencontre ces armes sur un vitrail de l'église de Blaincourt ; on les trouve également sur des vitraux dans les églises de Montgueux et de Saint-Pantaléon de Troyes et sur le cadre d'un petit tableau dans l'église Saint-Remy de la même ville. Elles sont reproduites, dans le manuscrit n° 2601 de la bibliothèque de Troyes.

Denis Le Clerc, nommé aussi Denis Charrois et qui se faisait appeler Clérey, du nom de son pays natal, devint seigneur en partie de Vaubercey par suite de la vente d'un lot de terres qui lui fut faite le 29 novembre 1545 par les héritiers de la demoiselle de la Mothe[1]. Il se rendit également acquéreur avec Guillaume Hennequin d'une partie de Vaubercey venant de demoiselle Claude Dauzenac, femme de Jacques Le Marguenat de Troyes[2]. Il acheta aussi d'autres portions de ce même fief venant de Jean du Châtelet, seigneur de Saint-Amand, marquis de Trichâteau.

Denis Clérey, maire de Troyes de 1560 à 1562, député au Tiers-Etat par la ville le 10 mai 1561, garde des bâtons et munitions de guerre au gouvernement de Champagne et au magasin de Troyes, était généralement désigné sous le nom de M. de Vaubercey. Il mourut le 11 octobre 1576, laissant de son union avec Jeanne Molé[3], cinq enfants :

1° Claude Clérey ;

2° Marie-Marguerite Clérey, femme de Jacques Dorigny, sieur de Fontenay, près Chavanges;

---

[1] Arch. départ. de l'Aube, AI, 347.

[2] *Ibid.* E, 165 reg.

[3] Suivant le manuscrit n° 2601 de la bibliothèque de Troyes, Denis Clérey, avant ce mariage, aurait épousé cinq femmes sans en obtenir de progéniture.

3° Odette Clérey, femme d'Antoine Hennequin, sieur de Vaubercey en partie ;

4° Barbe Clérey, mariée à François Hennequin, fils de Nicolas Hennequin, seigneur de Lantages, morte en 1576 âgée de 77 ans ;

5° Françoise Clérey, qui épousa Benoit Legras le 19 novembre 1549[1].

Le 11 juillet 1572, des lettres royales avaient été délivrées en faveur de Denis Clérey et d'Antoine Hennequin, sieurs de Vaubercey, ordonnant au bailli de Chaumont de faire confectionner le terrier de cette seigneurie. Il y est dit qu'en 1559 et 1560 Denis Clérey et feu Guillaume Hennequin, père d'Antoine, seigneur en partie de Vaubercey, avaient obtenu des lettres les autorisant à faire dresser ce terrier, mais que les troubles et guerres survenus pendant une durée de 13 ou 14 ans avaient empêché l'exécution de ces lettres[2].

En 1606, François Hennequin vend à Duru une partie de ses terres de Vaubercey. Lors de son mariage avec Barbe Clérey il était veuf de Catherine Camusat. De sa seconde union il eut un fils Jean Hennequin, époux de Marie Angenoust, qui le rendit père de quatorze enfants.

Claude Clérey, sieur de la Grande-Fouchère[3], épousa Perrette Hennequin, fille de Nicolas Hennequin, seigneur en partie de Vaubercey, et d'Anne Perricart.

Le 11 octobre 1576, il vendit, ainsi que ses cohéritiers, tout ce qu'il possédait dans la seigneurie de Vaubercey à son beau-frère Benoit Legras. Partie du prix de cette vente fut stipulée payable en l'acquit de Denis Clérey, leur père, à Nicolas Le Bé, papetier juré en l'Université de Paris[4].

---

[1] P. Pithou, *Les coutumes du baillage de Troyes.*

[2] Arch. départ. de l'Aube, E, 165.

[3] Fief consistant en une pièce de bois au finage de Vauchassis (Aube).

[4] Arch. départ. de l'Aube, E, 165.

Congniasse Des Jardins.

Armes : *De sinople, au cognassier d'or*, d'après le tableau peint à l'occasion de l'élection de Joseph Congniasse Des Jardins au titre d'Empereur de la compagnie des arquebusiers de Troyes, en 1739[1]. On ne sait ce qu'est devenue cette toile qui, en dernier lieu, appartenait à M. Couturat, notaire à Troyes. Il en est de même pour la copie que M. Gaussen en avait faite. Achetée à son auteur par M. Le Brun-Dalbanne, elle fut vendue lors de la dispersion des objets que renfermait son riche cabinet, et on ignore en quelles mains elle a passé.

Suivant les papiers manuscrits de M. Des Jardins de Fontvanne, conservés dans la sacristie de l'église de Messon, les anciennes armes de sa famille étaient : *d'azur, au cognassier accompagné en chef de trois couronnes, le tout d'or.*

M. Edme-François C. Des Jardins de Fontvanne abandonna les armoiries qui viennent d'être décrites pour prendre celles de son aïeule maternelle Marie Le Page [2] et il les porta telles qu'on les voit figurées au bas du buste en terre cuite de M. Des Jardins, en l'église de Fontvanne, et sur un vitrail en l'église de Saint-Gilles, à Troyes. On les blasonne : *D'azur, au chevron accompagné en chef de deux roses et en pointe d'une croix (simple ou potencée), cantonnée aux 1 et 4 d'une étoile à six rais, et aux 2 et 3 d'un croissant, le tout d'or.* (Roserot, *Armorial du département de l'Aube*, n° 243).

La famille Congniasse Des Jardins n'a possédé réellement aucune portion des seigneuries qui nous intéressent. Il est vrai que quelques-uns de ses membres se sont qualifiés seigneurs en partie de Vaubercey, mais ce n'était qu'un vain titre emprunté à leurs ascendants de la ligne maternelle.

Comme il arrive fréquemment que, dans les pièces du xviiie et du commencement du xix° siècle relatives à notre histoire régionale, on rencontre le nom des Congniasse Des Jardins, personnages remuants et très entreprenants, ayant

---

1 *Ann. de l'Aube*, 1858, p. 86.

2 Voir au nom Le Page.

rempli de nombreuses fonctions publiques, mais s'étant adonnés surtout à la régie ou à l'exploitation de grands domaines seigneuriaux, nous avons pensé qu'il serait utile de faire connaître le résultat de nos recherches les concernant.

L'orthographe du nom Congniasse, que l'on trouve écrit Cognasse, Cogniasse et Coignasse, a été fixée d'une manière définitive par un jugement des justices de Blaincourt et d'Epagne, en date du 25 juin 1784. D'après une note placée en marge d'un registre des mariages de la paroisse d'Epagne, il fut ordonné par ce jugement que le nom *Cognasse Des Jardins* serait effacé de l'acte de mariage du 19 janvier 1778 (union de Nicolas-Mathias C. Des Jardins avec Marie-Marguerite Aubert), et qu'il y serait substitué celui de *Congniasse des Jardins.*

Nous avons rencontré pour la première fois le nom de la famille Des Jardins dans un registre de comptes conservé aux archives départementales de l'Aube[1], datant de l'an 1515. Il y est fait mention d'un nommé Etienne Des Jardins, prêtre vicaire et maître des enfants de chœur en l'église cathédrale de Troyes et, en même temps, curé de Grand-Lud, au diocèse de Laon.

En 1615 une demoiselle Honorée Congniasse, fille de feu Ambroise Congniasse et de Marguerite Garnier, demeurant à Créney, âgée de 30 ans, fait une donation à l'hospice Saint-Nicolas de Troyes[2].

On retrouve le nom des Congniasse Des Jardins dans le testament de Pierre Pithou, seigneur de Luyères[3]. Il y est dit... « Je veux que François Congniasse dit Des Jardins, « qui est en ma maison de la Rivière-de-Corps, soit cru « sur sa parole pour tout ce qui peut m'appartenir dans

---

1 10 G, 38.

2 Arch. dép. Hosp. Saint-Nicolas, Layette, 32.

3 *Ibid.* E, 185.

« mes maisons... Je veux que les quittances qu'il aura
« données en mon nom soient considérées comme venant
« de moi. Je laisse à François Congniasse, dit Des Jardins,
« 2.000 livres et à son frère, dit Dragon, 1.000 livres ».
Ce testament est daté de l'an 1682.

I. — *François* Congniasse Des Jardins naquit vers l'an
1654. En 1702 il était amodiateur des droits seigneuriaux
de Torvilliers, appartenant à M. de Vienne, seigneur de
Gérosdot.

De sa femme, Savine Gilbert, il eut entre autres enfants :

II. — 1. *Claude-François* Congniasse Des Jardins, qui
suit.

II. — 2. *Jean* Congniasse Des Jardins, notaire au bailliage de Saint-Liébault (aujourd'hui Estissac), de 1705 à
1758, procureur fiscal de Maraye-en-Othe et, en 1712,
fermier général de la terre de Saint-Just[1]. Il épousa Germaine Doué, qui le rendit père de :

III. — *Nicolas* Congniasse Des Jardins, marié à
Colombe Robin, morte avant 1752. Elle était sœur d'Edmée Robin, femme de Claude-François C. Des Jardins
et fille d'Edme Robin, lieutenant au bailliage de Maraye-
en-Othe[2].

Leur fille *Savine* C. Des Jardins, épousa Nicolas Goury
de Villemontée.

II. — 3. *Joseph* C. Des Jardins, marchand de bois, puis
hôtelier à l'enseigne du Mulet, à Troyes. Il fut empereur de
la compagnie des arquebusiers de Troyes, en 1739[3]. Sa
femme se nommait Marie Humblot. Ils étaient séparés
de biens dès 1727[4].

---

[1] Arch. départ., AI, 256.

[2] Arch. départ. B, 2701, I.

[3] *Ann. de l'Aube*, 1858, p. 86.

[4] Arch. départ., B., 2001, I.

Peut-être doit-on classer dans sa descendance :

III. — 1° *Catherine* C. Des Jardins, qui épousa Jean-Baptiste Coquet de Vendeuvre, et dont le fils François Coquet fut tonsuré en 1775[1].

III. — 2° *Michel* Congniasse Des Jardins, chirurgien à Troyes, et mari d'Anne Noël, mort avant 1744[2], auteur de :

IV. — *Jean* Congniasse Des Jardins, aussi maître chirurgien à Troyes, époux de Louise-Catherine Renodot, qui eurent pour fils :

V. — *Claude-Jean* Congniasse Des Jardins, né le 6 janvier 1771, baptisé à Saint-Nizier le dit jour[3]. Reçu docteur en médecine à la faculté de Montpellier, il publia, lorsqu'il était chef de clinique à l'école de médecine de cette ville, en l'an x, un *Essai sur les Songes*[4], qu'il dédia « à « Ursule Petit-Jean-Roger, son épouse, à la mémoire des « auteurs de ses jours et à ceux qui surent les remplacer : « Henri-Louis Coquet et Elisabeth Natey ».

De son mariage avec Ursule Petit-Jean-Roger, qu'il perdit de bonne heure, il eut une fille *Pauline* C. Des Jardins, morte à Troyes, le 1er mars 1816, en la maison de son père, rue du Temple.

Médecin en chef des hospices de Sens, Jean-Claude C. Des Jardins fut ensuite médecin principal de l'armée d'Italie, en 1813. Ayant été licencié en 1814, il revint à Troyes où il exerça sa profession et où il se maria en secondes noces à Mme Euphrasie Varlet, veuve de J.-B.-E. Gayot, décédé secrétaire général de la Préfecture de l'Aube, mère de M. Amédée Gayot, député, puis sénateur de l'Aube, mort à Troyes le 5 novembre 1880, et aïeule de

---

1 Arch. départ., G, 60, reg.

2 Arch. municip. de Troyes, A. A, 8° cart.

3 Act. de la ville.

4 Biblioth. de Troyes, cabinet local, n° 2317.

M. Emile-René Gayot, actuellement sénateur de l'Aube en remplacement de son père.

M. Claude-Jean C. Des Jardins mourut à Troyes le 26 août 1831, dans sa maison de la Grande-Rue[1]. Il avait été membre correspondant, puis membre résidant de la Société Académique de l'Aube, qui l'avait élu le 7 juillet 1818[2].

II. — 4. *Laurent* C. Des Jardins, mort célibataire, habitant chez son frère Nicolas, à Maraye-en-Othe.

II. — 5. *Nicolas-François* C. Des Jardins, marchand de bois, à Maraye-en-Othe, puis amodiateur de la terre de Blaincourt.

François Congniasse Des Jardins mourut à Saint-Liébaud le 23 janvier 1714. Sa femme, Savine Gilbert, lui survécut. Née vers l'an 1665, elle décéda le 15 février 1748 et fut inhumée dans l'église de Sainte-Savine-lès-Troyes, où sa famille possédait une chapelle. Peut-être pourrait-on trouver son portrait parmi les jeunes filles en prières, que l'on voit groupées derrière leur mère sur le beau vitrail qui est placé dans la chapelle de l'Annonciation, en l'église de Saint-Martin-ès-Vignes, et représente Jehanne de Guillerot, femme d'Isaac Gilbert, capitaine du faubourg Sainte-Savine, mort en 1679 le 14 février, et ses filles.

Un frère de François C. Des Jardins, nommé *Nicolas*, épousa demoiselle Anne Gilbert, probablement sœur de Savine. Il était receveur de la terre de Montgueux et habitait cette paroisse où il fit baptiser, en 1696, le 3 juin, son fils *Nicolas* C. Des Jardins, qui eut pour parrain Jacques Lasneret, recteur d'école, et, en 1697 un second fils, *Jérôme*, dont le parrain fut Pierre Congniasse Des Jardins et la marraine Nicole Douge. (Act. de Montgueux).

---

[1] Aujourd'hui rue de l'Hôtel-de-Ville. Cette maison, qui porte le n° 68 et est en ce moment habitée par M. Lamairesse, notaire, avait été vendue, en 1806, à M. Gayot, par M. Claude d'Heurles.

[2] *Ann. de l'Aube* 1878, p. 125. — E. Socard, Biographie des personnages du département de l'Aube.

II. — *Claude-François* Congniasse **Des Jardins, fils**
de François et de Savine Gilbert, fut procureur au bailliage
de Maraye-en-Othe et procureur fiscal en la justice de
Villemoiron. En 1724, il épousa sa cousine germaine
Edmée Robin, fille d'Edme Robin, lieutenant au bailliage
et gruerye de Maraye-en-Othe, et de Marie Le Page[1], dame
en partie des fiefs et seigneuries de Vaubercey, Précy-
Notre-Dame, Pel-et-Der, Errey, Villecerf, Messon. Marie
Le Page possédait ces parts de seigneuries comme héritière
de François Lepage et de demoiselle Anne de Mauroy, ses
père et mère.

Edmée Robin mourut en 1766, laissant deux fils.

III. — 1° *Edme-François*-Congniasse Des Jardins, qui
suit.

III. — 2° *Charles-Jacques-Louis* Congniasse Des
Jardins, né à Maraye-en-Othe, mort à Troyes, aux Faux-
Fossés, le 14 juillet 1813[2]. Époux de Françoise Hibon de
Bagny, il fut directeur des Aides, à Bar-sur-Aube, où il
habitait sur la paroisse de Saint-Maclou vers 1787. Lors
de la Révolution, C.-J.-L. Congniasse Des Jardins se retira
dans le bourg d'Ervy, dont il fut maire en 1795[3].

Branche des seigneurs d'Errey, Fontvanne et Messon.

III. — *Edme-François* Congniasse Des Jardins, né à
Maraye-en-Othe le 30 janvier 1726, de Claude-François
C. Des Jardins et d'Edmée Robin eut pour parrain Edme
C. Des Jardins, curé du Mesnil-Saint-Loup, et pour
marraine Edmée Le Page. Il fut successivement valet de
chambre de Madame la Dauphine, mère des rois Louis XVI,

---

[1] Arch. départ., B, 1115, I.

[2] Act. de Troyes.

[3] *Ann. de l'Aube,* 1883, p. 76.

Louis XVIII et Charles X, morte en 1767 ; valet de chambre et gentilhomme ordinaire de Madame la comtesse de Provence, et enfin conseiller et secrétaire du roi, maison et couronne de France et de ses finances (1788).

En 1765, le 29 juillet, il acheta de Nicolas Le Page, son grand-oncle, fils de François Lepage et d'Anne Mauroy, la portion de seigneurie de Villecerf, Errey, Messon et Chaâts, dont ce dernier était détenteur[1]. Plus tard, en 1782, E.-F. Congniasse Des Jardins se rendit acquéreur des droits de justice sur ces terres appartenant, pour la nue propriété, à M. Briot de Varennes, tuteur des enfants issus de son mariage avec Jule Gouault, et, pour l'usufruit, à M. Le Rouge de Neyremond, avocat du roi en la monnaie de Troyes[2].

C'est à la suite de sa nomination à la charge de secrétaire du roi en la grande chancellerie de Champagne, que M. C. Des Jardins prit le titre de seigneur de Fontvanne, terre qu'il avait achetée en 1786 de Louis-Marie de Mesgrigny, comte de Villebertin, et qui appartenait à ce dernier comme héritier de Louise Le Febvre de Saint-Benoît, sa mère.

Edme-François Congniasse Des Jardins de Fontvanne mourut à Paris le 1er août 1790, laissant de son mariage avec Françoise-Antoinette de la Hauguette (morte le 18 mars 1776), deux enfants :

1° *Anne-Edme-Simon* C. Desjardins qui continua la postérité ;

2° *Charles-Geoffroy* C. Des Jardins, gentilhomme servant de Madame la comtesse de Provence, puis maréchal de ses logis, mort le 6 février 1807.

IV.—*Anne-Edme-Simon* C. Des Jardins de Fontvanne,

---

[1] Arch. départ., E, 573.

[2] Arch. départ., C, 1557.

gentilhomme ordinaire de Madame la comtesse de Provence, et sous l'Empire (1814) chevalier de l'ordre de la Réunion, était né à Paris le 14 octobre 1758. Il mourut à Versailles le 9 février 1838, et fut inhumé dans l'église Notre-Dame. En 1825, il avait vendu à M. de la Rochefoucauld les bois de Fontvanne. Sa femme, Marie-Louise Poilvert, qu'il avait épousée en 1784, était veuve en premières noces de M. Gigot, architecte à Versailles. Elle avait pour père et mère Jean-Louis Poilvert et Catherine Verbreckt, fille elle-même de Jacques Verbreckt, sculpteur du roi, membre de l'Académie royale de peinture et de sculpture, mort le 11 décembre 1771, et dont descendent MM. Caussin de Perceval.

De ce mariage vint un fils.

V. — *Alphonse-Louis-Antoine* C. Des Jardins de Fontvanne, né à Errey, près Messon, le 25 août 1787. Il eut pour parrain Antoine Chassing, conseiller au Parlement de Paris, demeurant à Troyes, et pour marraine Marie-Françoise Hibon de Bagny, épouse de Jacques-Louis C. Des Jardins, directeur des Aides à Bar-sur-Aube. Comme son père et son aïeul, il prenait les titres de seigneur de Vaubercey, Les Fosses-de-Haudebert, Précy-Notre-Dame, Flacy, Charbonnières, Maligny, Batilly et La Barre, dont sa trisaïeule Marie Lepage avait été dame en partie.

Alphonse-Louis Antoine C. Des Jardins mourut garçon à Paris, vers 1849, laissant la plus grande partie de sa succession aux hospices de Troyes et aux communes de Fontvanne et de Messon. Il légua, en outre, à ces deux villages, des bustes en terre cuite représentant son père, et destinés à être exposés dans chacune des églises de ces villages. Il voulut aussi que ses papiers de famille, enfermés dans un coffre en bois dur, fussent conservés dans la sacristie de Messon. Son testament, accompagné de nombreux codicilles, est une pièce curieuse que nous signalons aux amateurs de singularités.

Avec lui s'éteignit la branche de C. Des Jardins de Fontvanne.

Branche de la famille C. Des Jardins établie à Blaincourt.

I. — *Nicolas-François* C. Des Jardins, que nous croyons fils de François et de Savine Gilbert, mourut à Blaincourt le 28 juin 1766[1]. Il était venu s'établir dans ce village en 1733, lorsqu'il prit à bail l'important domaine de la famille d'Hénin. Primitivement, il habitait Estissac. Amodiateur en 1761 de la terre de Mathaux, Nicolas-François C. Des Jardins, associé à ses enfants, amodia à nouveau la terre de Blaincourt en 1766, peu de temps avant sa mort.

De son mariage avec Marie-Madeleine Chevalier, décédée en 1755, sont issus :

II. — 1. *Sylvain* C. D., religieux de la Charité, vivant en 1790.

II. — 2. *Edme Nicolas* C. D., auteur de la branche d'Épagne.

II. — 3. *Odard* (ou Édouard) C. D., né à Estissac le 28 décembre 1731, mort à Troyes le 10 juin 1818. Entré dans les ordres, il fut successivement, de 1764 à 1774, curé du Mesnil-Saint-Père ; de 1774 à 1784, curé de Saint-Jean-de-Bonneval ; de 1784 à la Révolution, curé de Villy-le-Maréchal. Incarcéré à Troyes, du 29 novembre 1793 au 7 février 1795, il reprit le culte à Saint-Nicolas de Troyes, en 1795, puis il rentra en possession de sa cure de Villy-le-Maréchal où il resta de 1803 à 1808, pour passer ensuite curé des Noës, de 1808 à 1814. A cette

---

[1] Actes paroissiaux.

date, il se retira à Troyes avec le titre de curé d'Echemines[1].

II. — 4. *Louis* C. D., dit *Chevalier.* Né à Blaincourt le 7 octobre 1734[2], mort à Pel-et-Der le 10 janvier 1820[3], Amodiateur de la terre de Blaincourt en 1766, de société avec son père et sa sœur Edmée, il s'établit marchand de bois dans ce village lorsqu'éclata la Révolution, et il fut maire de ladite commune en 1790.

Louis C. D., fermier-général de Blaincourt, figure dans l'ordre du Tiers-État sur le procès-verbal de l'assemblée générale des trois ordres du bailliage secondaire de Bar-sur-Aube, daté du 22 mars 1789[4].

En l'an IV, il habitait Pel-et-Der, lorsque le 9 fructidor il se rendit acquéreur du presbytère d'Epagne moyennant 352 livres.

On le retrouve, en 1800, président de l'administration du canton de Lesmont.

Il avait épousé en premières noces Claudette Boulard, morte avant le 14 juin 1790, et en secondes noces, Claire Royer dont il n'eut pas d'enfants.

De son premier mariage vinrent :

III. — A — *Charles-Marie* C. D., né le 8 mai 1774[5], mort à Pel-et-Der le 11 octobre 1807, célibataire[6].

III. — B — *Nicolas* C. D., né à Blaincourt le 18 janvier 1778[7], mort célibataire, à Troyes, le 16 décembre 1873. Ses légataires universels furent ses cousins,

---

[1] Note fournie par M. l'abbé Prévost.

[2] Actes de la paroisse.

[3] *Ibid.*

[4] Louis de la Roque et Édouard de Barthélemy, Paris, 1863.

[5] Actes de Blaincourt.

[6] Act. de Pel-et-Der.

[7] Actes de Blaincourt.

MM. Charles Truelle-Saint-Evron et son frère **Auguste Truelle**, ancien trésorier-général [1].

III. — C — *Marie* C. Des Jardins [2].

III. — D — *Louis-Charles-Auguste* C. D., né en 1775 le 27 novembre [3], mort à Pel-et-Der le 19 septembre 1847, célibataire.

III. — E — *Edmée-Victoire* C. D., mariée le 14 juin 1790 à Pierre-François Jeannet, avocat, à Arcis-sur-Aube [4].

II. — 5. *Jacques* Congniasse Des Jardins, né à Blaincourt le 29 décembre 1735, mort à Epagne le 18 décembre 1810. Sous-prieur de Montier-la-Celle [5], puis bénédictin de Nesle (résidant à Villenauxe) et directeur du Paraclet, il fut curé élu de Blaincourt, en même temps que desservant d'Epagne, en 1791, et prêta le serment civique [6].

En 1794, Jacques C. Des Jardins habite Epagne et porte le titre d'officier public [7]. Incarcéré de juillet à novembre 1794, il rentra en possession de sa cure, qu'il conserva jusqu'à sa mort.

II. — 6. *Jeanne* C. Des Jardins, née le 20 novembre 1737, morte le 2 février 1740 [8].

---

[1] Voici comment s'établit l'affinité entre les familles Des Jardins et Truelle. Mme veuve Oudot née Royer, mère de Mlle Anne Oudot, femme de Nicolas Truelle, était sœur de Claire Royer, seconde femme de Louis C. Des Jardins. M. Truelle-Oudot eut pour fils M. Truelle-Lemaire, père de M. Truelle-Courtin, auteur de MM. Charles et Auguste Truelle.

[2] Actes de Blaincourt.

[3] *Ibid.*

[4] Voir *Hist. de Mathaux*, la copie de leur acte de mariage, p. 134.

[5] Arch. départ. AI, 57.

[6] Actes d'Épagne.

[7] Actes de Blaincourt.

[8] *Ibid.*

II. — 7. *François* C. Des Jardins né le 30 novembre 1742, mort jeune[1].

II. — 8. *Marie-Savine* C. Desjardins, vivante en 1745[2].

II. — 9. *Marie-Louise* C. Des Jardins.

II. — 10. *Edmée* C. Desjardins, mariée le 16 novembre 1772 à Nicolas de la Rothière, chirurgien à
Rosnay[3].

Branche de la famille Congniasse Des Jardins
établie à Épagne.

II. *Edme-Nicolas* C. Des Jardins, second fils de Nicolas-
François C. D. et de Marie-Madeleine Chevalier, naquit
en 1724 et mourut à Epagne le 26 brumaire an X (1881).
Receveur des Aides et marchand à Epagne, il achète en
1773 le moulin à vent de l'Etape[4]. En 1789, on le trouve
exerçant la fonction de procureur fiscal en la justice et
gruerie d'Epagne, pour M. E. Bajot.

Devenu seigneur d'Yèvres en partie, par suite de son
mariage avec Jeanne Auger, qui eut lieu le 29 janvier
1753[5], il eut de nombreux différends avec les habitants de
ce village, qui obtinrent du subdélégué de Bar-sur-Aube
l'autorisation de plaider contre lui[6].

De cette union sont issus :

III. — 1. *Nicolas-Louis-Edme* C. Des Jardins, né à
Blaincourt le 30 janvier 1755, mort au Havre le 6 janvier 1836, curé d'Ingouville. Ordonné prêtre en 1777 ;

---

[1] Actes de Blaincourt.

[2] *Ibid.*

[3] *Ibid.*

[4] Voir : *Hist. de Mathaux*, p. 20, 21.

[5] Actes de Blaincourt.

[6] Arch. départ. C, 967, 1.

chapelain de Brévonnelle de 1783 à 1789 ; curé d'Yvelot de 1785 à la Révolution ; il refusa le serment civique et émigra en Angleterre, puis il fut curé de Saint-Michel d'Ingouville de 1802 à 1836. En 1782, il avait publié un sermon sur l'aumône[1].

III. — 2. *Nicolas-Mathias*, né le 25 février 1756[2], mort à Epagne le 14 avril 1834. Marié le 19 janvier 1778 à Marie-Marguerite Aubert[3], fille mineure de Jean-Baptiste Aubert et de Marie Auger, seigneurs de Brevonnelle, il habite Epagne en 1787-1789, où il exerce la charge de lieutenant de louveterie[4].

En 1793, il est maire de cette commune, et le 11 brumaire de la même année il se marie en secondes noces à Troyes avec Marie-Jeanne-Rosalie Prince[5]. En troisièmes noces, il épousa demoiselle X.... de Vertu, dont il n'eut pas d'enfants.

De son premier mariage vinrent :

IV. — 1. *Jeanne-Edmée* C. Des Jardins, née à Epagne le 24 mai 1780, morte à Magnicourt le 29 février 1842, femme de Nicolas Pérard, sans enfants.

IV. — 2. *Nicole-Claudette* C. Des Jardins, morte célibataire, à Epagne, en 1824.

IV. — 3. *Nicolas-Edouard* C. Des Jardins, né à Yèvres le 2 janvier 1790, mort à Epagne le 13 mars 1850. Il avait épousé Victorine Le Brun-Faultrier d'Epagne, dont il eut :

V. — 1. *Georges-Louis-Anne* C. Des Jardins, né en 1818, mort à Précy-Notre-Dame le 11 février 1877, époux

---

[1] Note fournie par l'abbé Prévost.

[2] Actes de Blaincourt.

[3] Morte à Yèvres, dont elle était de son chef dame en partie, le 14 janvier de l'an II.

[4] Arch. départ., C, 1160 l.

[5] Actes de Troyes.

de Rosalie-Augustine Deligny, décédée à Précy-Notre-Dame le 25 décembre 1895. Il fut notaire à Lesmont, et n'eut qu'un seul enfant.

VI. — *Jules-Louis-Edouard* C. Des Jardins, né à Lesmont le 31 juillet 1845, marié à Marthe Régnier.

V. — 2. *Henri-Benjamin* C. Des Jardins, mort à Epagne le 27 février 1891, dont :

VI. — *James* C. Des Jardins, mort à Précy-Saint-Martin, en 1888, dont :

VII. — *Victor-Albert* C. Des Jardins, qui continue la postérité.

V. — 3. *Marc-Rigobert* C. Des Jardins, militaire retraité, mort à Brienne-la-Vieille en 1897, sans enfants.

V. — 4. *Henri-Clément* C. Des Jardins, mort à l'Etape en 1883, laissant une fille mariée à A. Bouvin.

V. — 5. *Nicole-Clémence* C. Des Jardins, morte à Brienne en 1865, épouse de Jean-Baptiste-Nicolas Joffrin, industriel à Beaulieu et littérateur, auteur d'une histoire de Danton, dont :

VI.— A. *Clémence-Victorine* Joffrin, morte célibataire.

VI. — B. *Louis-Félix* Joffrin, employé à la Préfecture de l'Aube, marié à sa cousine Louise de Vertu.

V. — 6. *Louise-Félicie* C. Des Jardins, née en 1829, mariée à Pierre Bonvalot, receveur des droits réunis à Brienne, mort le 12 septembre 1899, dont un fils.

VI. — *Gabriel* Bonvalot, l'explorateur bien connu, né à Epagne le 14 juillet 1853, marié à demoiselle Ollier, fille du célèbre chirurgien de Lyon.

V. — *Laure* C. Des Jardins, née en 1832, morte à Troyes en février 1900, mariée à Louis-Eugène de Vertu de Longsols, dont une fille :

VI. — *Louise* de Vertu, épouse de Louis-Félix Joffrin.

VI. — *Marie* de Vertu.

Nous ne savons à qui rattacher : 1° *Louis* Congniasse Des Jardins, bourgeois de Troyes, époux de Marie-Madeleine Fourey, vivant en 1737[1] ; — 2° Le sieur Congniasse Des Jardins qui, en 1777, possédait une papeterie à La Motte, près Verberie (Oise)[2] ; — 3° Jean-Antoine Congniasse Des Jardins, huissier au Châtelet de Paris, époux de Barbe Maillard, et dont le fils, *Louis-Jean-Fortuné* C. Des Jardins, mourut en nourrice et fut inhumé à Estissac en 1778[3] ; — et, enfin, 4° *Edmée* Congniasse Des Jardins, épouse de Pierre-Gilbert Roudier, commis au bureau des voitures de la cour. Leur fille, Marie-Madeleine Roudier, épousa en 1775, le 6 février, Antoine-Joseph Gorsas, commis de la Ferme générale et domaine de Versailles, originaire de Limoges. Ce Gorsas, en 1779, était maître de pension à Versailles. A l'époque de la Révolution, il se fit journaliste et rédigea le *Courrier des quatre-vingt-trois départements*. Nommé député à la Convention par les électeurs de Seine-et-Oise, en 1792, il mourut un an après, le 2 juin 1793, le premier des Girondins proscrits[4].

Comparot

ARMES : *D'azur, à trois roses d'argent pointées de sinople* (d'Hozier).

En 1583, Claude Comparot possède des terres à Pel-et-Der et à Précy-Notre-Dame, et il donne à cens un journal de terre de franc-alleu, sis au finage de cette dernière

---

[1] Arch. départ., 10 G, 40, reg.

[2] Encyclopédie de d'Alembert et Diderot, t. V, p. 553.

[3] Actes d'Estissac.

[4] Mém. de la Société archéolog. du Limousin, 1894, p. 305.

paroisse, dans le lieudit le Huon, moyennant 20 sols de rente annuelle et un chapon.

En 1630, ces terres appartiennent à Gédéon Legrand, et en 1698 leur propriétaire est M. l'abbé Du Metz. Elles passèrent ensuite à M. de Vienne, puis à ses héritiers, et enfin à la famille de Loménie de Brienne[1].

Créquy (de) *Voy*. HÉNIN-LIÉTARD.

Des Guerres ou De Guerre.

Seigneur de Précy-Notre-Dame et Vaubercey en partie.

Barthélemy Des Guerres, écuyer, seigneur de Grion, châtelain de Moulins, épousa, vers l'an 1525, Louise Molé, veuve en premières noces de Colin de Pleurre, et en secondes noces de François Hennequin, dame usufruitière de Précy-Notre-Dame et Vaubercey.

Le 1er février 1529 et le 22 octobre 1533, il fournit aveu et dénombrement pour partie de Vaubercey[2].

Le 12 décembre 1535, les deux époux donnèrent à la fabrique de l'église de Précy-Notre-Dame une rente annuelle et perpétuelle de 60 sous tournois, payable le jour de la fête de la Nativité de Notre-Dame (8 septembre) et devant être prise sur le revenu de plusieurs héritages, sis au finage de Précy-Notre-Dame. En retour, la fabrique s'obligea à faire célébrer chaque année, le 9 septembre, une messe pour le repos de l'âme de feue Marie Hennequin,

---

[1] Arch. départ. de l'Aube, E, 173.

[2] Arch. du château de Brienne.

fille de François Hennequin et de ladite Louise Molé, et pour ses parents et amis[1].

En 1536, Louise Molé ne vivait plus.

Dozenat ou Dozenac. — *Voy.* au nom LE MARGUENAT.

Garnier (le conventionnel).

Antoine-Marie-Charles Garnier naquit à Troyes, le 8 septembre 1742. Elevé au collège des Oratoriens de cette ville, il fit de brillantes études littéraires et juridiques, puis, en 1789, il s'établit avocat dans son pays natal.

Dans une époque aussi agitée que celle où il vivait, il ne pouvait rester étranger à la politique; aussi, en 1791, il accepta la charge de Président de la Société des Amis de la Constitution de Troyes.

On conserve à la Bibliothèque municipale de cette ville[2] un fragment du discours qu'il adressa, le 22 septembre 1791, à MM. les Gardes nationaux volontaires du département de l'Aube, lors de leur affiliation à ladite Société.

L'année suivante, il débuta dans les fonctions publiques en qualité de procureur de la Commune[3].

Elu député de l'Aube à la Convention nationale, le 21 septembre de cette même année (1792), Garnier siégea sur la Montagne où il rencontra son compatriote Danton, aussi élève de l'Oratoire de Troyes, et il vota comme lui.

---

[1] Arch. départ. de l'Aube, AI., 719, l., et Arch. du château de Brienne, Précy-Notre-Dame, 64, 1.

[2] Collection locale, n° 491.

[3] Voy. *Mém. de la Société Acad. de l'Aube*, 2ᵉ partie, année 1856. Notice par M. Guénin.

Le 31 mai suivant, il fut chargé, avec son collègue Louis Turreau, d'une mission dans les départements de l'Aube et de l'Yonne, où ils organisèrent les autorités révolutionnaires.

On peut dire à leur louange qu'ils s'acquittèrent de cette mission sans qu'on eût aucun fait grave à leur reprocher[1].

Dans le rapport qu'à leur retour ils présentèrent à la Convention[2], les deux commissaires vantent le zèle des citoyens à déposer leurs offrandes au sein des administrations ; ils déclarent que « les prêtres sont les plus dan-« gereux ennemis à l'intérieur ; ils sont au moral ce que « les poisons sont au physique ; leurs actions tuent sans « être aperçues. Il ne s'agit pas de leur faire prêter le « serment d'égalité et de liberté. (Ils l'ont presque tous « prêté... que fait un crime de plus à des scélérats!), « il faut en purger la République. Il convient », ajoutent les commissaires, « de ne décréter aucun principe sans « le faire suivre immédiatement de son exécution, car les « citoyens s'imaginent que, le principe étant voté, c'est à « eux à déterminer le mode d'exécution ».

Ils réclament ensuite le partage des biens communaux et la diminution des frais de justice. « Nous ne pouvons arriver au temple de la Justice, disent les habitants des campagnes, qu'à travers un bois rempli de voleurs. »

Dans le procès de l'infortuné Louis XVI, Garnier vota la mort du roi et contre le sursis.

Lorsque Danton fut proscrit, Garnier n'abandonna pas

---

[1] Garnier se trouvait à Troyes en 1793, lorsque le Conseil général du département de l'Aube décida de transférer dans la ci-devant abbaye de Notre-Dame l'administration départementale, qui s'était installée provisoirement dans l'hôtel de Marisy.

En vertu des pouvoirs qu'il avait reçus de la Convention nationale, Garnier approuva cette résolution.

[2] Voy. Biblioth. de Troyes, collect. locale, n° 984.

son ami, il fit tous ses efforts pour le sauver et s'exposa lui-même aux plus grands dangers.

Plus tard, le 9 thermidor, on le vit par ses actions comme par ses paroles contribuer au succès de cette journée. C'est lui qui adressa à Robespierre la foudroyante apostrophe qui, dans la séance témoin de l'anéantissement de la puissance du sanguinaire tribun, eut certainement plus d'effet que tous les discours de Tallien, de Vadier ou de Billaud-Varenne.

Alors que harcelé de tous côtés, épuisé par les efforts qu'il a faits pour déclamer ses longs panégyriques, Robespierre, sans salive, la bouche sèche, s'arrête, s'enroue et sent le mot arrêté au passage défaillir dans sa gorge contractée, une voix s'élève et Garnier de l'Aube lui crie : « C'est le sang de Danton qui t'étouffe ! » — Interruption qui résume merveilleusement la situation, et qui, par son à-propos et son énergie, grandit le caractère de Garnier et en fit, pendant quelques secondes, un grand orateur.

Appelé au Comité de sûreté générale, Garnier s'associa aux mesures de réparation prises par la Convention et à la réaction thermidorienne.

Cependant, ses antécédents ne pouvaient être oubliés ; aussi, lors de l'organisation des deux conseils législatifs, il ne fut réélu, ni par ses concitoyens, ni par ses collègues des Cinq Cents, et son élection par la Guyane fut annulée.

Revenu à Troyes, il y remplit un moment le poste de Commissaire du Directoire, puis il rentra dans la vie privée.

Ayant acheté de François Godard l'ancien presbytère de Blaincourt, Garnier vint habiter ce village, où il mourut garçon, à l'âge de 63 ans, le 22 fructidor au xiii de la République (9 septembre 1805), et fut inhumé dans le cimetière de la paroisse[1]. Sa servante, dit-on, fut sa légataire universelle.

---

[1] Actes de la commune de Blaincourt.

Guigne (de).

Seigneur de Blaincourt.

Armes : *d'argent, à trois maillets de gueules* (Caumartin, Courtalon, etc.)

Edme de Guigne, seigneur de La Roche (fief à Nogent-sur-Aube), capitaine de trois cents hommes de pied et député pour la conduite des gentilshommes du bailliage de Chaumont, était fils d'Edme de Guigne [1] et de Louise de Pérusse.

Il épousa Claude de Boutigny, fille de Geoffroy de Boutigny, seigneur de Morembert et de Blaincourt.

Le 3 mars 1557, Edme de Guigne rendit foi et hommage au comte de Brienne pour la terre et seigneurie de Blaincourt [2] De son mariage étaient issus deux fils : Guillaume et Pierre.

Le 24 janvier 1561, Guillaume de Guigne, écuyer, seigneur de Blaincourt, assisté d'Edme de Guigne, sieur de la Roche, son père, épousa demoiselle Nicole Le Tartier, dont il eut Pierre, Mathias et Antoine.

Le 1er novembre de cette même année il fournit un aveu et dénombrement de Blaincourt [3].

En 1582. Pierre de Guigne, écuyer, seigneur de Blaincourt, Frampas et Le Buisson, nomme Jean Du Rud à la mairie de l'Epine [4].

Le 30 juillet 1587, il présentait au comte de Brienne un aveu et dénombrement de la terre de Blaincourt [5].

En 1596, le 6 janvier, Pierre de Guigne, seigneur de

---

[1] Ce dernier, d'après Caumartin, était fils lui-même de Jean de Guigne, sieur de la Roche, et de Catherine Du Rud, fille de Jean Du Rud et de demoiselle Catherine d'Enghien.

[2] Arch. du Château de Brienne. Inventaire des titres de la mouvance du comté.

[3] *Ibid.*

[4] Arch. départ. de l'Aube, E, 159 et 205, 1.

[5] *Ibid.* E, 154.

Blaincourt, y demeurant, vend, en son nom et en celui de ses cohéritiers, à Benoist Legras, sieur de Vaubercey, y demeurant, et à Françoise Clérey, son épouse, la propriété d'une somme de 22 sous tournois, 8 deniers, qu'ils avaient le droit de prélever sur les biens appartenant au dit Legras[1].

Le 25 février 1601, Pierre de Guigne, assisté de sa mère, Nicole Le Tartier, épouse demoiselle Philippe de Mynette, fille d'Humbert de Mynette, écuyer, sieur des Gravières et de Romaines, de Vaux-lès-Vitry-en-Perthois et de Marne-la-Maison en partie, bailli de la terre et baronnie de Ramerupt et garde du scel aux contrats du dit bailliage pour Marguerite-Charlotte, duchesse de Luxembourg et de Piney, pair de France, baronne des baronnies de Pougy, Vendeuvre et Ramerupt.

Pierre de Guigne mourut avant 1635, car à cette date Philippe de Mynette était remariée à Nicolas Menost, écuyer, sieur de Villerzy, qu'on voit figurer dans un acte passé en la dite année devant Choiselat et Bonnaire, tabellions au bailliage de Ramerupt, par lequel Humbert de Guigne (fils et héritier de Pierre de Guigne), sieur de La Roche, et demoiselle Marguerite Domesans, sa femme, demeurant à Ramerupt, transportent, à titre d'échange, tous leurs droits, parts et portions, sur les terres de La Roche et Frampas, à Jean de Guigne et à demoiselle Anne de la Marche, sa femme, demeurant à Ramerupt, frère et belle-sœur du dit Humbert de Guigne, et leur donne, en outre, le droit de partager avec Nicolas Ménot et demoiselle de Mynette, sa femme, veuve de Pierre de Guigne[2].

Nous ne pouvons préciser l'époque à laquelle la terre de Blaincourt passa de la maison de Guigne à la maison d'Hénin-Liétard. Il est présumable que ce fut après le mariage d'Antoine d'Hénin, entre les années 1589 et 1604.

---

[1] Arch. départ. de l'Aube, E, 156, regist.

[2] Acte communiqué par M. Th. Tassin, de Blaincourt.

Hénin-Liétard (d').

Seigneur de Blaincourt, Vaubercey et Epagne en partie.

ARMES : *de gueules, à la bande d'or*, l'écu timbré d'un casque taré de front, liseré d'or et grilleté de neuf pièces du même, orné de ses lambrequins d'or, de gueules et d'azur. Couronne de comte cimier, un griffon issant ; supports, deux lions. Devise : *Nihil agere pœnitendum* (d'Hozier, Chevillard, Saint-Allais, etc.) D'après Saint-Allais, la bande est brisée en chef d'un lion d'azur. Nous n'avons jamais rencontré les armes des Hénin, seigneurs de Blaincourt, avec cette brisure.

Cette noble famille doit son nom à la terre d'Hénin-Liétard, située entre Douai et Lens. Un des membres de la maison d'Alsace, Baudouin, quitta ce nom pour prendre celui d'Hénin-Liétard, appartenant à sa mère et que sa postérité a continué de porter, bien que la terre d'Hénin ait cessé de lui appartenir vers l'année 1220, époque à laquelle Baudoin II la vendit pour faire le voyage de Terre-Sainte.

L'origine de cette maison, si l'on s'en rapporte à ses prétentions, serait illustre ; elle descendrait de Théodoric-le-Vaillant, duc de Lorraine, par Simon d'Alsace, deuxième fils de Thierry d'Alsace, fils puîné de Théodoric.

Ce Thierry devint comte de Flandre par son mariage avec Gertrude, dont il eut deux enfants, Thierry II et Simon.

On place sa mort vers l'an 1168. Simon épousa vers 1170 Marguerite d'Hénin-Liétard et en eut Baudouin, dont on a parlé plus haut.

Baudouin prit pour femme Ysabeau de Hainaut qui lui apporta la vicomté de Sebourg et les terres d'Angres et de Fayet.

Un des seigneurs de cette maison qui, vers 1575, écrivait des notes généalogiques sur sa famille, prétend que l'on voyait en l'église de Sebourg une pierre tumulaire sur laquelle était figuré l'écusson portant la bande (armoirie de Baudouin) et qu'on y lisait cette inscription :

Ci gist messire Baudouyn de Henin, fils de Philippe iadis sire de Fontaine et de Sebourg [1].

La famille d'Hénin forma plusieurs branches, dont les plus connues sont celles de Dion-le-Val, Wavrans, etc., établies en Brabant ; la branche des comtes de Bossu, depuis princes de Chimay et grands d'Espagne de première classe ; la branche des seigneurs de Blaincourt, Saint-Phal, etc.

Philibert d'Hénin-Liétard, dit de Cuvilliers, écuyer, seigneur d'Eppes, de Roche et de Semide, enseigne de 500 hommes légionnaires de Champagne, fils d'Antoine Ier d'Hénin-Liétard, dit de Cuvilliers, et de Jeanne de Dinteville [2], qu'il avait épousée en 1502, est le premier de cette famille qui ait eu des possessions à Epagne et à Vaubercey. Il devait le surnom de Cuvilliers à l'un de ses ancêtres Jehan d'Hénin, pair du Cambrésis, seigneur de Cuvilliers et de Bossu.

En 1550, le 19 novembre, Philibert d'Hénin de Cuvilliers épousa Marguerite, fille d'Antoine, bâtard de Luxembourg [3], veuve de Jacques de Crespy, seigneur de Dronnay, dont elle avait eu une fille, Claude de Crespy, femme de Jacques de Riancourt, seigneur de Parfondreux.

Par suite de ce mariage, Philibert de Cuvilliers, seigneur de Roche, demeurant à Luxémont, possédait, en 1553, deux onzièmes dans la seigneurie d'Epagne, un cinquième du four banal d'Arcis-sur-Aube et un cinquième des fiefs de La Coûture et de Coupperet [4] (ou Coperet), et un autre

---

[1] Arch. départ. de l'Aube, E, 144.

[2] Fille de Guillaume de Dinteville, chevalier, seigneur de Roche et de Jacqueline d'Inchy.

[3] Voir ce nom.

[4] Ce fief, dont le nom se trouve orthographié *Cuspperel, Cusperel, Coupperez, Couprey, Corperet* et *Coppret*, était situé au finage de Torcy-le-Petit. Il se composait de 40 arpents de terres labourables, 17 arpents de prés, du

cinquième dans le quart de la seigneurie de Lignol, plus

---

revenu d'un four banal à Arcis-sur-Aube, près de l'église, et de droits sur la moitié des terrages de Torcy-le-Grand et de Saint-Nabord, le tout mouvant en plein fief de la grosse tour d'Arcis, et en arrière-fief d'Isle-Aumont.

Il semble devoir son nom à l'un de ses propriétaires Jean de Dommartin, dit le Coupperel, demeurant à Bierre-en-Auxois, qui en devint propriétaire, par suite d'un échange qu'il fit, en 1373, avec Jean de Villiers et la femme de ce dernier, demoiselle Jeanne de Haute-Maison. Ce Jean de Dommartin est évidemment le même personnage que Jean Le Coupperel, qui fut envoyé à Aix-en-Othe, le 15 novembre 1410, par l'évêque de Troyes, pour garder le château à cause des gens de guerre qui retournaient vers Paris [1].

En 1553, le fief était morcelé entre les enfants d'Antoine, bâtard de Luxembourg, et Philibert de Cuvilliers, époux de Marguerite, obtint un certificat constatant que, lors de la convocation du ban et arrière-ban, il s'était présenté comme propriétaire d'un cinquième dudit fief.

En 1558, Claude de la Mothe, écuyer, sieur de St-Aignan, est seigneur en partie du fief de *Corperet*, à cause de sa femme Barbe de Luxembourg, petite-fille d'Antoine, bâtard.

A la même date, Louis de Choisy, veuf de Barbe de Luxembourg et Isabeau de Choisy, veuve de Jean de Verneuil, détiennent un cinquième du four d'Arcis, tandis que Françoise de Luxembourg, veuve de Mathieu de Thourotte, en possède un quart [2].

En 1580, Nicolas de La Montagne, écuyer d'écurie du duc de Guise, se qualifiait seigneur de Mailly, La Coûture et Coupperet [3]. Sa veuve, Madeleine de Poitiers, rendit foi et hommage en 1620, à haut et puissant seigneur Humbert de Combault, gentilhomme ordinaire du roi, baron d'Arcis, pour partie de ce fief de *Cusperet* venant de noble homme Odard de Poitiers, seigneur de Mailly, Montsuzain, Villadin et autres lieux [4].

Au mois de septembre de la même année 1620, François d'Igny, tuteur des enfants de Claude d'Igny, seigneur de Rizaucourt et d'Epagne, fournit un aveu et dénombrement de partie du même fief à Messire René de Maricourt, chevalier, et à Charles de Clèves, seigneurs et barons d'Arcis [5].

L'année suivante, le 1er janvier, Catherine de Verneuil, veuve de Pierre de Choisy, tutrice de son fils, Varin de Choisy, fournit aussi un aveu et dénombrement pour un cinquième dudit fief, aux mêmes seigneurs et barons d'Arcis [6].

En 1628, Guy-Charles-Louis d'Igny fournit à René de Maricourt et à François de Nonnainville, seigneur de Bancolle, barons d'Arcis, un aveu et dénombrement pour partie du même fief de *Couperet* [7].

Le 6 mars de la même année noble homme François Forêt, demeurant à

[1] Arch. départ. de l'Aube, G, 358, reg.

[2] Voy. *Mém. de la Société Acad. de l'Aube*, année 1890.

[3] Arch. départ. de l'Aube, E, 585.

[4] Arch. Brion, d'Epagne.

[5] *Ibid.*

[6] *Ibid.*

[7] *Ibid.*

une maison et un gagnage de cinquante-huit journaux à Vauchonvilliers[1].

De ce mariage sont issus :

1° François d'Hénin-Liétard, seigneur de Luxémont, de Semide et du Châtelet-en-Ardennes, qui, le premier, laissa le nom de Cuvilliers pour reprendre celui d'Hénin. Il épousa, en 1577, le 5 août (Haudicquer de Blancourt, Armorial de Picardie, dit : le 20 décembre 1578), Marie de Bimont, fille de Pierre de Bimont, chevalier, seigneur de La Lande et du Châtelet-en-Ardennes, et de feue Antoinette d'Apremont, sa seconde femme. François d'Hénin mourut sans postérité[2].

2° Marie d'Hénin, dite de Cuvilliers, femme de Jean

Troyes, rend foi et hommage aux mêmes seigneurs, comme fils et héritier de Jehan Forêt et d'Agathe Rivière, pour un cinquième dudit fief[1].

Le 13 novembre 1636, Varin de Choisy, seigneur de Thiéblemont, cède à titre d'échange, à Honoré d'Alichamp, la cinquième partie par indivis du fief de *Couperey*, le quart du four banal d'Arcis et les terres et prés de Torcy[2].

En octobre 1665, Jacques Le Bé, diacre et chanoine de l'église de Saint-Etienne de Troyes, rend foi et hommage à François Martel, chevalier, seigneur de Fontaine, baron d'Arcis, pour partie du même fief, louée 25 livres par an[3].

Le 27 février 1667, Louis de Montangon, tant pour lui-même que pour ses frères et sœurs, enfants de Marguerite d'Alichamp, rend foi et hommage au même François Martel, baron d'Arcis, pour un cinquième dudit fief[4].

En 1694, Charles de la Baume, marquis d'Eslais, capitaine de cavalerie, possède le fief de la *Coûture* et partie du fief de *Couprey*[5].

Le 25 janvier 1723, Jean de Beaufort, seigneur de Crespy et autres lieux, demeurant à Montiérender, rend foi et hommage à M. Pierre Grassin, baron d'Arcis, pour trois cinquièmes du fief de *Copret* lui appartenant. Il a pour locataire Charles Bajot, procureur fiscal au bailliage d'Arcis-sur-Aube, qui lui paie annuellement un fermage de 150 livres[6].

[1] Arch. départ. de l'Aube, E, 141.

[2] *Ibid.*

[1] Arch. Brion, d'Epagne.
[2] *Ibid.*
[3] *Ann. de l'Aube*, 1855, p. 19.
[4] *Ibid.*
[5] Arch. départ., B., 3, et B., 1132, 1.
[6] Arch. Brion, d'Epagne.

d'Orjault, seigneur de Coussy. En 1585, Jean d'Orjault et son épouse vendent à Antoine d'Hénin-Liétard, écuyer, seigneur d'Epagne, deux denrées de vigne à prendre dans une pièce communément appelée *La Grande-Vigne*, assise audit Epagne, venant de la succession de Marguerite de Luxembourg, leur mère. L'acte de vente fut passé en l'étude de M° Blanchard, notaire à Vitry[1].

3° Antoine II, qui suit.

4° Jacques d'Hénin-Liétard, écuyer, seigneur de Semide et de Morgny, marié le 3 décembre 1587 à Hélène de Villiers. Il fut l'auteur de la branche établie en Thiérache, dont la postérité subsistait encore en 1770.

5° Marie-Louise d'Hénin-Liétard, femme de Charles de Stivault, en 1607[2].

En 1556, les enfants d'Antoine de Luxembourg s'étaient partagé les biens d'Ysabeau de Marolles, leur mère, et, dès 1557, Philibert de Cuvilliers, au nom de sa femme Marguerite, avait fourni un aveu et dénombrement au comte de Brienne, pour la portion de la terre et seigneurie d'Epagne qui lui appartenait[3].

En 1559, Philibert de Luxembourg céda à sa sœur Marguerite, épouse de Philibert de Cuvilliers, la moitié de tout ce qu'il possédait à Epagne pour s'acquitter d'un rapport qu'il devait faire à la succession d'Ysabeau de Marolles, sa mère[4]. Il avait donné, en la mariant, à sa fille Barbe de Luxembourg, l'autre moitié de ses biens d'Epagne.

A la mort de Marguerite de Luxembourg, arrivée le 20 février 1584, les enfants, issus de son mariage avec M. d'Hénin, se partagèrent sa succession. Antoine, Jacques et Marie-Louise étaient encore mineurs et sous la tutelle de

---

[1] Arch. départ. de l'Aube, E, 141.

[2] *Ibid.*, pièces supplémentaires.

[3] *Ibid.*, E, 161.

[4] *Ibid.*

leur père. Il leur échut, entre autres choses, un onzième de la terre et seigneurie d'Epagne, par indivis avec les héritiers de Philibert de Luxembourg et d'Edmée de Montbelliard, sa femme [1]. C'est à la suite de ce partage que les enfants de Philibert de Cuvilliers reprirent le nom d'Hénin, qu'ils ont toujours porté depuis [2].

Antoine II d'Hénin-Liétard, seigneur d'Epagne, de Roche et de Sémide en partie, assisté de noble homme Hugues d'Aunoy, écuyer, sieur de Salon et de Luxémont en partie, et de Jean de Chuldebecq, écuyer, sieur de Mondejeux, épousa, le 1er avril 1589, Louise de Semur, fille d'Antoine de Semur, chevalier de l'ordre du roi, seigneur de Trémon, et de Jacqueline de Cercy [3].

Elle le rendit père de Charles d'Hénin, seigneur de Roche, et d'Antoine III d'Hénin.

Entre les années 1587 et 1604, Antoine II d'Hénin se rendit acquéreur de la terre de Blaincourt possédée par la famille de Guigne. En 1604, il acheta de son frère Jacques d'Hénin, sieur de Roche et de Morgny, un onzième de la terre d'Epagne. Le 10 février 1607, il acheta également une partie de la terre et seigneurie de Vaubercey, appartenant à Guillemette Hennequin, veuve de Robert Angenoust. Quelques jours après, Alexandre de Verrières, seigneur de Vauchonvilliers et de Montdejeu, lui cédait une maison sise à Epagne, communément appelée la maison de Semide, et tous les droits seigneuriaux ayant appartenu à Marie d'Hénin de Cuvilliers et à Charles de Stivault (*alias* Estivault), son mari, et échus à la dite demoiselle par le décès de Marguerite de Luxembourg.

---

[1] Arch. départ. de l'Aube, E, 144.

[2] Caumartin.

[3] La Chesnaye des Bois qualifie Antoine d'Hénin : *baron de Dienville*. Il est probable que ce titre lui est venu avec la succession de son oncle paternel, Jacques d'Hénin, sieur de Roche, qui avait épousé Jeanne d'Apremont, fille supposée de Madeleine de Grandpré, dame de Dienville. — Voy. l'abbé Caulin, *Quelques seigneuries*, etc., p. 185.

En 1612, Antoine II d'Hénin-Liétard fournit un aveu et dénombrement, pour partie de la terre et seigneurie de Vaubercey, à Just de Pontailler, chevalier, comte de Brienne, héritier de Diane de Luxembourg, son épouse, sœur de Charles de Luxembourg, comte de Brienne et de Ligny-en-Barrois, et à Louise de Luxembourg, veuve de Bernard de Béon du Massy [1].

Le 2 janvier 1621, le même Antoine II d'Hénin, écuyer, seigneur de Roche, Semide, Blaincourt, Vaubercey et Epagne en partie, demeurant à Roche, vend et transporte à Lupien Oger (ou Auger), praticien, demeurant à Epagne, une maison sise en la Grande-Rue [2].

En 1626, il marie son fils Charles, seigneur de Roche, à Claude de Rymon (ou Rymont), dame de La Rochette, veuve de Charles de Champlecy, sieur de Commune, et il lui donne en mariage la terre de Roche. Ce Charles d'Hénin épousa en deuxièmes noces Madeleine Bavyn. Il fut seigneur de Roche, La Rochette, Chufilly et en partie de Vincelles et de Ratte, en Bresse Châlonnaise. Il exerçait la fonction de lieutenant du roi au gouvernement des ville et citadelle de Chalon-sur-Saône lorsqu'il mourut, le 3 novembre 1671.

De son premier mariage étaient nés : 1° Catherine-Henriette, religieuse à Lieu-Dieu, en 1644 ; 2° Innocente, également religieuse à Lieu-Dieu, en 1646 ; 3° Madeleine, reçue en 1660 religieuse au monastère de Notre-Dame de Lancharre, à Chalon-sur-Saône ; 4° Gabriel, seigneur de la Rochette, époux en 1660, le 18 août. de Philiberte de Girard (fille de feu Abraham de Girard, trésorier de France en Bourgogne, et de Claude Perrault), veuve en premières noces de Charles de Montcony (ou Montcroy), baron du dit lieu, de Belfons, etc., et père de Jean-François-Gabriel

---

[1] Arch. du château de Brienne.

[2] Arch. Brion, d'Epagne.

d'Hénin-Liétard, évêque d'Alais en 1713, archevêque d'Embrun en 1720, mort en 1724.

De son second mariage vinrent :

1° Marie d'Hénin, femme de Pierre Fevret de Charrey, sieur d'Aubigny[1], conseiller-maître au Parlement de Bourgogne, mort en 1690, sans laisser d'enfants, puis, en secondes noces, de Claude de La Toison, baron de Bussy-la-Pêle. En 1728, elle prenait les titres de dame de Vincelles, Ratte et Montagny, demeurant à Dijon, en son hôtel, place Saint-Jean[2] ;

2° Charles II d'Hénin-Liétard, comte de Roche, seigneur de Chufilly et Vincelles, reçu chevalier d'honneur au Parlement de Bourgogne en 1682, mort sans postérité en 1685, laissant pour héritière sa sœur Marie, femme de Claude de La Toison.

Il avait été enseigne au régiment des Gardes-Françaises ; sa femme se nommait Marie-Anne de Thésut[3].

En 1628, Charles Ier d'Hénin et Antoine III, son frère, signèrent un acte, dans lequel ils reconnurent que leur père Antoine II avait fait l'abandon au dit Charles de la terre de Roche, lors de son mariage, en 1626, et au dit Antoine de la terre de Blaincourt.

Antoine II d'Hénin fit son testament en 1606. Il semble avoir vécu jusqu'en 1627.

Antoine III d'Hénin-Liétard[4], assisté de dame Claude de Rymont, veuve de Charles d'Hénin, épousa, le 6 mai 1633, Anne Le Clerc, veuve de Geoffroy de Fontaine (mort en 1632), écuyer, sieur de Tœuflles, fils de Nicolas de Fontaine, sieur de La Neuville-au-Bois. Elle avait con-

---

[1] Voy. M. d'Arbeaumont, *Armorial de la Chambre des comptes de Dijon*, p. 232.

[2] Arch. départ. de l'Aube, E, 148.

[3] *Ibid.*, E, 148.

[4] La Chesnaye des Bois, dans la *Généalogie de la famille d'Hénin*, ne mentionne pas cet Antoine III.

tracté cette première union en 1614 et était devenue mère
d'une fille, Antoinette de Fontaine, qu'elle maria, en 1639,
à messire Alexandre de Joyeuse, sieur de Montgobert, frère
de Michel de Joyeuse, seigneur de Mathaux. C'est cette
dame de Montgobert qui, séparée de son mari en 1653, fit
une fondation pour une religieuse professe au monastère
des Carmélites du faubourg Saint-Jacques, à Paris, laquelle
fondation fut transférée au monastère de Troyes en 1683.

Le mariage d'Anne Le Clerc, fille de Robert Le Clerc,
seigneur d'Arnouville et de Brevonnelle, et de demoiselle
Anne Hennequin, avec Antoine III d'Hénin, fut célébré en
présence de Jeanne Le Clerc, veuve en premières noces de
Pierre Poussemothe, sieur de Chemonteau, conseiller et
maître des Requêtes, alors remariée à Charles d'Urbain,
écuyer, seigneur de Nogent-sur-Aube et de Lantage; d'Anne
de Belloy, seigneur de Vougrey, Beaumarchet et Bragelogne,
époux de Valentine Le Clerc, sœur de la dite Anne Le Clerc.
Cette dernière apporta en dot à son mari les terres et seigneuries de Brevonnelle et de l'Aberge[1].

De ce mariage sont nés : Gabriel d'Hénin et Antoine IV
d'Hénin.

En 1633, Antoine III d'Hénin fournit un aveu et dénombrement à Charles de Luxembourg de Clermont, duc de
Piney, pair de France, pour les seigneuries de Blaincourt,
Vaubercey et Epagne en partie[2]. Dans le cours de la même
année, sa femme, Anne Le Clerc, acheta une partie de la terre
d'Epagne appartenant à M. d'Igny, sieur de Rizaucourt[3].

Par sentence de l'élection de Troyes en date de 1634,
M. d'Hénin fut déchargé, comme étant noble, des tailles
auxquelles les habitants de Blaincourt voulaient le faire
imposer[4].

---

[1] Arch. départ. de l'Aube, E, 152. Voir *Histoire de Mathaux*.

[2] Caumartin.

[3] Archives Brion, d'Epagne.

[4] Arch. départ. de l'Aube, E, 148.

Lé 9 juin 1638, Antoine III d'Hénin n'existe plus et sa veüve, Anne Le Clerc, rend foi et hommage au comte de Brienne comme ayant la garde noble de ses enfants, Gabriel et Antoine IV d'Hénin, écuyers, pour les seigneuries de Blaincourt, Epagne et Vaubercey.

Le Parlement de Paris, par arrêt rendu en 1640, confirma une sentence du 15 avril 1639 autorisant la dame Anne Le Clerc à maintenir, malgré les prétentions d'Honoré d'Alichamp, seigneur d'Epagne, les éclisseaux que son défunt mari avait fait établir sur la rivière d'Aube du côté de Blaincourt et Vaubercey [1].

En 1644, Anne Le Clerc et Charles d'Hénin, son beau-frère, vendent les terres et seigneuries de Semide, Sceay et Puiseux [2].

L'année suivante, ladite dame, sans doute en remplace-ment des terres ci-dessus, achète la terre et seigneurie de Nuisement « en près Chantecoq » [3].

Par acte passé à Molins, le 8 juillet 1649, devant Le Maire et Guérin, notaires au comté de Brienne, Anne Le Clerc, veuve d'Antoine d'Hénin, achète, moyennant 4.400 livres, de Tristan de Format, écuyer, sieur des Carreaux et de Magnicourt, un bois de 207 arpents, appelé le bois Baillet, sis au finage de Radonvilliers, tenant à la queue de l'étang des Cloix et aux communes (ou usages) de Radonvilliers ; le dit bois de franc alleu [4].

Gabriel d Hénin-Liétard fut tué au siège d'Arras, en 1665. A cette occasion, une litre fut peinte en dehors et en dedans de l'église de Blaincourt [5]. Son nom figure sur une des cloches de cette paroisse.

---

[1] Arch. départ. de l'Aube, E, 154.

[2] *Ibid.*, E, 164.

[3] *Ibid.*, E, 162.

[4] Minutes Châtel, not. à Troyes.

[5] Arch. départ. de l'Aube, E, 144.

L'année suivante, Antoine IV d'Hénin obtint du roi une commission de capitaine de chevau-légers, pour servir dans le régiment d'Uxelles.

Le 4 septembre 1660, le même Antoine IV d'Alsace-d'Hénin-Liétard, seigneur de Blaincourt, Vaubercey, Épagne, Brevonnelle et l'Aberge, assisté de sa mère Anne Le Clerc, épousa Guyonne de Gaune, fille de Barthélemy de Gaune, baron de Conigy, seigneur de Varennes, Boulages et Courcemain, reçu dans l'ordre de Malte, et mort bailli de Morée, et de dame Jeanne-Baptiste du Roux, assistée de ses père et mère et de frère Jacques de Gaune, chevalier de Saint-Jean-de-Jérusalem, comman-mandeur de Coulommiers, son oncle[1].

Guyonne de Gaune mourut le 29 août 1669, et fut enterrée dans l'église de Blaincourt. (Voir son épitaphe à l'article : *Eglise de Blaincourt.*)   •

Elle laissait deux filles et un fils :

1° Jeanne-Baptiste d'Hénin, née en 1662, mariée à Jean-Simon de Rozières, marquis de Sorans, baron de Fondremont ;

2° Anne d'Hénin, née en 1664, épouse de Gaspard de Beaurepaire ;

Dans les actes paroissiaux de Blaincourt, on lit : « 1691,
« 25 juillet, mariage de Messire Gaspard de Beaurepaire,
« seigneur dudit lieu, Vaur, Quintingny, Angerie, etc.,
« fils de messire Joachin de Beaurepaire et de dame Claude
« de Mongeffon, de la paroisse dudit Beaurepaire, diocèse
« de Bezançon, avec demoiselle Anne d'Hénin-Liétard-
« Blaincourt, fille de M. Antoine d'Hénin, seigneur de
« Blaincourt, Brevonnelle, l'Aberge, Hailutier et autres
« lieux, et de feue Guyonne de Gaune, en présence de
« MM. de Meximieu-Mongeffon, de Brancion-Vifargent,

---

[1] Les armes de la famille de Gaune étaient: *d'argent, à la bande de gueules chargée de trois coquilles d'or.*

« Louis de Maujon de Batilly, d'Alichamp et autres
« seigneurs » ;

3° Jacques-Antoine d'Hénin-Liétard.

Le 21 mai 1664, Antoine IV d'Hénin-Liétard de
Cuvilliers, seigneur de Blaincourt, rend foi et hommage au
comte de Brienne pour Blaincourt, Brevonnelle, l'Aberge,
quatre parts sur vingt-quatre de la seigneurie de Vaubercey et deux parts sur onze de la seigneurie d'Épagne [1].

Quatre ans après, en 1668, il se rend acquéreur,
à l'aide des deniers de sa femme, de la terre d'Hailutier
(Heiltz-le-Hutier).

A la même date, par jugement de M. Lefèvre de
Caumartin, intendant de justice, police et finances, député
pour la recherche de la noblesse en Champagne, il est
maintenu dans sa noblesse, prouvée par titres, recherches
et contrats.

En 1672, Antoine IV d'Hénin met opposition à la vente
d'une partie de la terre et seigneurie de Vaubercey, saisie
sur Pierre Le Gras, et il réclame, comme lui appartenant,
quatre parts sur vingt-quatre de cette seigneurie [2].

Antoine IV d'Hénin se remaria en 1678 avec Philiberthe de Girard, veuve en premières noces de Charles de
Montcony, et en secondes noces de Gabriel d'Hénin, seigneur de la Rochette, qu'elle avait épousé le 18 août 1660,
et dont elle avait eu un fils, Jean-François-Gabriel
d'Hénin, mort archevêque d'Embrun. Leur mariage eut lieu
en présence de M. Abraham de Girard, frère de la future, de
M. Jean de Rabutin, chevalier, seigneur de Sille et autres
lieux, cousin germain du futur, et de Louis-Philippe de
Meiel, écuyer, seigneur de Meur et Meielbourg, ami du
futur; le contrat fut passé au château de Thil, devant

---

[1] Arch. du château de Brienne. — Inventaire de la mouvance du comté.

[2] Arch. départ. de l'Aube, E, 168.

Antoine Delboy, notaire royal, le 21 décembre, en la paroisse de Saint-Bois [1].

A cette époque, M. d'Hénin avait pour tenanciers de sa terre de Blaincourt, M. Jaullet de Maisoncelle et la sœur de ce dernier [2].

En 1683, Jacques-Antoine d'Hénin, fils d'Antoine IV, fournit ses preuves de noblesse, pour être page du roi [3].

L'année suivante, M. d'Hénin et M. de Saint-Hérem, seigneur de Vaubercey en partie, achètent en commun de M. le comte de Brienne tous les droits qu'il pouvait avoir sur la justice haute, moyenne et basse, de Blaincourt, Épagne et Vaubercey, ainsi que sur la mairie royale de l'Epine (voir ce nom), à charge de lui payer une somme de 3.000 livres, de fournir aveu et dénombrement, et de rendre foi et hommage. Le comte de Brienne se décida à effectuer cette vente pour éviter les suites d'un procès déjà engagé [4].

Le partage des successions de Barthélemy de Gaune, baron de Conigy, de Charles-Antoine de Gaune, son fils, décédé depuis, et des biens laissés par dame Jeanne-Baptiste du Roux, veuve du baron de Conigy, eut lieu le 19 septembre 1687 devant Piquot, lieutenant-général au bailliage de Château-Thierry, entre M. de Blaincourt, gardien noble de ses enfants, issus de Guyonne de Gaune, Paul du Roux de Villeneuve, épouse de Gabrielle-Marie-Anne de Gaune, Charles-Alexis Chabondu, chevalier, seigneur de Veulaire, mari de demoiselle Antoinette-Françoise de Gaune, et de demoiselle Jeanne-Baptiste de Gaune, émancipée, assistés de M. Claude de La Croix, seigneur et baron de Bougny.

---

1 Arch. départ. de l'Aube, E, 157.

2 *b* . E, 157.

3 Caumartin.

4 Arch. départ. de l'Aube, E, 154.

La terre de Montgenost fut abandonnée aux enfants du seigneur de Blaincourt, ainsi que le fief de Bezançon, appelé aussi le fief de la Villeneuve, avec toutes ses dépendances, pour la somme de 36.000 livres, et une certaine somme d'argent pour parfaire leur part.

Ce domaine de Montgenost était mouvant du roi en plein fief, à cause de sa châtellenie de Chantemerle. Il se composait alors d'un grand corps de logis, de deux volets (colombiers), d'un pressoir couvert de tuiles, de cour, jardin et clos, le tout fermé de murailles, de 15 perches de vignes, 450 arpents de bois, 165 arpents de terre labourable, cinq parts en neuf d'un pressoir banal appelé pressoir d'en bas, d'une rente de 11 livres par an ; de onze parts dans quinze des droits seigneuriaux, et de la justice haute, moyenne et basse, du greffe des amendes, des confiscations, etc.

La ferme de La Villeneuve (au Châtelot), ou fief de Bezançon, consistait en un corps de logis, écuries, granges, étables, cour, jardin, clos, fermés de fossés, et huit arpents de terres. Plus, le droit de chasse dans l'étendue de la seigneurie, et la mouvance de la terre et seigneurie de Fontaine-Bethon, mouvant en plein fief, foi et hommage, de Montgenost [1].

En 1688, Antoine d'Hénin et sa femme achètent à Brevonnes quatre arpents dans le lieu dit *le Grand-Etang*.

En 1693, Jacques-Antoine d'Hénin, seigneur de Montgenost, achète de M. et de Mme de Saint-Hérem seize parts sur vingt-quatre de la seigneurie de Vaubercey, deux parts sur onze de la seigneurie d'Épagne et le fief de Briseur (voy. ce nom), plus la moitié de la mairie royale de l'Épine, le tout pour un prix de 24.000 livres [2].

---

[1] Arch. départ. de l'Aube. E, 148.

[2] *Ibid.*, E, 168.

Philiberthe de Girard meurt en 1689, et Antoine IV d'Hénin, son mari, fait dresser un inventaire, par Edme de Vassan, notaire à Brienne-la-Vieille, et Louis Jacquot, notaire à Mathaux.

L'année suivante, il y a transaction entre lui et messire Jean-François-Gabriel d'Hénin-Liétard, alors prêtre prieur-commendataire de Colombé-les-Deux-Églises[1], official et trésorier de la Sainte-Chapelle royale du Palais, à Paris, habitant ordinairement dans cette ville, héritier universel de la dite dame sa mère.

Le 4 mai 1699, Antoine IV d'Hénin, demeurant à Blaincourt, donne à bail à demoiselle Claude-Françoise Milley, veuve de Martin Belesme, amodiateur général du comté de Brienne, à Pierre Bonhomme, amodiateur de la terre de Mathaux et à Claude-Marguerite Belesme, son épouse, demeurant à Mathaux, le revenu des terres et seigneuries de Blaincourt, Vaubercey et de partie de celle d'Épagne, moyennant une redevance annuelle de 4.000 livres. Sont compris dans le bail les bâtiments et les dépendances du vieux château de Vaubercey, etc[2].

En 1700, le 28 août, Antoine d'Hénin fait donation avec partage anticipé de tous ses biens à ses enfants : Jeanne-Baptiste d'Hénin, épouse du marquis de Sorans, Anne d'Hénin, femme de M. de Baurepaire, Jacques-Antoine d'Hénin, lieutenant des gendarmes bourguignons du roi et mestre de camp de cavalerie, demeurant ordinairement à Metz.

Ces biens sont estimés :

La terre de Blaincourt, Épagne et Vaubercey.	126.000 livres.	Bailliage de Chaumont.
Le bois de Radonvilliers	10.000 —	
La terre de Brevonnelle	35.500 —	
La terre de Montgenost	36.000 —	Bailliage de Meaux-en-Brie.
La terre de Heiltz-le-Hutier	54.000 —	
	261.500 livres.	

---

[1] Voy. Jolibois, *La Haute-Marne ancienne et moderne*, p. 449.

[2] Minutes du notariat de Brienne. — Communication de M. Bardet.

Antoine IV d'Hénin, comte de Blaincourt, mourut le 1ᵉʳ septembre 1719.

Jacques-Antoine d'Alsace-d'Hénin-Liétard, marquis de Blaincourt, seigneur de Brevonnelle, l'Aberge, Montgenost, Vaubercey et Epagne, baron de Dienville, lieutenant des gendarmes bourguignons, épousa, le 24 février 1698, Anne-Nicole de Belloy, fille de Charles de Belloy, lieutenant à Metz et commandant pour le roi, et de demoiselle Gabrielle de Bonnefoi, en présence du seigneur de Blaincourt, son père, de M. Charles de Cambout de Coislin, évêque de Metz, de Nicolas de Fontaine, chevalier, seigneur de La Neuville, Véry, Terron, maître de camp de cavalerie, d'une part, et, d'autre part, de M. Jacques-Etienne Turgot, chevalier, seigneur de Soubmons, Bours, Brecourt, etc., conseiller du roi, maître des requêtes, parent de la future, de M. Pierre de Roissant, chevalier, seigneur de Lüe et Colombey, conseiller du roi et maire perpétuel de Metz, de M. Abel de Poilbois, major de la ville, de Charles Feny, seigneur de Cussigny, procureur général au bureau des finances de Metz, amis.

Le mari apporta en dot la terre et seigneurie de Blaincourt avec les fiefs d'Epagne et de Vaubercey, plus les bois Baillet, situés sur le finage de Radouvilliers. M. d'Hénin père se réserva l'usufruit de cette dot et les terres de Brevonnelle et de l'Aberge, ainsi que les étangs vendus à constitution de rente à M. de Lavaux, pour une somme de 12.000 livres, et encore la terre de Montgenost pour les parties qu'il en possédait, par suite du remboursement fait à ses filles.

Jacques-Antoine d'Hénin et Nicole de Belloy eurent pour enfants : 1° Antoine-Denis, chevalier de Malte, commandeur d'Abbeville ; 2° Pierre, aussi chevalier de Malte, né le 21 septembre 1708, baptisé à Metz, en la paroisse Sainte-Segolenne [1] ; 3° Dominique-Charlotte, religieuse

---

[1] Voy. l'abbé Vertot, *Hist. des chevaliers hospitaliers de Saint-Jean de Jérusalem*, t. 7, p. 404.

à Sainte-Scholastique-les-Troyes. Elle fit profession le 28 juillet 1727. Plus tard, elle devint chanoinesse à Lons-le-Saunier ; 4° Jean-Louis d'Hénin, qui continua la postérité.

Le 13 avril 1701, Jacques-Antoine d'Alsace-d'Hénin-Liétard et son père achetèrent de son Altesse Royale Charles de Lorraine, prince de Commercy, comte de Rosnay, seigneur de Dienville et de Lesmont, légataire de Mlle d'Elbœuf, ainsi que des créanciers du duc et de la duchesse d'Elbœuf et de la demoiselle leur fille, la terre et seigneurie de Dienville, moyennant un prix de 68.000 livres.

Le contrat d'acquisition fut passé au nom de Jacques-Antoine d'Hénin. Cette terre venait de Françoise Miguot, veuve de François de l'Hôpital, maréchal de France, de laquelle Mlle d'Elbœuf l'avait achetée par sentence du 1er juillet 1673 [1].

Dans le cours de la même année, le 17 août, ils louèrent à Nicolas Béchuat, boucher à Dienville, les dîmes de ce village et celles de la ferme de La Fortelle, dépendant de la même paroisse.

En 1704, le 17 octobre, Jacques-Antoine d'Hénin achète de Marie-Madeleine de Chambes de Montsoreau, veuve de Messire Louis-Anne Dauvet-Desmarets, chevalier, comte d'Eguilly, mort le 1er juillet 1697, et de sa fille, Françoise-Chrétienne Dauvet, comtesse d'Eguilly, mineure, sous la tutelle de sa mère, la terre et marquisat de Saint-Falle [2], le fief de la Motte-Philippe, la terre et seigneurie de Crésantignes, plus les terres de Machy et Pommerois (paroisse de Saint-Falle), partie de la terre et seigneurie de Lignières et du fief de la Motte-Quinart (ou Guyard), sis en la paroisse de Chessy-sous-Ervy, le tout pour un prix de 57.000 livres [3].

---

1 Arch. départ. de l'Aube, E, 161.

2 Aujourd. Saint-Phal.

3 Arch. départ. de l'Aube, E, 148.

Cette seigneurie de Saint-Falle resta dans la maison d'Hénin-Liétard jusqu'aux dernières années du xviiie siècle. Elle passa ensuite à M. Jacques Corps, conseiller au grand Conseil, puis à M. de Mazin de Bouy, son gendre.

Le 10 juin 1705, Jacques-Antoine d'Hénin rendit foi et hommage au comte de Brienne pour les seigneuries de Blaincourt et Vaubercey, Brevonnelle et l'Aberge, Dienville, le fief de Briseur (à Précy-Saint-Martin) et Epagne, en partie[1].

En 1707, Daniel Allaye, agent d'affaires de M. d'Hénin, demeurant au château de Blaincourt, loue à bail la ferme et seigneurie de l'Aberge à Jean Jacquot, laboureur, à Mathaux, et à demoiselle de Vassan, son épouse.

Jacques-Antoine d'Hénin ne conserva pas longtemps la seigneurie de Dienville ; dès 1711, il la vendit pour un prix de 200.000 livres à Mme Charlotte Dupuis, de Digny, épouse de Pierre Grassin, baron d'Arcis-sur-Aube, seigneur de Mormant, Lady, Ozouet, Bressoy, La Ville-au-Bois, Unienville, Le Petit-Mesnil, Chaumesnil et La Rothière.

Une ordonnance des maréchaux de France, du 13 février 1716, défend au seigneur de Blaincourt de chasser ou faire chasser sur les terres du comté de Brienne[2].

Le 8 mai 1721, Jean-Louis d'Alsace-d'Hénin-Liétard, marquis de Saint-Phal, seigneur de Blaincourt, Lagny et La Rochette, demeurant ordinairement à Saint-Phal, épousa Elisabeth Thiébault, fille de Jean-Nicolas Thiébault, chevalier, conseiller du roi, président à mortier au parlement de Metz. Le contrat fut passé à Troyes[3].

Jean-Louis d'Hénin reçut en dot de son père la terre de Saint-Phal, à l'exception de la Motte-Guyard et Lequien,

---

[1] Arch. du château de Brienne. — Mouvance.

[2] *Ibid.*

[3] Arch. départ. de l'Aube, E, 148.

vendue depuis quelque temps déjà, plus les fiefs du Perchois et de l'Etang-Philippe, acquis par contrats du 30 janvier 1719 et 19 janvier 1721, sur lesquels le donateur se réserve une rente viagère de 2.000 livres.

En 1726, Jacques-Antoine d'Hénin vend à Jacques et à Jean-Baptiste Aubert la terre de Brevonnelle, arrière-fief du comté de Brienne. François Aubert, marchand, locataire du moulin de Blaincourt, se porte caution pour eux. Ils achètent toute la terre et les droits tant en fief qu'en roture, excepté les étangs. La vente est consentie pour un prix de 14.000 livres.

Dans le cours de la même année, la terre de Roche fut aliénée en faveur de l'abbaye de Saint-Etienne de Reims [1].

Le 8 novembre 1727 (La Chesnaye écrit à tort 1725), Jean-Louis d'Hénin épousa, en secondes noces, par contrat passé à Vervins, Marie-Elisabeth d'Anglebermer-Lagny. Son père lui abandonna par contrat de mariage les terres de Blaincourt, Epagne et Vaubercey, ainsi que le château de Saint-Phal, sous réserve d'une rente viagère de 2.000 livres, de son logement et de sa nourriture, ainsi que celle de ses domestiques.

Peu de temps avant ce mariage, le 5 mars 1727, Jacques-Antoine d'Hénin et Jean-Louis, son fils, avaient vendu le fief de l'Aberge à Joseph Gallien, chevalier de Saint-Jean-de-Latran, subdélégué général de l'intendance du Dauphiné, représenté par Jean Philippe, doyen et chanoine de l'église de Troyes. Le prix de vente fut de 9.400 livres [2].

Jacques-Antoine d'Hénin mourut en 1729.

Jean-Louis, son fils, eut de son mariage avec Elisabeth d'Anglebermer-Lagny :

1° Antoine - Denis , comte d'Hénin, mort en 1742 , âgé de 13 ans, au collège Louis-le-Grand, à Paris;

---

[1] Arch. départ. de l'Aube, E, 164,

[2] Voy. notre *Histoire de Mathaux*.

2° Louise-Jacqueline, morte jeune ;

3° Elisabeth-Jacqueline, née le 10 juin 1728.

En 1730, Jean-Louis d'Hénin obtint des lettres d'érection en comté d'Hénin, des terres et seigneuries de La Rochelle, Saint-Maurice-des-Champs, Saint-Martin-du-Tertre, Saule et Colongette. Ces terres avaient appartenu à Marie d'Hénin-Liétard, veuve de Claude de La Toison, héritière de Jean-François-Gabriel d'Hénin, évêque d'Embrun, et de Charles d'Hénin, seigneur de Roche.

Marie d'Hénin mourut sans enfants et, par son testament, abandonna ses biens à ses héritiers, à condition expresse de les faire ériger en comté ou marquisat, sous le nom d'Hénin qui devait être affecté à la terre de La Rochette, la plus importante de ce comté. Les lettres d'érection furent enregistrées en la Chambre des comptes de Dijon, le 14 juin 1740, à la requête d'Elisabeth d'Anglebermer, tutrice des enfants issus de son mariage avec Jean-Louis d'Hénin.

A cette époque, M. d'Hénin habitait Saint-Phal et possédait une maison à Troyes, près de l'Hôtel de Ville. Sa terre de Blaincourt était louée 4.000 livres, et 30 livres pour les réparations à MM. Nicolas de Sanglier [1] et Jean-Baptiste Morin.

Avant de venir à Blaincourt, M. de Sanglier avait habité l'Arclay, dont il était seigneur et qu'il vendit, vers 1724, à François-Edouard Le Gras, fils d'Antoine Le Gras de Vaubercey.

Le 17 février 1732 eut lieu, à Blaincourt, le baptême d'Edouard, fils de nobles personnes Nicolas de Sanglier, écuyer, demeurant au château dudit lieu, et de demoiselle Edmée-Jeanne Hugot, son épouse. Le parrain fut Edouard

---

[1] Sans doute fils de Jean-François de Sanglier, seigneur de La Fontaine-au-Peuple et de Louise Favier.

Hugot, prieur et chanoine de Saint-Etienne de Troyes, et
la marraine Marie-Anne de Sanglier, sœur de M. de Sanglier. Le parrain eut pour procureur Jacques-Nicolas de
Sanglier et la marraine, Marie-Anne Allot, veuve de
M. Hugot-Allot de la Reclay (l'Arclay), ancien major
d'intendance et pensionnaire du roi [1].

L'année suivante on célébra, dans la même paroisse, le
double baptême d'Edme et d'Edmée, fils et fille de Nicolas
de Sanglier et de Jeanne Hugot. Edme Garnier, seigneur
de l'Arclay, et Marie de Ligny furent parrain et marraine
du garçon. La fille eut pour parrain M[tre] Jacques Rosières,
marchand à Précy-Notre-Dame, et pour marraine Marie-
Anne Hugot, dame Garnier [2].

Les locataires de M. d'Hénin, ne faisant pas leurs affaires,
durent quitter l'exploitation du domaine de Blaincourt
avant la fin de leur bail. Cette terre fut louée à nouveau,
mais seulement pour une somme de 3.200 livres, en 1733,
sous l'administration de Mme de Maillé, tutrice de Mlle de
Muy, petite-fille de Jean-Louis d'Hénin, qui était mort le
1er octobre 1732 [3].

Pierre d'Hénin-Liétard décéda en 1742, léguant toute
sa fortune à sa nièce Marie-Elisabeth-Jacqueline d'Hénin,
fille de Jean-Louis. Cette dernière épousa, le 20 mars 1744,
Tancrède de Félix, marquis de Muy, comte de Grignan et
de la Venade (ou la Regnarde), lieutenant du roi en la ville
d'Antibes, maréchal de camp, maître-d'hôtel de Mme la
Dauphine, demeurant ordinairement en son château de
Muy, en Provence. Il avait pour quint-aïeule sainte Jeanne
Frémiot de Chantal et descendait de Félix, premier chirurgien de Louis XIV, qui opéra le monarque de la fistule et
reçut à cette occasion 50.000 écus.

---

1 Actes de Blaincourt.

2 *Ibid.*

3 Inscription en l'église de Saint-Phal.

Les Félix, originaires du Piémont, avaient pour devise : *Felices fuerunt fideles.* — Les Félix furent fidèles. Les trois F de sable qui figurent sur la bande de leur écusson rappellent cette devise. Leurs armes se blasonnent : écartelé au 1 et 4 *de gueules, à la bande d'argent chargée de 3 F de sable;* au 2 et 3 *de gueules, au lion d'argent, à la bande d'azur brochant sur le tout* [1].

Mlle d'Hénin apportait en mariage les deux tiers de Blaincourt, Epagne, Vaubercey, l'Etang-Philippe et le Perchoy.

Dès 1744, Marie-Elisabeth d'Anglebermer s'était remariée à M. Donatien de Maillé, comte de Maillé, chevalier de Saint-Louis, demeurant ordinairement à Lagny, en Picardie.

En 1746, M. de Maillé fit faire une enquête par Claude Delestre, juge de la terre et seigneurie d'Epagne, au sujet de l'incendie qui avait détruit la grange d'Epagne, appartenant à Mlle de Muy et sur laquelle Mme de Maillé avait des droits. Il fut affirmé par M[tre] Jacques Guiot, curé de Blaincourt et d'Epagne, que le 15 août 1746 le feu du ciel était tombé, à huit heures du matin, sur la grange de la ferme d'Epagne et l'avait incendiée ainsi que les écuries y attenant [2].

D'après une pièce datée de 1747, appartenant à M. Mérat, de Brevonnelle, M. de Maillé habitait ordinairement en son hôtel à Paris, rue de Cléry.

En 1753, Marie-Elisabeth-Jacqueline d'Alsace-d'Hénin-Liétard, épouse non commune en biens de M. le Marquis de Muy, fournit son aveu et dénombrement au comte de

---

[1] Au milieu du chœur de la cathédrale de Sens, au pied de la tombe du Dauphin, fils de Louis XV, fut enterré l'ancien Menin de ce prince, Louis-Nicolas-Victor-Félix, comte de Muy, maréchal de France, ministre d'Etat, mort le 10 octobre 1775. Sa tombe a été violée à la Révolution. — Tarbé, *Hist. de la ville de Sens*, p. 160.

[2] Arch. départ. de l'Aube, E, 161.

Brienne. Elle possède : quatre parts en onze de la seigneurie d'Epagne, la mairie royale de l'Epine, où elle perçoit les amendes depuis 3 livres et au-dessus. Dans la moyenne et basse justice, elle a quatre parts dans onze, ainsi que les amendes au-dessous de 3 livres, plus le droit de nommer les officiers pour l'exercice de cette justice[1].

En 1755, elle fournit un autre aveu et dénombrement pour les seigneuries de Blaincourt et Vaubercey, ainsi que pour le fief de Saint-Amand (à Vaubercey) et les censives du fief de Briseur (à Précy-Saint-Martin)[2].

Marie-Elisabeth-Jacqueline d'Hénin mourut le 27 mai 1764. Elle avait eu de son mariage une fille unique, Marie-Anne-Thérèse de Félix de Muy, comtesse de Ribiers et de la Renarde, mariée en 1769 à Charles-Marie de Blanchefort, marquis de Créquy d'Hémont, chevalier des ordres de Malte et de Saint-Louis, brigadier des armées du roi, fils de Louis-Marie de Créquy, marquis d'Hémont et de Renée-Caroline de Froulay de Tessé[3].

De son mariage avec M. de Créquy, Mlle de Muy n'eut qu'un enfant, Marie-Gabriel-Tancrède, mort âgé de seize mois.

En 1766, le marquis de Muy, alors tuteur de sa fille, avait loué à bail la terre et seigneurie de Blaincourt, avec ses dépendances, à Nicolas-François Congniasse Des Jardins et à ses enfants, Louis et Edmée Congniasse Des Jardins[4].

Lors de la construction de la caserne de maréchaussée

---

[1] Arch. du château de Brienne.

[2] *Ibid.*

[3] Cette dernière avait épousé M. de Créquy en 1737 ; elle mourut en 1802. On a publié, sous le nom de cette dame, des Mémoires apocryphes qu'elle est supposée avoir écrits pour le dernier rejeton de l'illustre famille de Créquy. — Au sujet de cette maison, on peut consulter avec intérêt un plaidoyer pour le marquis de Créquy et le comte de Créquy-Canaples contre le sieur Le Jeune de la Furjonnière. Paris, MDCCLXXXI. Ce plaidoyer se trouve aux Arch. départ. de l'Aube parmi des papiers non classés, sous la cote AI, 525.

[4] Arch. départ. de l'Aube, E, 157.

de Brienne, en 1776, Mme de Créquy dut, ainsi que tous les propriétaires de Blaincourt, payer un impôt spécial.

Son revenu était estimé :

Le château......................	100	livres.
45 maisons.......................	120	»
66 arpents de prés........ ...	576	»
2 colombiers et pressoirs...........	60	»
633 arpents de terres	1.740	»
5 arpents et demi d'accrues........	55	»
2 arpents 7 denrées de vignes.....	28	»
2 arpents en jardins.............	20	»
18 arpents en bois taillis.........	400	»
Droits seigneuriaux..............	200	»
Soit, au total, pour Blaincourt, Epagne et Vaubercey	3.299	livres

L'inondation des 17 et 20 juin 1786 causa des pertes assez considérables sur le finage de Blaincourt, et Madame de Créquy crut devoir écrire à M. d'Orfeuil, intendant de la province de Champagne, en faveur des habitants de cette paroisse. Dans sa lettre, elle demande aussi qu'il soit procédé aux travaux du chemin de Blaincourt à Mathaux, qui auraient dû être exécutés en septembre 1795, d'après les ordres de l'intendant[1].

Mme de Créquy, séparée de son mari quant aux biens, par sentence du Châtelet de Paris antérieure au 30 mai 1784, résidait ordinairement au château de Blaincourt, tandis que M. de Créquy habitait Paris. Cette dame paraît avoir eu l'humeur assez tracassière ; quant à son mari, il ne lui était inférieur en rien de ce côté, c'est ce qui explique la séparation volontaire des époux.

La chronique villageoise rapporte que Mlle de Muy était petite et bossue, et elle ajoute que M. de Créquy, en l'épou-

---

[1] Arch. départ. de l'Aube, C, 1239.

sant, n'avait considéré que l'illustration de la famille de cette demoiselle et son opulente situation financière.

Craignant les excès révolutionnaires et suivant le mouvement général, Mme de Créquy partit pour la Suisse dans le cours du mois de juin 1791, accompagnée du prieur de Blaincourt, Nicolas Brullart, et de deux domestiques. Munie d'un passeport pour aller prendre les eaux de Gournigel, elle se rendit d'abord dans cette station balnéaire ; elle se retira ensuite dans une maison qu'elle avait achetée à Belfaux, près de Fribourg. La garde du château de Blaincourt était confiée au régisseur, Antoine.

Peu de temps après son départ, les convoitises s'éveillèrent dans le village ; les granges seigneuriales étaient pleines, le mobilier du château fort riche et les terres fécondes.

Le gouvernement, qui venait de vendre les biens du clergé à très bas prix, parlait de saisir et d'aliéner les possessions des émigrés qui, cédées à des prix encore plus minimes, seraient certainement pour les acquéreurs le point de départ d'excellentes opérations.

Une lettre signée d'un nom inconnu, et mise à la poste à Marseille, arrive au district de Bar-sur-Aube et lui dénonce la citoyenne Créquy comme ayant émigré.

Les officiers de la commune reçoivent aussitôt l'ordre de se rendre au château de Blaincourt, habité par les domestiques de Mme de Créquy, et de réunir les habitants pour procéder à la nomination d'un gardien chargé de veiller sur la nouvelle propriété nationale.

L'assemblée des habitants a beaucoup de peine pour prendre une décision. MM. Des Jardins, d'Epagne et Mathaux, ainsi que leur frère le curé, veulent faire nommer un ancien domestique de Mme de Créquy, chassé par elle pour cause d'improbité : une autre partie des habitants se prononce en faveur du procureur fiscal de la terre de

Blaincourt ; de là, grand tapage, tumulte, menaces d'envoyer chercher la garde à Brienne et dénonciation adressée à MM. les Administrateurs du département.

Dès qu'elle apprend que ses biens sont saisis, Mme de Créquy se hâte de protester qu'elle n'a point émigré. Elle expose que la maladie seule la retient et elle fournit un certificat du docteur Mallet, de Fribourg, attestant qu'elle ne peut être transportée sans péril pour sa vie.

Malgré ces réclamations, le 5 janvier 1793 les Directeurs du district, considérant que la dame Créquy ayant quitté la France depuis le 1er juillet 1789, époque à partir de laquelle tout Français passé à l'étranger, sans mission, est considéré comme émigré, la rangent dans cette catégorie et ordonnent la vente des meubles et effets étant dans son château de Blaincourt.

Le produit de cette vente s'éleva au chiffre de 26.116 livres 13 sols. On vendit en même temps le mobilier du prieur Brullart, aussi considéré comme émigré, pour une somme de 5.055 livres 13 sols, et les effets des deux domestiques qui avaient suivi Mme de Créquy. Cette vente produisit, pour Beauroger, 90 livres 17 sols et pour Dufays 450 livres 1 sol.

On mit de côté, pour les envoyer au district, 1200 pièces et titres en parchemin et en papier, six bras de cheminée en cuivre doré, une croix et deux chandeliers en argent, un calice en argent doré, quatre bras de cheminée en cuivre doré moulu, sept médaillons en cuivre doré et un buste du Dauphin en albâtre.

D'après l'inventaire dressé le 1er janvier 1793, la bibliothèque du château contenait 191 tomes de livres de piété et d'histoire ; celle du prieur n'en renfermait que 70.

Les biens furent ensuite vendus. Voici leur désignation d'après l'État général des émigrés et de leurs propriétés dans le département de l'Aube, en date du 14 juillet 1793.

District de Bar-sur-Aube.

NOM DES ÉMIGRÉS.DERNIER DOMICILE CONNU.

Thérèse Dumuid, veuve Créquy,   Paris.

Situation et désignation de leurs propriétés.

A Blaincourt. 4 maisons, 600 arpents de terres labourables, 14 arpents de prés, 2 arpents et demi de vignes, 55 arpents de bois taillis et plusieurs rentes foncières.

A Mathault, une rente foncière.

A Épagne, 1 maison, 133 arpents de terres, 18 arpents de prés, 2 arpents 62 cordes et demie de vignes, 24 arpents de bois, 4 à 5 arpents d'oseraies, et des rentes foncières.

A Brevonnes (district de Troyes), 4 arpents de prés, lieudit les *Prés-du-Grand-Etang.*

Nous croyons que Mme de Créquy mourut en Suisse.

Le nom de la famille de Créquy, qui disparaissait avec la personne de Charles-Marie, fut relevé par le comte de Beaucorps.

Sur la demande d'Anne-Madeleine de Créquy, son aïeule maternelle, il obtint, par ordonnance royale du 11 octobre 1815, l'autorisation de prendre le nom et les armes de Créquy[1].

La famille d'Hénin-Liétard est actuellement représentée par M. le prince d'Hénin, député de l'arrondissement de Neufchâteau (Vosges).

---

[1] Borel d'Hauterive, *Revue historique de la noblesse.*

Hennequin.

Seigneur d'Épagne, de Vaubercey et Précy-Notre-Dame.
en partie.

Branche des seigneurs d'Épagne.

ARMES : *vairé d'or et d'azur, au chef de gueules chargé d'un lion léopardé d'argent.*

Jean Ier, seigneur d'Épagne, pour se distinguer des autres membres de sa famille, brisa le chef de ses armes au premier canton d'une tête de cerf d'or mise en fasce. Ces armoiries, ainsi modifiées, se voient sur une clé de voûte à l'église Saint-Pantaléon de Troyes et sur le socle d'une statue de la Vierge-Mère, à Épagne.

La famille Hennequin, selon Gaillard, serait issue d'un drapier Troyen. La Chesnaye et Moréri constatent que Pierre Hennequin vivait à Troyes en 1317, époque à laquelle il fit don d'une verrière à l'une des églises de cette ville.

Cette famille forma plusieurs branches. Une d'elles eut l'honneur de voir un de ses membres assis sur le trône épiscopal de Troyes.

Jean Hennequin Ier, écuyer, seigneur d'Épagne, Croissy, Saint-Liénard, Les Granges-Raoul-Fournier et autres lieux, fut le troisième fils de Simon Hennequin, seigneur de Savières et de Blives, et de Gilette de La Garmoise. Il épousa Catherine L'Éguisey et devint seigneur d'Épagne et de Vaubercey en partie, par l'acquisition qu'il en fit, à une date que nous ne pouvons préciser, de Nicolas de Châtillon, Robert de Fuligny et Jeanne, sœur de ce dernier[1].

En 1480, il était élu pour le roi, à Troyes.

De son mariage avec Catherine L'Eguisey, il eut quatre

---

[1] Biblioth. nat., Généalog. Hennequin, P O, 705.

enfants, dont l'un, Jean II, seigneur de Croissy-Saint-Liénard et des Granges, marchand et bourgeois de Paris, épousa Claudette de Malville, qui le rendit père de plusieurs enfants.

Barbe Hennequin, également fille de Jean Ier Hennequin, mariée en 1480 à Claude Molé, seigneur de Villy-le-Maréchal, était veuve en 1542 [1].

Jean Hennequin II, le jeune, demeurant à Paris, présenta au bailli de Brienne ses foi et hommage, pour la seigneurie d'Épagne, le 30 décembre 1495, et il fournit, le 20 février 1503 (v. s.), son aveu et dénombrement pour cette terre à Jean Clément, licencié en lois, bailli du dit Brienne [2].

En 1511, il est curateur de son neveu Guillaume de Malville, étudiant à Paris et, en cette qualité, il soutient un procès contre Antoine de Luxembourg, comte de Brienne.

Entre les années 1503-1510, il avait vendu la terre d'Épagne au dit Antoine de Luxembourg.

Branche des seigneurs de Précy-Notre-Dame.

François Hennequin, fils de François Hennequin, seigneur d'Onjon et de La Garmoise, et de Jacquette Molé, fut seigneur en partie de Précy-Notre-Dame, par suite de son mariage avec Louise Molé, fille de Guillaume Molé, veuve en premières noces de Colin (ou Nicolas) de Pleurre, seigneur en partie de Précy-Notre-Dame, et, comme telle, tutrice de ses enfants mineurs issus de ce mariage.

François Hennequin ne vivait plus en 1526, époque à laquelle Louise Molé était remariée en troisièmes noces à Barthélemy Des Guerres.

---

[1] Voy. P. Anselme, t. 6, p. 572.

[2] Biblioth. nat., P O, 1507, pièce 6.

De son union avec François Hennequin, Louise Molé eut une fille, Marie Hennequin, qui fut mariée à Antoine Guerry, seigneur des Essarts et de Lirey, lieutenant-général au bailliage de Chaumont, puis lieutenant de la Prévôté de Paris.

Marie Hennequin mourut avant 1535. Son corps fut conduit à Précy-Notre-Dame et enterré dans l'église[1].

Les armes de la famille Hennequin, qui figurent encore sur un vitrail de l'église, à Précy-Notre-Dame, rappellent le passage de François Hennequin dans cette paroisse. Elles sont pleines (c'est-à-dire sans brisures). L'écu est surmonté d'un casque ayant pour cimier une femme nue, tenant des deux mains un phylactère sur lequel est la devise : *Recours en Dieu*.

Branche des seigneurs de Vaubercey.

ARMES : *vairé d'or et d'azur, au chef de gueules chargé de trois aiglettes d'argent.* — Comme on le voit, les Hennequin de Vaubercey ont modifié les armoiries de leur famille, en remplaçant par des aiglettes le lion du chef. (D'Hozier, — Roserot, nº 419. — Vitrail à l'église Saint-Pantaléon, de Troyes.)

Oudinot Hennequin, avocat du roi à Troyes, seigneur de Vaubercey en partie, était fils de Jean Hennequin, seigneur de Lantages et de Machy, avocat du du roi à Troyes en 1380-1385, et de Marie de Castellux.

Il eut trois enfants : 1º Sansonnet ; 2º Pierre, bourgeois de Troyes. Ce Pierre Hennequin eut un fils, Jean, dont la fille Simonette épousa Jean Chevry qui, en 1542, s'intitulait, sieur de Vaubercey[2] ; 3º Jeanne, mariée à Simon

---

[1] Arch. du Château de Brienne.

[2] Biblioth. de Troyes, manusc. 2601 ; et l'abbé de Marolles, Invent. des titres de Nevers.

Griveau, seigneur de Souleau, voyeur pour le roi, à Troyes.

Sansonnet Hennequin, seigneur de Vaubercey en partie, épousa Marguerite de Valentigny (remariée en 1454 à Étienne de Louvemont, écuyer, sieur de Cervet, Baires, Briel et Laines-Bourreuses, demeurant à Vendeuvre).

De cette alliance, il eut :

1° Pierre Hennequin, sieur de Vaubercey, prévôt de Troyes, de 1429 à 1437, lequel fut père de :

I. — Nicolas Hennequin, seigneur de Vaubercey en partie, receveur de la ville de Troyes, vivant en 1482-1518[1].

D'après le rôle des fiefs du bailliage de Chaumont, dressé en 1504, Nicolas Hennequin possédait, à cette date, un quart de la terre et seigneurie de Vaubercey[2]. En 1508, il habitait, à Troyes, l'hôtel de Vauluisant qui, après lui, passa à sa fille Jehannette.

De sa femme Isabeau Berthier, il eut :

1° Guillaume Hennequin ;

2° Nicolas Hennequin, demeurant à Paris, mort sans enfants ;

3° Hélène, femme de François Le Cornuat, bourgeois de Troyes ;

4° Isabeau, mariée à Simon de Sens, enquêteur à Troyes, morte sans enfants ;

5° Jehanne (ou Jehannette), femme en premières noces de Jean Dare, et en secondes noces de Jean Morise, bourgeois de Troyes ;

6° Jacqueline, épouse d'Edme Le Compasseur, bour-

---

[1] Arch. départ. de l'Aube, A I, 286.

[2] *Mém. de la Société Acad. de l'Aube*, 1899, p. 70.

geois de Dijon, fils de Gilles Le Compasseur, capitaine de la ville et châtel de Joinville et de Marie Dorigny.

II. — Guillaume Hennequin, seigneur de Vaubercey en partie, échevin de Troyes en 1523, prévôt de la Monnaie et receveur des tailles, marié à Pierrette Ludot, fille de Nicolas Ludot et de Roseline Le Bé.

En 1530, le 9 octobre, il fournit son aveu et dénombrement pour partie de Vaubercey [1].

De son mariage avec Pierrette Ludot, il eut pour enfants:

1° Guillemette, mariée à Robert Angenoust, juge, marchand à Troyes, fils de Michel Angenoust, seigneur de Vignaux et de Louise Mauroy. En 1574, il fut dressé pour elle un terrier de Vaubercey et de Blaincourt; elle était alors veuve de noble homme Robert Langenyé de Doye [2];

2° Antoine Hennequin, sieur de Vaubercey.

III. — Nicolas Hennequin, seigneur en partie de Vaubercey, pour lequel il fournit aveu et dénombrement le 28 juillet 1568 [3]. Il fut prévôt de la Monnaie de Troyes, échevin en 1555, et il épousa Simonette Maillet, puis Anne Perricard, fille de Jacques et de Catherine Molé.

Il eut du premier lit : Guillaume, Nicolas et Catherine Hennequin, mariée à Nicolas Pinette, puis à Jean Millet, avocat du roi, à Troyes.

Guillaume Hennequin, fils de Nicolas et de Simonette Maillet, fut seigneur de Vaubercey en partie, capitaine et major de la ville de Troyes, garde de la Monnaie, échevin de la ville en 1606. Il eut pour femmes : Ysabeau Canis en 1573, puis Catherine Mauroy. Du premier lit vinrent : Anne Hennequin, mariée en 1588 à Antoine Rémond,

---

[1] Arch. du château de Brienne.

[2] Arch. départ., E, 166.

[3] Arch. du château de Brienne.

sieur des Bruyères ; N... Hennequin, femme de Jean Le Secq, de Chaource ; Huberte Hennequin ; Élisabeth Hennequin, épouse de Louis de Vienne, bailli d'Isle et seigneur de Presle.

Du deuxième lit sont issus : Guillaume Hennequin, avocat, demeurant à Chaource en 1640 ; Nicolas Hennequin, bourgeois de Chaource en 1686 ; Marie Hennequin, mariée à M. de La Rouère, de Bar-sur-Seine ; Antoine Hennequin, mort au service du roi ; Georgette Hennequin, religieuse à Notre-Dame-aux-Nonnains, et Nicolas Hennequin, marié à demoiselle Parent, fille d'un médecin de Troyes.

IV. — Pierette Hennequin, femme de Claude Clérey, sieur de La Grande-Fouchère.

V. — Humberte Hennequin, mariée à Nicolas d'Avelus, puis à Nicolas de La Ferté et, en troisième lieu, à Jean d'Étampes, sieur de Vaudes, secrétaire de François de Clèves, duc de Nevers. Elle mourut sans enfants. Par contrat du 14 juin, elle avait abandonné tous ses biens en s'en réservant l'usufruit, savoir : un tiers à Guillaume Hennequin, demeurant à Chaource, fils de Guillaume et de Catherine Mauroy, son petit-neveu, à Nicolas Hennequin, seigneur de Souligny, demeurant à Richebourg, son autre petit-neveu, et à d'autres personnes ; — un tiers à Jacques Angenoust, trésorier des salpêtres, à Jean Hennequin, bourgeois de Troyes, et à d'autres ; et le dernier tiers à Jacques Vestier, à Nicole Vestier, veuve de Bernard Le Cornuat, et à d'autres [1].

VI. Ysabeau Hennequin, femme de Jacques Vestier.

Antoine Hennequin, fils aîné de Guillaume et de Pierrette Ludot, fut seigneur en partie de Vaubercey et de Lescherelle. En 1553, il demeurait à Vaubercey. Marié en

______

[1] Arch. départ., AI, 503.

premières noces à Nicole de Mesgrigny, Antoine Hennequin eut pour seconde épouse Odette Clérey, fille de Denis
Clérey, marchand à Troyes, seigneur en partie de Vaubercey, et de Jeanne Molé. Leur contrat de mariage fut
passé le 4 décembre 1542, devant Bareton et Rogier,
notaires à Troyes.

En 1581, Antoine Hennequin et sa femme achetèrent, à
titre d'échange, un gagnage à Précy-Saint-Martin, appelé le
fief de Briseur[1], venant de Jean de Briseur.

---

[1] Arch. départ. de l'Aube. E, 162. — Le fief de Briseur (aussi dénommé
Brizeu, Briseuil, Briseville et Briel), mouvant du comté de Brienne, était
assis au finage de Précy-Saint-Martin, et consistait : 1° En terres, vignes et
maisons chargées de censives, dont le montant annuel s'élevait à 5 livres 5 sols
et 2 deniers tournois ; 2° En 14 arpents de terres labourables et vignes qui,
en 1711, étaient loués, par bail de tacite reconduction, au nommé Jean Bour-
cier, moyennant une redevance de 57 livres. Le revenu du fief s'élevait donc, à
cette époque, à 62 livres 5 sols et 2 deniers tournois, le tout portant lots et
ventes, défauts et amendes.

En 1572, Jean de Briseur, écuyer, gentilhomme de la maison du roi,
demeurant à Châtillon-sous-Brouë, fournit un aveu et dénombrement du fief
de Briseur à Jean de Luxembourg, comte de Brienne et de Ligny[1].

Quelques années plus tard, en 1585, Jean de Briseur céda par échange ce
fief à Antoine Hennequin de Vaubercey, qui le laissa par héritage à sa fille Anne
Hennequin, femme Saigeot. Après cette dernière, le fief passa successivement à
Odette Saigeot, épouse de Jean de Morillon, puis à Jacqueline de Morillon, mariée
à Nicolas Le Gras, et ensuite à demoiselle Anne Le Gras et à son mari M. de
Saint-Hérem. Les deux époux le vendirent, en même temps que tout ce qu'ils
possédaient à Vaubercey, à Pierre Le Gras.

A la mort de Pierre Le Gras, qui laissait des dettes, le fief de Briseur fut
saisi, ainsi que la terre de Vaubercey, et le tout, mis en vente, fut adjugé,
le 2 avril 1678, à Nicolas Mariette, procureur à Paris.

L'année suivante, M. de Saint-Hérem ayant manifesté l'intention d'exercer
son droit de retrait lignager, le sieur Mariette lui céda par transaction tous
ses droits sur le fief de Briseur et sur le domaine de Vaubercey.

Enfin, en 1693, le 25 février, M. de Saint-Hérem et son épouse vendirent ce
fief à Jacques-Antoine d'Hénin-Liétard, seigneur de Montgenost[2].

La famille de Briseur, qui a donné son nom au fief, s'est alliée aux princi-
pales maisons de la contrée, telles que celles des de Bœuf, de Châtillon, de
La Montagne, de Maizières, de Richebourg, de Serpe, du Fay..... Elle a
possédé en tout, ou en partie, les seigneuries du Magny-Fouchard, de Rava-

[1] Arch. départ., E, Pièces supplémentaires.

[2] *Ibid.*, E, 168.

Antoine Hennequin fournit un aveu et dénombrement, pour ce fief, en même temps que pour sa terre de Vaubercey, en 1587.

Il ne vivait plus le 3 juin 1588, date d'un autre aveu et dénombrement de ces mêmes terres présenté par sa veuve Odette Clérey, à la suite d'une saisie féodale opérée le 4 mars précédent, et dont main-levée fut donnée à M. Germain Saigeot, seigneur d'Avon et de Vaubercey en 1599 [1].

En 1608 et 1620, Denis Lécorché, notaire à Blaincourt, curateur à la succession vacante d'Antoine Hennequin, rendit foi et hommage pour partie de Vaubercey [2].

Antoine Hennequin avait eu de son premier mariage une fille Catherine Hennequin, et de son union avec Odette Clérey étaient issus trois enfants : Guillaume, marié à Marie Fichet, mort sans enfants ; Louise, qui épousa en 1559, Maurice Le Trutat, contrôleur des guerres, fils de Maurice Le Trutat et de Jacqueline Pierret, dont elle n'eut pas d'enfants. En 1612, cette dame était adjudicataire des censives dues à son beau-frère, M. d'Avon, sur le finage de Vaubercey. Et, enfin, Anne Hennequin, qui épousa Germain Saigeot, seigneur d'Avon. (Voir ce nom.)

Nicolas Hennequin, seigneur de Vaubercey, Souligny et Richebourg, fils de Nicolas Hennequin et d'Anne Perricard, fut capitaine des arquebusiers de Troyes en 1596.

---

rille (à Ville-sur-Terre), de Pars-lès-Chavanges, etc..., le fief d'Aulnay à Mathaux. (Voy. notre *Histoire de Mathaux*.)

Quelques-uns de ses membres ont habité à Châtillon-sous-Brouë, Verricourt, et Ville-sur-Terre.

Armes des de Briseur : D'azur, à deux têtes de bélier d'or accompagnées, en pointe, d'une tête de maure de sable, bandée d'argent. (D'Hozier, Roserot, n° 148.)

[1] Arch. départ. de l'Aube, E, 168.

[2] *Ibid.*, L, 168, et Arch. du château de Brienne.

Il eut pour épouse Colombe de Hault, fille de Nicolas de Hault, sieur de Lignol, receveur des décimes à Troyes et maire de cette ville de 1588 à 1592.

Par transaction du 15 novembre 1592, Nicolas Hennequin abandonna sa part de la seigneurie de Vaubercey à M. d'Avon, gendre d'Antoine Hennequin [1].

La Chesnaye des Bois dit que, de son temps (1774), la branche des Hennequin de Vaubercey n'existait plus.

Igny (d')

Seigneur d'Epagne en partie.

ARMES : *Burelé d'argent et de gueules de dix pièces* (La Chesnaye des Bois).

Cette famille est originaire de Bourgogne. — François Ier d'Igny, chevalier, baron de Fontenoy-sur-Moselle et de Rizaucourt, seigneur de Sixey, devint seigneur d'Epagne en partie par son alliance avec Claude de la Mothe, fille de Claude de la Mothe et de Barbe de Luxembourg. Il n'existait plus en 1579, lors du mariage de sa belle-sœur Marguerite avec M. d'Alichamp.

De son union avec Mlle de la Mothe vinrent, entre autres enfants : Claude et François II d'Igny. (La Chesnaye mentionne un François d'Igny, sieur de Fontenoy, conseiller du duc de Lorraine, marié en 1602 à Claude, fille de Simon d'Ernecourt. C'est probablement le même personnage que Claude, fils de François Ier d'Igny.)

Claude d'Igny habita peut-être Epagne. On trouve, dans le manuscrit 2433 de la bibliothèque de Troyes, une lettre écrite par lui, en 1599, et datée de ce village.

Il mourut en 1617, laissant François III et Guy-Charles-

---

[1] Arch. du château de Brienne.

Louis encore mineur. Le 7 novembre, le tuteur de ce
dernier, François III d'Igny, seigneur de Rizaucourt, fournit aveu et dénombrement au nom de son pupille à Messire
de Maricourt et à Charles de Clèves, chevaliers, barons
d'Arcis-sur-Aube, pour le fief de « Coupperest » mouvant
en plein fief de leur grosse tour d'Arcis et en arrière-fief de
M. le marquis d'Ile, à cause de son dit marquisat[1].

En 1626, Guy-Charles-Louis d'Igny fournit un aveu et
dénombrement pour sa part de la seigneurie d'Epagne[2].

En 1628, il remplit la même formalité pour le fief de
Copret, qu'il possédait comme héritier de Claude d'Igny, son
père, et aussi de feu son frère François d'Igny.

Le 11 avril 1633, le même Guy-Charles-Louis d'Igny,
chevalier, baron de la Vouivre et Rizaucourt, seigneur
d'Epagne, d'Arcis-sur-Aube (pour le four banal) et du fief
de Coperet, vendit à Honoré d'Alichamp, seigneur de Briel
et Epagne, une maison sise dans ce village proche l'église,
tenant à la rue et à une ruelle qui va au moulin, appelée
communément *La maison des Moranges*, avec 15 journaux tant terres que prés et vignes, plus un gagnage appelé
communément *Le gagnage des Perrignons*, consistant en
27 parcelles tant terres que vignes et chenevières sur les
finages d'Epagne et de Blaincourt, le tout moyennant
2200 livres. L'acte de vente fut passé à Rizaucourt et scellé
du scel de la prévôté du dit lieu, aux armes de la maison
d'Igny[3].

Dans le cours de cette même année, M. d'Igny vendit à
M. d'Alichamp tout ce qu'il possédait encore à Epagne,
c'est-à-dire cinq onzièmes de la seigneurie consistant en
justice, greffe, ventes, péage, passage, etc.[4]

---

[1] Arch. Brion, d'Epagne.

[2] Arch. départ. de l'Aube, E, 161.

[3] Arch. Brion, d'Epagne.

[4] Arch. départ. de l'Aube, E, 161.

Guy-Charles-Louis d'Igny mourut jeune ; son héritière fut sa tante Marguerite de la Mothe, veuve d'Alichamp, qui abandonna aux enfants d'Honoré d'Alichamp, son fils, tous les droits qu'elle pouvait avoir sur cette succession.

Jacobins de Troyes (les).

Détenteurs de biens à Blaincourt et à Vaubercey.

Vers l'an 1688, Joseph Simonnot, fils de Jean et de Jeanne-Françoise Milesse, fit profession au couvent des Jacobins de Troyes. Trois ans après, Philippe Vinot, veuve d'Antoine Simonnot, laboureur à Vaubercey, demeurant à Brienne, vendit à son fils, Jehan Simonnot (père de Joseph), garde à cheval en la capitainerie, des biens de franc-alleu qu'elle possédait à Blaincourt et à Vaubercey, notamment dans la pièce Morange et près de la fontaine Pourtreux[1]. Ce dernier, par acte du 30 novembre 1709, en fit vente à Elisabeth Cornu, veuve de Nicolas Bourgeois, tabellion royal à Troyes.

Les dits biens, consistant en vingt et un arpents cinq denrées, dix carreaux avec maison, écurie et grange, appartenaient en 1723 aux frères Jacobins de Troyes. Ils les avaient achetés de Mme veuve Bourgeois.

En cette même année 1723, ils firent exécuter des travaux à leur ferme par le sieur François Aubert, de Blaincourt, et ils la louèrent ensuite à bail emphytéotique à Pierre Le Marguenat, demeurant à Thennelières, et à sa femme, Marie de Saint-Vincent, à raison d'une redevance annuelle de 67 livres 10 sols.

Il est probable que la présence de Joseph Simonnot au

---

[1] Arch. départ. de l'Aube, AI, 503.

couvent des Jacobins de Troyes fut pour beaucoup dans l'acquisition, par cette maison, du gagnage dont on vient de parler.

D'après l'état des biens-fonds, revenus, dîmes, etc., possédés par les ecclésiastiques, fabriques, monastères, etc., en 1787, les Jacobins possédaient alors à Blaincourt une maison, 19 arpents de terre et une denrée de pré dont le revenu s'élevait, d'après les baux, à 185 livres.

En 1790, suivant un procès-verbal d'arpentage dressé par le sieur Mouillefarine, arpenteur royal en la maîtrise des eaux et forêts de Troyes, les terres des Jacobins, montant à 20 arpents 67 cordes, se trouvaient principalement dans les contrées du Grand-Essert (près des terres de M. Comparot de Bercenay), des Petites-Brousses, du Buisson-Rond, de La Merdouze, du Fossé, de Champmoron, etc.

Le 30 août 1791, le gagnage des Jacobins, devenu propriété nationale, fut vendu à Dominique Vernet, de Brienne, pour un prix de 3625 livres.

Lalemant.

Seigneur de Vaubercey en partie.

Le 15 novembre 1612, Denis Lalemant, laboureur à Vaubercey, fournit au comte de Brienne un aveu et dénombrement pour un tiers d'une rente de 10 sols et un chapon de censive à prendre sur une maison située au dit lieu, proche le Pont-Secq, et faisant partie de la seigneurie du dit Vaubercey[1].

---

[1] Arch. du château de Brienne.

La Mothe (de).

Seigneur d'Epagne en partie.

ARMES : *d'azur, au bâton noueux d'or posé en bande, accompagné, en chef, d'un lambel à trois pendants, brochant sur le bâton* (Papiers Bouchu, d'Eclance, et Caumartin).

Claude de La Mothe devint seigneur d'Epagne en partie, à la suite de son mariage avec Barbe de Luxembourg-Luxémont, fille de Philibert de Luxembourg. Il en eut une fille, Marguerite, qui épousa René d'Alichamp.

ARMES DE CLAUDE DE LA MOTHE, d'après une pièce provenant des Archives de la famille Bouchu, d'Eclance.

(Communication de M. Alph. Roserot)

C'est à tort, croyons-nous, que l'abbé Caulin le qualifie seigneur de La Mothe d'Ervy et Domange. Nous l'avons rencontré avec les titres et qualités suivants dans un acte du 24 juin 1566 [1] : *Claude de La Mothe, écuyer, sieur de Lucemont et d'Epagne en partie, garde du scel aux contrats du bailliage de Brienne.*

Il est probable que le fief auquel il devait son nom était une des deux seigneuries situées à La-Ville-au-Bois-lès-Soulaines, non loin de Morvilliers, et connues sous les noms de La Grande-Motte et La Petite-Motte. Ce qui nous confirme dans cette opinion, c'est que M. d'Alichamp, gendre de M. de La Mothe, vint habiter Morvilliers après son mariage.

M. l'abbé Caulin se demande si Claude d'Epagne, vivant en 1554 et mentionné par Pierre Pithou dans la *Coutume*

---

[1] Arch. départ. de l'Aube, AI, 100.

du bailliage de Troyes, ne serait pas le même que Claude de La Mothe. Nous ne pensons pas qu'il en soit ainsi ; nous croyons plutôt que ce personnage appartient à la famille d'Espaigne, vivant à Troyes à la même époque. On trouve, en effet, en 1554, un Jean d'Espaigne, sergent royal au bailliage de Troyes, et un Guillaume d'Espaigne, sergent à cheval à Troyes, et procureur-receveur du prieuré de Foicy. Ce dernier est mentionné de 1551 à 1556 [1].

La Pereuse (de).

Seigneur de Vaubercey en partie.

Dès le XIVe siècle, on rencontre à Troyes le nom de cette famille. En 1343, Jehanne de la Pereuse (ou La Perreuse) est femme de Girard dit Chauderon, écuyer [2].

Il y avait à Dienville un fief du même nom, jouissant des droits de haute et basse justice et qui fut la propriété de la famille dont nous parlons. De la maison de La Pereuse, ce fief passa aux Le Bé, probablement à la suite du mariage de Catherine de la Pereuse avec Barthélemy Le Bé. En 1614, Louis le Bé était sieur de La Pereuse, à Dienville, et de Beatilly, à Unienville [3].

Jean de La Pereuse, receveur ordinaire du bailliage de Troyes, en 1514, devint seigneur en partie de Vaubercey par son mariage avec Anne de Pleurre, fille de Colin (ou Nicolas) de Pleurre, bourgeois de Troyes, et de Louise Molé.

Leur fille, Catherine de La Pereuse, vivante en 1549, épousa Barthélemy Le Bé, par elle seigneur en partie de Vaubercey et Précy-Notre-Dame.

---

[1] Arch. départ. de l'Aube, AI, 308 et 27, H, 35.

[2] Arch. départ. de l'Aube, G, 3600.

[3] L'abbé Caulin, *Quelques seigneuries*, etc., p. 190.

Armoiries de quelques seigneurs
de Blaincourt, Epagne et Vaubercey.

Le 20 mai 1549, Guillaume de La Pereuse, seigneur de Précy-Notre-Dame, acheta de Philippe de Lenoncourt et autres tous les droits qu'ils possédaient à Précy-Notre-Dame, Vaubercey et finages voisins, tels que la justice, terre, seigneurie, etc., plus un gagnage avec ses dépendances (gagnage de Méligny), moyennant 650 écus d'or et un chaperon de velours[1].

Le Bé.

Seigneur de Précy-Notre-Dame et Vaubercey en partie.

ARMES : *d'azur, à trois compas d'argent.*

Vers l'an 1549, Barthélemy Le Bé épousa Catherine de La Pereuse et, par ce mariage, devint, comme nous l'avons dit plus haut, seigneur en partie de Vaubercey.

Le 20 mai 1555, il fournit un aveu et dénombrement de partie de cette terre, et le 12 juillet 1561 il rendit ses foi et hommage[2].

En 1567, B. le Bé et sa femme possédaient, en outre de la ferme des Fossés-d'Haudebert, une partie de la seigneurie de Précy-Notre-Dame et un gagnage à Pel-et-Der nommé Le Pellé (*alias* : Le Pellex, connu depuis sous le nom de Le Maury), consistant en 84 journaux de terre qu'ils vendirent à Georges Le Mairat, bourgeois de Troyes, et à Jeanne de La Ferté, sa femme, veuve en premières noces de Guillaume de Vassan.

Le 9 novembre 1574, Barthélemy Le Bé se rendit acquéreur, au prix de 121 livres tournois, de 3 fauchées de prés, sises au finage de Précy-Notre-Dame, dans le lieudit Le Breuil, à tenir en franc-alleu, venant de l'abbaye de

---

[1] Arch. du chât. de **Brienne.**
[2] *Ibid.*

Basse-Fontaine. Cette vente était faite avec le consentement de messire Sébastien de l'Aubépine, conseiller du roi, évêque de Limoges et abbé de Basse-Fontaine, par son procureur, Pierre de Jussy, prieur de ladite abbaye, en exécution de l'édit du roi sur les biens ecclésiastiques, daté de janvier 1563. Le diocèse de Troyes avait été imposé à 81.825 livres tournois et l'abbaye de Basse-Fontaine, pour sa quote-part, à 993 livres 5 sous 3 deniers tournois[1].

En 1580, le 8 mai, Barthélemy Le Bé était absent de longue absence (comme tant d'autres troyens partisans de la religion prétendue réformée, il avait dû s'enfuir à l'étranger) et sa femme ne vivait plus ; leurs enfants avaient pour tuteur Nicolas de Marisy, écuyer, seigneur en partie de Précy-Notre-Dame, qui acheta pour eux des biens situés dans l'étendue de cette paroisse[2].

Ces enfants étaient : 1° Edme Le Bé ; 2° Françoise Le Bé, qui épousa Vincent Le Page ; 3° Anne Le Bé, mariée à Nicolas de Marisy[3].

A la suite d'un partage fait en 1600 entre les enfants Le Page et Anne Le Bé, cette dernière eut dans son lot la pièce Morange.

Edme Le Bé, seigneur de Précy-Notre-Dame et Vaubercey en partie, mort avant 1631, épousa Anne Lelieure, dont il eut Jean Le Bé, seigneur en partie de Précy-Notre-Dame et de Dolancourt, baptisé à Précy en mai 1583. Ses parrains furent Jean de Mesgrigny, écuyer, conseiller du roi, et François de Marisy, sieur de Machy, et sa marraine, Marguerite, femme de M. de Dinteville[4].

---

[1] Arch. du chât. de Brienne. — Précy-Notre-Dame, 59, A, 1.

[2] *Ibid.*

[3] Arch. départ. de l'Aube, E, 822.

[4] Actes de Précy-Notre-Dame. — Cette Marguerite, femme de F. de Dinteville, baron de Dommartin, fut héritière pour moitié de Marguerite de Dinteville, femme de Joachim de Dinteville, lieutenant-général au gouvernement de Champagne et de Brie.

Le partage des successions de Barthélemy Le Bé et de Catherine de La Pereuse n'eut lieu définitivement qu'en 1631. Edme Le Bé, n'existant plus, fut remplacé par son fils Jean, qui eut un tiers ; Françoise Le Bé, mère de François Le Page, eut un autre tiers ; Anne Le Bé, alors défunte, fut représentée par les enfants de son fils, Henri de Marisy, et par sa fille, Anne de Marisy, veuve de Saint-Amour, qui se partagèrent le dernier tiers[1].

De son mariage avec Marie d'Argillières, fille de Pierre d'Argillières, seigneur de Monceaux[2], qu'il épousa en l'église de Savières le 20 février 1607, Jean Le Bé eut 9 enfants :

1° Marie, baptisée à Précy-Notre-Dame le 9 décembre 1607. Parrain, Charles de Belloy ; marraines, Marie Hennequin, femme de Pierre d'Argillières, écuyer, sieur de Monceaux et de Savières, grand'mère, et Louise Le Clerc, fille de Robert Le Clerc, sieur d'Arnouville[3] ;

2° Jacques, né à Paris et baptisé le 5 janvier 1609. Parrain, Jacques Viole ; marraine, Marguerite Le Clerc, veuve de Guillaume Coignet, sieur de Guedreville[4] ;

3° Anne, née à Précy-Notre-Dame, le 10 janvier 1612, baptisée au dit lieu le 16 du même mois. Parrain, Charles de Cheliban (ou Chelamban), cousin paternel et maternel ; marraines, demoiselle Anne Hennequin, tante paternelle, femme de M. de Saint-Amour, et demoiselle Jeanne, fille de M. de Brignaule (Jeanne de Tarevant), tante du côté paternel[5]. Dans l'acte de décès, elle est qualifiée : dame de Précy-Notre-Dame en partie ;

4° Antoine, né à Précy-Notre-Dame, le 17 avril 1614, baptisé le dimanche 22 du même mois. Parrain, Antoine

---

[1] Arch. du chât. de Brienne.
[2] Née le 10 mai 1582, morte le 23 juin 1625, et enterrée à Chalette.
[3] Actes de Précy-Notre-Dame.
[4] Roserot, *La famille de Marisy*.
[5] Actes de Précy-Notre-Dame.

d'Argillières, écuyer, sieur de la Bretonnière ; marraine, Louise d'Argillières, fille de M. de Monceaux, oncle et tante maternels, et Michel de Joyeuse, écuyer, fils de M. le baron de Verpel, cousin maternel, aussi parrain[1] ;

5° Colin (ou Nicolas), baptisé en 1616[2]. Parrain, Nicolas, sieur de Roncenay, grand-maître des Eaux-et-Forêts[3] ; marraine, Anne, femme de M. de Tœuf (*sic*)[4] ;

6° Edme, baptisé en 1619. Parrain, Edme d'Argillières ; marraine, Edmée, fille de M. de Sainte-Suzanne (François de Précy)[5] ;

7° Jacques, baptisé en 1622. Peut-être est-ce lui qui est désigné comme étant détenteur du fief de Vaulardot, à Pel-et-Der, en 1636[6] ?

8° Marguerite, baptisée en août 1624. Parrain, Pierre d'Argillières, seigneur de Blives ; marraine, Marguerite de Loxandeau[7]. Marguerite Le Bé épousa Jacques Camusat ; elle vivait en 1647 ;

9° Catherine, née avant le 25 juin 1625, date du décès de sa mère[8].

Jean Le Bé, seigneur de Précy-Notre-Dame et de Chalette en partie, avait acheté avec sa belle-sœur Catherine de Tallerand, fille majeure, des terres à Précy et à Chalette, venant de M. Nicolas Chevalier, seigneur de Viudeville[9]. En 1641, il n'existait plus et le notaire Châtel, curateur à

---

[1] Actes de Précy-Notre-Dame.

[2] *Ibid.*

[3] Nicolas Acarie, seigneur de Roncenay, Villemaur et Montbrost.

[4] Anne Leclerc, femme de Geoffroy de Fontaines, sieur de Tœufles, fille de Robert Leclerc d'Arnouville et de Anne Hennequin, dame de Brevonnelle.

[5] Actes de Précy-Notre-Dame.

[6] Arch. départ., E, 817-818.

[7] Actes de Précy-Notre-Dame et biblioth. de Troyes, ms. 2317.

[8] *Ibid.*

[9] Arch. départ. de l'Aube, E, 173.

sa succession vacante, fournissait un aveu et dénombrement
à M. de Luxembourg-Clermont, duc d'Epiney (*sic*), pour le
fief de Haudebert (les fossés de Haudebert ou Vaubercey)[1].

Le Gras.

Seigneur de Vaubercey.

ARMES : *d'azur, à trois roseaux d'or surmontés chacun d'un besan
d'argent; au chef vairé d'or et d'azur* (Caumartin). D'après deux
vitraux du chœur de l'église de Saint-Pantaléon à Troyes, et les
manuscrits 2601 et 2745 de la bibliothèque de cette ville, la
famille Le Gras portait primitivement : *d'argent, à trois roseaux
de sinople* (roseaux dits masselottes), *réunis en une touffe, sous
un chef de gueules chargé de trois besants d'or.*

Les représentants actuels des Le Gras de Vaubercey portent
les armes enregistrées par Caumartin, avec cette différence que
les trois tiges de roseaux sont séparées et émergent d'une mer
d'argent. Devise : *Ne varietur.*

Cette famille est originaire de Troyes. En 1293, un
nommé Gilles Le Gras, citoyen de cette ville, vend à l'abbaye
de Vauluisant deux maisons en la rue Saint-Pantaléon,
tenant à la rue dite *de feu Monseigneur Jacques Mau-
noury, chevalier*[2].

En 1347, Gilles Le Gras et Jacquinot, son frère, habitent
à Troyes en la rue Gilles Le Gras[3].

Un autre membre de cette famille Jean Le Gras, originaire
de Troyes, « acquit une telle estime dans l'Université de
« Paris et particulièrement dans le collège de Navarre, par
« les emplois qu'il y eut, qu'enfin, étant considéré comme
« un homme de piété et de conduite, il fut élu doyen de

---

[1] Arch. départ. de l'Aube, E, 173.

[2] Arch. départ. de l'Yonne, H, 776.

[3] Arch. départ. de l'Aube, 7, H, 138.

« l'église de Troyes, d'un commun suffrage en l'année
« 1448[1] ».

Benoit Le Gras, seigneur des Mottes d'Acenay et de
Bercenay[2], épousa, le 19 novembre 1549, Françoise Clérey,
fille de Denis Clérey, seigneur de Vaubercey en partie, et
de Jeannette Molé, dame de Villy-le-Maréchal.

En 1576, le 11 novembre il acquit de Claude Clérey,
sieur de La Grande-Fouchère, de Marie-Marguerite Clérey,
veuve de Jacques Dorigny, sieur de Fontenay, d'Odette
Clérey, femme d'Antoine Hennequin, seigneur de Vaubercey en partie, et de Barbe Clérey, femme de François Hennequin, ses cohéritiers, ce qui leur appartenait dans la terre
et seigneurie de Vaubercey par suite du décès de Denis
Clérey, leur père. En conséquence de cette acquisition, il
rendit foi et hommage à François de Luxembourg, duc de
Piney, baron de Pougy et Tingry, ayant la garde noble de
son neveu le comte de Brienne, fils mineur de Jean de
Luxembourg[3].

L'année suivante, il fournit son aveu et dénombrement
pour cette partie de la seigneurie de Vaubercey et aussi
pour des héritages dépendant du même fief, acquis par
Denis Clérey de Jean du Châtelet, seigneur de Saint-Amand.
Dans cet acte, il est dit que chaque freste de maison, en
la seigneurie de Vaubercey, doit pour la mairie royale de
l'Epine 2 sols tournois par an.

Pour droit de rouage, chaque char chargé de vin, en la

---

[1] Biblioth. de Troyes, ms. 2663, et Arch. départ. de l'Aube, G, 1275.

[2] Benoit Le Gras était l'aîné des sept enfants de Simon Le Gras et d'Etiennette
Trainard, fille de Jacques Trainard, seigneur des Mottes d'Assenay, et d'Ysa-
beau Raguier. Ses frères et sœurs étaient Pierre et Nicolas Le Gras, écuyers ;
Jeanne Le Gras, femme de Laurent Cardon, écuyer, seigneur d'Anglure ; Marie
Le Gras, épouse de Pierre Mauroy, sieur de Vauchassis et Champgrillet ; Claude
Le Gras, mariée à Nicolas Clerget, et Bonaventure Le Gras, femme de Pierre
Quérard, conseiller du roi au bailliage de Sens. — Caumartin.

[3] Arch. départ. de l'Aube, E, 165, regist.

dite terre de Vaubercey, doit 4 deniers tournois, et chaque charrette, 2 deniers tournois et, s'ils passent sans rouage, ils sont amendables de 60 sols chacune fois. Les seigneurs du fief ont également droit aux héritages vacants.

Au moment de cet aveu, M. Le Gras possédait, à Vaubercey, « la tierce partie, les trois faisant le tout, ou du « moins sept parts, les vingt-quatre faisant le tout, de « la justice moyenne et basse du dit Vaubercey ».

Dans le cours de cette même année 1577, Benoit Le Gras et Françoise Clérey, sa femme, firent don entre vifs à l'un de leurs fils, Claude Le Gras, écuyer, secrétaire de la Chambre du roi, d'une ferme ou métairie appelée la Courtanson, sise au marquisat d'Isle, près Troyes, et ce, par avance d'hoirie, en présence de Denis et de leurs autres enfants.

Le 6 avril 1578, Benoit Le Gras, alors conseiller et secrétaire du roi et des finances de Monseigneur le duc d'Anjou, fils de Sa Majesté, fournit un aveu et dénombrement à Charles de Luxembourg comte de Brienne et Ligny, pour la part qui lui appartenait dans la seigneurie d'Epagne, par suite de l'acquisition qu'il venait d'en faire de Charles de Thourotte.

Un sieur Le Gras, gentilhomme, fut pendu à Troyes au marché à blé, le 7 juin 1589, en même temps que Nicolas Petit-Pied, procureur au bailliage, après avoir été dégradé. Il était accusé d'avoir entretenu une correspondance avec M. de Dinteville, chef des royalistes[1].

Nous ignorons le prénom de ce Le Gras, peut-être était-il frère de Benoit Le Gras ?

De son mariage avec Françoise Clérey, Benoît Le Gras eut pour enfants :

1° Denis-Pierre Le Gras ;

---

[1] Duhalle, t. 1, p. 131. — Grosley, *Mém. hist.*, t. II, p. 531 ; — Audra, ms. 2297 de la biblioth. de Troyes, p. 202.

2° Benoît II Le Gras, dit le jeune, marié à Pierrette Largentier, auteur de la branche de Nemours, à laquelle se rattache M. Jean Le Gras, qui a relevé le nom de Vaubercey, porté aujourd'hui par sa descendance ;

3° Simon Le Gras, avocat en parlement, receveur des décimes à Sens, conseiller d'Etat, puis trésorier de France à Paris, seigneur de Fontaine-la Gaillarde et de Vaubercey, tige de la seconde branche des seigneurs de ce fief ;

4° Marie Le Gras, qui fut mariée à Nicolas Largentier, contrôleur de la foraine, en Champagne, qu'elle rendit père de dix-huit enfants, dont un eut pour fils Jean Largentier, conseiller du roi et secrétaire de la reine Marie-Thérèse ;

5° Claude Le Gras, employé des finances, puis grand audiencier de France, nommé par Henri IV coadjuteur de l'abbaye de Saint-Corneille de Compiègne, puis abbé de cette maison en 1599, mort en 1644 ;

6° Etiennette Le Gras, femme de Michel Godier. Le 13 mai 1597, elle fournit un aveu et dénombrement pour un tiers par indivis de la terre de Vaubercey. Ses biens furent saisis et mis en vente, le 30 mai 1600, en même temps que sa part dans la justice haute, moyenne et basse de Vaubercey[1] ;

7° Barbe et Anne Le Gras, sœurs jumelles, religieuses à Notre-Dame-aux-Nonnains ;

8° Catherine Le Gras, mariée : 1° à Claude Dolet ; 2° à Isaac Maillet ; 3° à Jacques Maison. Vinrent ensuite six autres enfants dont nous n'avons pas les noms.

Denis-Pierre Le Gras, fils aîné de Benoit, né à Troyes, sur la paroisse Saint-Jean, en 1550, épousa, en 1572, Marie de Morillon, fille de Pierre de Morillon et de Marie Vernois. Il fut garde provincial des munitions de Champagne

---

[1] Arch. départ. de l'Aube, E, 161.

et de Brie, de 1578 à 1591. C'est probablement ce Denis Le Gras qui, en 1589, dut quitter Troyes en même temps que d'autres royalistes et vit saisir ses biens[1].

En 1601, il était détenteur d'une partie du domaine engagé de Creney, appartenant au roi et qui fut peu de temps après vendu à M. de Vienne.

De son mariage avec Marie de Morillon vinrent :

1° Marie Le Gras, femme de Jacques Domballe, marchand drapier, à Troyes ;

2° Denis II Le Gras ;

3° Pierrette Le Gras ;

4° Barbe Le Gras, mariée à Jean Maillet ;

5° Nicolas-Pierre Le Gras, religieux à Clairvaux ;

6° Françoise-Edmée Le Gras, religieuse à Sainte-Scholastique.

En 1608, Denis-Pierre Le Gras ne vivait plus et Jacques Domballe était tuteur, avec Jacques de Morillon, de Denis, Nicolas, Barbe et Françoise, frères et sœurs de son épouse[2].

Denis II Le Gras, né à Troyes le 2 octobre 1578, écuyer, seigneur de Fontenay, Vaubercey et Blaincourt en partie, capitaine d'une compagnie au régiment du baron de Chapelaines, commandant la garnison du fort de l'île de l'Eguillon, près La Rochelle, en 1625, pendant le siège de cette ville, avait épousé, le 17 octobre 1601, à Châlons-sur-Marne, Jeanne Domballe, fille de Claude Domballe, bourgeois de cette ville, dont il eut :

1° Pierre Le Gras, né en 1617 ;

2° Antoine Le Gras, écuyer, sieur de Fontenay, capitaine au régiment de Belsunce et de Cugnac, tué à la défense des lignes de Valenciennes, mort sans alliance ;

---

[1] Boutiot, *Hist. de Troyes,* t. IV, p. 177.

[2] Arch. départ. de l'Aube, AI, 228.

3° et 4° Anne et Jeanne Le Gras, religieuses à Sainte-Scholastique-lès-Troyes.

En 1620, Denis II Le Gras achète des biens à Vaubercey venant de Marguerite de La Mothe. Deux ans après, le 4 avril, il rend foi et hommage au comte de Brienne, pour Vaubercey et Fontenay, seigneuries mouvantes du dit comte à cause des comtés de Brienne et de Rosnay.

En 1614, il cède à son cousin Simon Le Gras, évêque de Soissons, une rente sur la terre de Vaubercey.

Jeanne Domballe, veuve de Denis II, rend foi et hommage, pour partie de Vaubercey, en 1628, le 10 mai[1]. Elle vivait encore en 1648[2].

Pierre Le Gras, écuyer, sieur de Vaubercey et de Fontenay, cornette au régiment de La Meilleraie, en 1641, et ensuite capitaine dans le régiment de Piémont, épousa, le 17 août 1653, par contrat passé devant Michel Charinel et Humbert Rancion, notaires jurés au duché de Piney, demoiselle Antoinette de Gand, fille de Charles de Gand, écuyer, seigneur du Mauny (ou Maulny), et de Blaisine de Vienne-Presle (des de Vienne de Troyes), dont il eut :

1° François-Gaspard Le Gras, écuyer, sieur de Fontenay, prêtre, curé de Brinville, au comté d'Eu, légataire universel de sa sœur Marguerite;

2° Oudard Le Gras, chevalier, mestre de camp et lieutenant-colonel de dragons au régiment d'Epinay, seigneur de Montgenost, par acquisition faite de Jacques-Antoine d'Hénin. Par son testament daté du 1er août 1719, il laissa ses biens à sa sœur Marguerite et à son frère François-Gaspard, à charge de substitution à son neveu;

3° Marguerite Le Gras, qui devint dame de Montgenost.

---

[1] Arch. du château de Brienne.

[2] Arch. départ. de l'Aube, E, 169.

Elle fut marraine à Epagne, en 1672, avec François d'Alichamp. Sa mort arriva le 22 mai 1740[1];

4° Charles Le Gras, mort jeune;

5° Michel-Antoine Le Gras, sieur de la Motte, demeurant à Belley, capitaine au régiment de Navarre, marié le 24 novembre 1721, à Charlotte Le Foin de Saint-Germain;

6° Antoine Le Gras, qui épousa, le 5 juin 1696, Marie-Françoise de Bérulles;

7° Antoinette Le Gras, morte fille.

Pierre Le Gras, sieur de Vaubercey, comparut, le 1er mars 1649, comme écuyer et gentilhomme, à la convocation des Etats au bailliage de Chaumont[2].

Par acte passé devant Rancion, notaire à Piney, le 3 février 1649, Pierre Le Gras, Antoine Le Gras, seigneurs de Fontenay, et Anne, leur sœur, s'accordèrent pour le partage des biens de leurs parents. La terre de Fontenay fut abandonnée à Pierre pour son droit d'aînesse, et la partie de Vaubercey leur appartenant fut partagée en trois parts égales[3].

Le 19 avril 1651, Pierre Le Gras rendit foi et hommage pour partie de Vaubercey et, le 31 mai 1664, pour partie d'Epagne et pour le fief de Briseur.

En 1656, il acheta des terres de Jean de Monblereau, écuyer, demeurant à Blaincourt[4], et deux parts de la seigneurie de Vaubercey, appartenant à François Le Goix, écuyer, sieur de la Bauve, et à demoiselle Marie de Saint-Amour, son épouse[5].

---

[1] Actes d'Epagne.

[2] Caumartin.

[3] Arch. du château de Brienne.

[4] Arch. départ. de l'Aube, E, 141.

[5] *Ibid.*, E, 168.

Il augmenta encore son domaine par l'acquisition, en 1658, de ce que François-Gaspard de Montmorin Saint-Hérem et demoiselle Anne Le Gras, son épouse, Honoré Courtin et Marie-Elisabeth Le Gras, sa femme, possédaient en commun dans la seigneurie de Vaubercey.

Dans le cours du mois de novembre de la même année, il acheta aussi des terres à Vaubercey, venant de Jean Michaut et de Jean de Monblereau [1].

A la suite de ces acquisitions, Pierre Le Gras eut besoin d'argent pour payer ses vendeurs, et il dut constituer une rente de 500 livres, sur la seigneurie de Vaubercey, au profit de Simon Pépin, prieur de Notre-Dame-en-l'Ile de Troyes. Ce dernier transporta ses droits à Nicolas Bourgeois, monnayeur en la Monnaie de Troyes, qui, en 1679, mit opposition à la saisie de la terre de Vaubercey, opérée à la requête d'un autre créancier [2].

Pierre Le Gras avait rendu foi et hommage en 1666 pour sa part de Vaubercey, et l'année suivante un jugement rendu à Châlons-sur-Marne, le 13 octobre, le maintint dans sa noblesse.

Après la mort de Pierre Le Gras et d'Antoinette de Gand, en 1678, Anne Le Gras, épouse de M. de Montmorin, fut tutrice de ses neveu et nièce, Michel-Antoine et Antoinette Le Gras encore mineurs. Les autres enfants Pierre Le Gras, François-Gaspard, Oudard et Marguerite étant émancipés, renoncèrent à la succession de leurs père et mère. La terre et seigneurie de Vaubercey, deux parts de la seigneurie d'Epagne et le fief de Briseur (dans l'acte ce mon est écrit Briseville), furent alors saisis sur la succession vacante de Pierre Le Gras, à la requête de messire Gallyot, commissaire au Châtelet de Paris, et adjugés aux requêtes du

---

[1] Arch. dép. de l'Aube, E. 168.

[2] *Ibid.*, G, 1153.

Palais, le 2 avril 1678, à M. Nicolas Mariette, procureur en la cour de Parlement, pour la somme de 25.000 livres, à charge de distraction de la haute justice en l'étendue du territoire de Vaubercey, appartenant à M. le comte de Brienne, et de quatre parts de la justice et seigneurie dudit lieu appartenant à M. de Blaincourt [1].

La lignée de Pierre Le Gras s'est éteinte en 1857, dans la personne de Mme Gabrielle-Zoé Le Gras de Vaubercey, mariée le 27 avril 1813, à M. Adolphe de Muzeno, comte du Hamel, dont la descendance est représentée de nos jours par Mme la princesse de Lucinge-Faucigny.

Nota. — Antoine Le Gras de Vaubercey, écuyer, né en 1676, seigneur en partie de Fontenay, fils de Pierre Le Gras et d'Antoinette de Gand, demeurant à Rosson, épousa, à l'âge de 20 ans, par contrat passé devant Mignot et Hugo, notaires à Laon, le 5 juin 1696, Marie-Françoise de Bérulle, fille de M. de Bérulle, écuyer, seigneur de Saint-Gobert et de Menubois, et de Catherine de Lesgretz. La cérémonie religieuse fut célébrée en l'église de Suzy, le 12 juin 1696.

De cette union sont issus :

1º Jacques Le Gras de Vaubercey, baptisé le 3 juillet 1698, à Piney. Parrain, Jacques de Luxe, seigneur de Vantelet, Ailleville, Motté, Fligny, Petit-Mesnil, Mauny, etc. ; marraine, Blaisine de Gand, épouse de Charles de Balidart [2] ;

2º Anne Le Gras, baptisée à Paris, le 9 juin 1699. Parrain, François de Vienne, seigneur de Fontenay, la Tuilerie et autres lieux ; marraine, Anne de Vienne, femme de M. Jean-Baptiste Giraux, sieur de Charmoille [3] ;

3º et 4º Marguerite et Antoine Le Gras, jumeaux baptisés le 9 août 1700. Parrain de la fille : Jean-Baptiste de Lormeau, écuyer, seigneur de Falourdet ; marraine, Anne Foucault, épouse de Nicolas Blondel. Parrain du garçon : François Le Foin, seigneur

---

[1] Arch. départ. de l'Aube, AI, 347.

[2] Actes de Piney.

[3] *Ibid.*

des Forges ; marraine, Elisabeth Le Foin, femme de Louis Christon, chevalier, seigneur d'Auzon[1] ;

5° François-Edouard Le Gras de Vaubercey, qui suit ;

6° Charlotte Le Gras de Vaubercey, née le 11 juillet 1705. Reçue à Saint-Cyr par certificat de d'Hozier. Le 8 août 1721, elle est marraine à Saint-Parres-aux-Tertres de la fille de M. Du Sart[2]. En 1729, le 18 juillet, elle épousa Claude d'Haranguier d'Aulnay[3].

François-Edouard Le Gras, né à Rosson, fut baptisé en l'église de Dosches, le 14 avril 1703. Il posséda la seigneurie de Fontenay en partie, celle de Mongenost comme héritier de sa tante Marguerite Le Gras, et celle de l'Arclay par l'acquisition qu'il en fit, vers 1725, de Nicolas de Sanglier. Il fut aussi seigneur de Mutigny. Marié en premières noces, le 1er octobre 1724, à Louise de Lormeau, fille de feu Jean-Baptiste de Lormeau, écuyer, seigneur de Falourdet, gendarme du roi, et de Louise de Mertrus[4], François-Edouard se remaria le 23 juillet 1752, avec Anne-Charlotte-Alexandrine de Pujet. Devenu veuf une seconde fois, il fut uni en troisièmes noces à Marie-Claire de Relongue de la Louptière, dont il eut un enfant posthume, mort en bas-âge à La Louptière. Mlle de Relongue se remaria en 1755 à Claude de Villiers-de-l'Isle-Adam. De ses deux premières alliances, François-Edouard Le Gras laissa des descendants, parmi lesquels on peut mentionner Louis-François-Alexandre Le Gras de Vaubercey, capitaine-commandant au régiment de Touraine. Il fut père de deux fils et de quatre filles. L'une d'elles, Henriette Le Gras de Vaubercey, née à Mongenost, épousa M. Gilbert de Lametz, et fut mère de la princesse douairière de Monaco, veuve du prince Florestan, et mère de S. A. S. Charles III, prince régnant de Monaco[5].

Seconde branche des Le Gras, seigneurs de Vaubercey en partie.

Simon Le Gras, troisième fils de Benoit et de Françoise Clérey, née à Troyes sur la paroisse Saint-Jean, le

---

[1] Actes de Piney.

[2] Actes de Saint-Parres.

[3] *Ann. de l'Aube*, 1880, p. 157.

[4] C'est à la suite de ce mariage qu'il prit le titre de duc de Falourdet.

[5] *Revue de Champ. et de Brie*, 1879, p. 439.

26 décembre 1554, fut écuyer, seigneur en partie de Vaubercey et de Fontaine-la-Gaillarde, près Sens, receveur des deniers à Sens, avocat à la Cour et au Parlement de Paris et ensuite conseiller d'État sous Henri III et Henri IV, et trésorier de France à Paris, par la résignation de son oncle Nicolas, qui avait été précédemment trésorier de la maison du cardinal de Guise et, suivant Grosley (*Les Troyens célèbres*), secrétaire des commandements de la reine. Il épousa Louise d'Aunoi, fille d'Edmond, seigneur d'Aunoi et de Sénarpont, et de Nicole de Monchi-Sénarpont. De cette union vinrent :

1º Nicolas Le Gras, qui suit ;

2º Simon Le Gras, né le 4 juin 1589, aumônier de Henri IV et de Louis XIII, conseiller d'État en 1623, évêque de Soissons en 1624. Il avait été abbé de Saint-Corneille et prieur de Saint-Nicolas de Compiègne. Ce fut lui qui sacra Louis XIV à Reims le 7 juillet 1654. Il mourut à Soissons le 28 octobre 1656, et fut enterré dans sa cathédrale, du côté de l'évangile ;

3º Antoine Le Gras, qui alla habiter Soissons ;

4º Louis Le Gras, sous-prieur de Saint-Denis-en-France, et prieur de Saint-Parres de Compiègne ;

5º Jean Le Gras, sieur de Fontaine-la-Gaillarde, conseiller des guerres, mort sans enfants au service de Louis XIII, à la suite du siège de Montpellier, en 1622 ;

6º Oudard Le Gras, sieur de Fontaine-la-Gaillarde en partie, officier, puis prieur de Saint-Nicolas, à Compiègne, en 1651 ;

7º Claude Le Gras, abbé de Saint-Corneille de Compiègne.

8º Louise Le Gras, prieure de Saint-Nicolas-du-Pont, à Compiègne ;

9º Isabelle Le Gras, morte en 1612, à 14 ans ;

10º Marguerite Le Gras, morte à l'âge de 10 ans ;

11° Madeleine Le Gras, religieuse à **Notre-Dame** de **Troyes**, puis coadjutrice de sa sœur Louise.

Par acte passé les 30 mai et 27 juillet 1600, Simon Le Gras avait acheté la part d'héritage en la seigneurie de Vaubercey, appartenant à son neveu Benoit II Le Gras, grenetier au grenier à sel de Saint-Florentin, époux de demoiselle Thierriat[1].

Nicolas Le Gras, fils aîné de Simon Le Gras, trésorier de France, lui succéda dans cette charge, dont il fut pourvu par lettres patentes du 10 novembre 1611, à la suite de la résignation de ce dernier.

Le 11 du même mois, il rendit foi et hommage pour partie de Vaubercey et il fournit son aveu et dénombrement, pour la même seigneurie, le 28 janvier 1612.

Successivement conseiller du roi en ses conseils, puis intendant et secrétaire, pendant vingt-deux ans, des commandements de la reine Anne d'Autriche, après la mort de son cousin Antoine Le Gras[2], Nicolas Le Gras épousa, le 13 janvier 1613, Madeleine Le Roux.

En secondes noces, il s'unit à Jacqueline de Morillon, fille de Jean de Morillon, seigneur de Reims-la-Brûlée et d'Odette Saigeot d'Avon[3].

Leur mariage eut lieu le 13 juillet 1632, en l'église Sainte-Marguerite de Châlons et fut béni par l'évêque de Soissons, Simon Le Gras.

---

[1] Arch. départ. de l'Aube, E, 168.

[2] Cet Antoine Le Gras, appartenant à la branche d'Auvergne et de Paris, avait épousé Marie-Louise de Marillac qui, étant veuve, fonda, de concert avec Saint-Vincent-de-Paul, la communauté des sœurs grises ou sœurs de charité. On peut voir, au parloir de l'Hôpital de Brienne, un portrait de Louise de Marillac, avec inscription rappelant que, née à Paris le 12 août 1591, mariée dans la même ville le 5 février 1613, à Antoine Le Gras, secrétaire des commandements de la reine, Marie de Médicis, elle mourut à Paris le 15 mars 1660. (Bardet, *Hist. de l'Hôpital de Brienne*, p. 110.)

[3] Elle était veuve de Germain Godet, sieur de Reyneville, gentilhomme de la Chambre du roi, dont elle avait eu une fille, Marie Godet, morte fille d'honneur de la reine, en 1636. — **Caumartin.**

De ce mariage vinrent deux filles : 1° Anne, qui suit et 2° Elisabeth Le Gras, née en 1635, morte le 18 juin 1670. Elle avait épousé, en 1651, Honoré Courtin, chevalier, comte des Menuls, seigneur de Chantereine, baron de Giori en Argonne, conseiller ordinaire du roi, ambassadeur à Bréda et plénipotentiaire à la paix de Riswick, mort en 1703[1].

En 1632, le 6 octobre, Nicolas Le Gras, conseiller d'État, rendit foi et hommage pour partie des seigneuries de Vaubercey et Epagne[2].

Nicolas Le Gras mourut le samedi 4 août 1646, en sa demeure, place Royale, et fut enterré en l'église Saint-Paul, à Paris.

Anne Le Gras de Vaubercey, fille aînée de Nicolas, née en 1634, épousa, le 2 juin 1651, François-Gaspard de Montmorin (voir ce nom).

En 1659, ces deux époux vendirent leur part de Vaubercey à Pierre Le Gras, et, en 1678, lorsque ce domaine eut été aliéné, ils exercèrent leur droit de retrait lignager et ils achetèrent la totalité de cette terre alors en la possession de M. Mariette. Peu de temps après, ils la cédèrent à M. d'Hénin-Liétard.

Anne Le Gras mourut le 7 novembre 1709, âgée de 75 ans[3], ayant eu : 1° une fille mariée au marquis de Varangeville, dont la duchesse de Villars ; 2° une autre fille mariée à M. le marquis de Palaiseau ; 3° un fils, le marquis de Saint-Hérem, gouverneur de Fontainebleau, qui continua la postérité des Montmorin.

Le nom d'Anne Le Gras figure sur une des cloches de Blaincourt, datée de 1645. (Voy. à l'article : Église de Blaincourt.)

---

[1] Voy. O. de Poli, *Généalog de la maison de Courtin*, p. 208 et 487.

[2] Arch. du château de Brienne.

[3] P. Anselme, VIII, A, 821, et le *Mercure galant* de 1710, p. 31.

Le Mairat.

Seigneur de Vaubercey en partie.

Armes: *d'or, au chevron d'azur, accompagné de trois têtes de paon, du même.* — Vitraux en l'église Saint-Pantaléon de Troyes.

En 1567, Guyon Le Mairat, seigneur de Voué-sous-Barbuise et du fief des Maraux, à Droupt-Saint-Bâle, et Jeanne de La Ferté, son épouse, veuve en premières noces de Guillaume de Vassan, achetèrent de Barthélemy Le Bé et de Catherine de La Pereuse, sa femme, le gagnage du Pellex (ou du Peley, depuis Maury), sis au finage de Pel-et-Der [1].

Jean Le Mairat, conseiller du roi au Grand-Conseil, seigneur de Lavau, Barberey-Saint-Sulpice, Droupt, Trancault et Charmeceaux, baron de Bourdenay, mort en 1661, fils de Louis Le Mairat, seigneur de Droupt, épousa Marie Angenoust, dame de Vaubercey et de Précy-Notre-Dame, du chef de sa mère, Anne de Marisy, femme de Bernard Angenoust.

En 1653, les deux époux achetèrent de Nicolas Broussard, laboureur à Barberey, des héritages de franc-alleu, sis à Vaubercey, en paiement du fermage des terres de Vaubercey, que le père du dit Broussard tenait à bail de Bernard Angenoust, père de Mᵐᵉ Le Mairat [2].

En 1684, les biens des Le Mairat, à Vaubercey et à Précy-Notre-Dame, désignés sous le nom de *ferme de Droupt,* appartenaient à Louis Guillaume de Chavaudon, abbé de Mores. Il les tenait vraisemblablement de M. Etienne Guillaume, seigneur de Lenharé, qui s'en serait rendu

---

[1] Arch. départ. de l'Aube, E, 173.
[2] *Ibid.*

acquéreur en même temps que d'une partie de la seigneurie de Droupt.

M. l'abbé de Chavaudon vendit ces terres, dans le cours de la dite année 1684, à M. de Vienne, seigneur de Précy-Notre-Dame[1].

Le Marguenat

Seigneur de Vaubercey en partie.

ARMES : *d'azur, à trois bandes d'or ; au chef d'or, chargé de trois roses de gueules.* — Caumartin.

Jacques Le Marguenat, bourgeois de Troyes, seigneur du fief de Pugny à Clérey, devint seigneur de Vaubercey en partie à la suite de son mariage avec demoiselle Claude Dozenac, fille de Guillaume Dozenac et de demoiselle de Pleurre. Ce dernier avait fourni, en 1503, un aveu et dénombrement au comte de Brienne, pour ce qu'il possédait à Vaubercey[2].

A sa mort, qui eut lieu antérieurement à 1516, Guillaume Dozenac laissait trois enfants : Nicolas Dozenac, qui épousa Claude Le Febvre, fille de Nicolas Le Febvre et de Gauchère Truchot[3] ; Jacques Dozenac, marié à Gilette, fille de Perrin (ou Pierre) Péricard, et Claude Dozenac, femme de Jacques Le Marguenat. Le 30 mai 1509, Jacques Le Marguenat fournit un aveu et dénombrement pour partie de Vaubercey[4].

Il ne vivait plus en 1538.

De son mariage avec Claude Dozenac sont issus : 1° Jean

---

[1] Arch. dép. de l'Aube, E, 173

[2] Arch. du château de Brienne.

[3] Arch. départ. de l'Aube, 7 H, 154.

[4] Arch. du château de Brienne.

Le Marguenat; 2° Nicolas Le Marguenat; 3° Edmonne
Le Marguenat. (Caumartin.)

En mars 1538 (v. s.), Claude Dozenac, veuve de Jacques
Le Marguenat, dame de Vaubercey, demeurant à Troyes,
est tutrice de son fils mineur, Nicolas Le Marguenat. Elle
possède avec ses belles-sœurs des biens à Prugny, donnés
à cens par le chapelain de la chapelle Sainte-Anne, en
l'église Sainte-Étienne de Troyes[1].

Le Muet.

Seigneur de Vaubercey en partie.

ARMES : *de gueules, à la licorne assise d'argent, accompagnée de
trois étoiles d'or, deux en chef et une en pointe.* (Roserot,
n° 581).

En 1422, Arthur Le Muet est qualifié seigneur de
Vaubercey, nous ne savons à quel titre. Il figure avec cette
qualité dans un acte de vente par lequel, comme procureur de Greffin Le Muet, seigneur de Caresis, il cède au
chapitre de Troyes, pour la somme de 32 livres 15 sous
de principal et six livres de vin, tous les biens du dit
Greffin à Champmillon[2].

L'année suivante, le même Arthur Le Muet, seigneur de
Vaubercey au comté de Brienne, demeurant à La Haie-de-
Calville, au pays de Normandie, choisit l'église de Notre-
Dame-en-l'Isle, de Troyes, pour lieu de sa sépulture.
Ses neveux et héritiers Huguenin Lepeuvrier et Michel Le
Muet, écuyer, demeurent à Troyes[3].

Nous ignorons son degré de parenté avec Nicolas Le

---

[1] Arch. départ. de l'Aube, 6, G, 41.
[2] Arch. départ. de l'Aube, G, 2737.
[3] *Ibid.*, G, 1034.

Muet, licencié en lois, qui fut bailli de Brienne en 1488[1], et aussi bailli de Piney, seigneur de Brantigny, peut-être fils de Pierre Le Muet, clerc notaire à Troyes en 1439[2].

Lenoncourt (de).

Seigneur de Précy-Notre-Dame et Vaubercey en partie.

ARMES : *d'argent, à la croix engrêlée de gueules* (P. Anselme).

Le 20 mai 1549, Philippe de Lenoncourt[3], Anne de Chauvirey. son épouse, et autres personnes vendirent à Guillaume de la Pereuse, seigneur de Précy-Notre-Dame, tous les droits, parts et portions, propriétés et possessions que les dits sieurs vendeurs avaient et pouvaient avoir en la justice terre et seigneurie de Précy-Notre-Dame et finages voisins, consistant en droit de justice moyenne et basse, mairie, censives, lots et ventes, défauts et amendes et autres droits seigneuriaux, et aussi en un gagnage avec ses dépendances situé à Précy-Notre-Dame. Cette vente fut faite moyennant 650 écus sol et 25 livres pour un chaperon de velours[4].

Cette part de seigneurie était venue en la possession de la famille de Lenoncourt à la suite du mariage d'Olivier de Lenoncourt avec Claudette de Méligny (ou Maligny), veuve d'Hugues d'Amoncourt et fille de Jean de Méligny, seigneur de Dampierre-sur-le-Doubs.

Olivier de Lenoncourt, en eut deux enfants : Philippe

---

[1] Arch. dép. de l'Aube, 3, H, 155.

[2] Arch. de M. de La Rupelle, de Saint-Léger-sous-Bréviandes.

[3] Il fut seigneur de Loches, Servigny, Is-sur-Tille, La Marche, et capitaine du château de Dijon.

[4] Arch. du château de Brienne.

de Lenoncourt, mentionné plus haut, et Anne de Lenoncourt, mariée à Jean de Postel, seigneur d'Ormoy[1].

En 1641, Joachim de Lenoncourt, chevalier de l'ordre du roi, baron de Marolles, seigneur de Loches et autres lieux, capitaine d'une compagnie de chevau-légers et major du régiment de cavalerie de Monseigneur le duc de Richelieu, gentilhomme ordinaire de la Chambre du roi, tant en son nom que comme ayant les droits de M. de Marolles, son père, et de feu M. de Toches, son oncle, demeurant au dit Toches, acquiert par transaction de demoiselle Odette de Postel, veuve de Charles de Paires, demeurant à Chaource, onze parts, les douze faisant le tout de la seigneurie de Précy-Notre-Dame, moyennant la somme de 9.550 livres[2].

M. de Marolles, à une date que nous ne pouvons préciser, mais qui doit se rapprocher des années 1651-1652, vendit la seigneurie de Précy-Notre-Dame et les terres de Vaubercey s'y rattachant à M. d'Angeville (voy. ce nom).

Le Page.

Seigneur de Vaubercey en partie.

Armes : *d'azur, au chevron d'or accompagné en chef de deux roses et en pointe d'une croisette cantonnée au 1 et 4 d'une étoile et au 2 et 3 d'un croissant, le tout d'or* (Roserot, n° 611). D'après le manuscrit n° 2285 de la biblioth. de Troyes, le chevron est d'or et la croix est frettée et cantonnée de deux croissants et de deux étoiles, le tout d'argent.

Vincent Le Page, écuyer, valet de garde-robe du roi, grenetier au grenier à sel de Mussy-sur-Seine et garde du

---

[1] Arch. départ. de l'Aube, E, 40. — D'après M. l'abbé Pétel, Anne de Lenoncourt, femme de Jen de Postel, serait fille d'Edme de Lenoncourt, fils de Philippe et, par conséquent, petite-fille de ce dernier. — Voy. *Hist. d'Essoyes.*

[2] Arch. départ., E, 173, et Arch. du château de Brienne, Précy-Notre-Dame, 1. A, 2.

scel aux contrats d'Isle (Aumont), pour Henri de Bourbon, prince de Condé[1], épousa Françoise Le Bé et, par suite de cette union, devint seigneur en partie de Vaubercey et Précy-Notre-Dame.

Ils eurent entre autres enfants un fils, François Le Page, écuyer, sieur de Haudebert, qui, le 4 mai 1637, fut marié à demoiselle Anne Mauroy, fille de Nicolas Mauroy et d'Anne de Hault. En 1609, il rendit foi et hommage au bailliage de Piney, pour moitié du fief de Haudebert et 31 journaux de terre et prés dépendants du gagnage de Méligny, le tout en mouvance de Piney. Le fief de Haudebert consistait en 100 journaux de terres et prés (Papiers C. Des Jardins, de Fontvanne). Anne Mauroy était veuve en 1616, et achetait des terres à Lesmont et à Précy-Notre-Dame[2]. D'après Caumartin, ce serait une demoiselle Le Lieure, fille du seigneur de Chaats, que François Le Page aurait épousée le 4 mars (*sic*) 1637.

François Le Page et Anne Mauroy eurent pour enfants :

1° Charles Le Page, écuyer, seigneur de Précy-Notre-Dame et Vaubercey, marié à Marie de Stavaye, dame de Flacy (Yonne). En 1680, il rendit foi et hommage pour la terre de Flacy. Il ne vivait plus en 1691 ;

2° Nicolas Le Page, écuyer, seigneur de Messon, d'Errey et Vaubercey, époux de Jeanne Guichard, puis de Jeanne de La Chambre ;

3° David Le Page, écuyer, seigneur de Messon, y demeurant, et des Fossés-de-Haudebert (à Vaubercey). Il fut marié en 1652 à Colombe de Cokborn-Corberon. A l'occasion de ce mariage, sa mère Anne Mauroy, alors veuve, lui donna en dot un tiers du fief des Fossés-de-Haudebert. Ils eurent pour fille Marie Le Page, qui fut mariée à M. X...

---

[1] Arch. départ. de l'Aube, G, 1161.

[2] Arch. du château de Brienne, Précy-Notre-Dame, 59, B, n° 5.

Robin, et devint mère de demoiselle Edmée Robin, femme d'Edme-François Congniasse Des Jardins.

Le 15 juin 1654, Anne Mauroy, tutrice de Charles Le Page, écuyer, seigneur de Précy-Notre-Dame, de Nicolas Le Page, écuyer, sieur de Messon et Errey, et de David Le Page, aussi écuyer, seigneur des Fossés-Robert et de Messon, et de Madeleine, leur sœur, vendit à M. d'Angeville tout ce qu'ils possédaient à Précy, à Pel-et-Der et à Vaubercey, pour la somme de 4.150 livres [1].

Lorin (de).

Seigneur de Précy-Notre-Dame et Vaubercey en partie.

En 1649, Charles de Lorin, écuyer, sieur de La Motte-Bellevue-en-Thiérache, achète des demoiselles Louise et Élisabeth de Marisy, demeurant à Pel-et-Der, la part qu'elles possèdent dans la seigneurie de Précy-Notre-Dame [2].

Charles de Lorin était marié à Edmée-Françoise de Précy, fille de feu François de Précy, sieur de Sainte-Suzanne et de Précy-Notre-Dame, qu'il avait épousée au dit Précy, le 4 février 1641 [3]. Il mourut à Précy-Notre-Dame le 7 novembre 1655 [4].

Marie de Lorin est marraine à Précy en 1652. Peut-être était-elle fille de Charles de Lorin et de Edmée de Précy [5].

---

1 Arch. départ. de l'Aube, E, 173, et Arch. du château de Brienne, Précy-Notre-Dame, 22, A, n° 6.

2 Arch. du château de Brienne, 1, A, n° 3.

3 Actes de Précy-Notre-Dame.

4 *Ibid.*

5 *Ibid.*

Luxembourg (de).

Seigneur d'Epagne.

ARMES : *d'argent, au lion de gueules couronné d'or, 'la. queue fourchée et passée en sautoir.* — Antoine, bâtard de Luxembourg, brisait ces armes d'un filet d... mis en barre. (P. Anselme, III, p. 733.)

Antoine de Luxembourg, comte de Brienne, de Roucy et de Ligny, baron de Ramerupt et Piney, vicomte de Machaut, seigneur dé Pougy et chambellan ordinaire du roi Louis XII, épousa : 1° Antoinette de Bauffremont, comtesse de Charny et de Montfort, fille unique de Pierre de Bauffremont ; 2° Françoise de Croy, fille de Philippe, comte de Chimay ; 3° Gillette de Cœtivy, fille d'Olivier, seigneur de Taillebourg.

Il eut du premier lit Philiberte de Luxembourg, et du second lit Claude de Luxembourg, mort jeune, et Charles de Luxembourg.

Il fut aussi père d'un fils naturel issu de Péronne de Machefer, légitimé en février 1500 et figurant dans le procès-verbal de la coutume de Vitry, dressé le 6 octobre 1509, avec la qualité de procureur de son père, sous le nom d'Antoine, bâtard de Brienne, chevalier, seigneur de Luxémont.

Antoine de Luxembourg eut encore plusieurs enfants naturels, parmi lesquels on peut citer : Claude de Luxembourg, marié en 1488 ; Isabeau, femme de Pierre de La Chaussée ; Marie, mariée en 1495 à Jacques, bâtard de Chalon ; Olivier, qui fut capitaine de Mont-Saint-Jean [1].

Le comte de Brienne maria son bâtard, Antoine, à

---

[1] Communication de M. le duc Eugène de Bauffremont.

demoiselle Isabeau de Marolles, dame de **La Chapelle en Brie**, et il lui promit certaines sommes par contrat de mariage.

Entre les années 1503 et 1510, Antoine de Luxembourg était devenu seigneur d'Epagne par acquisition faite de Jean II Hennequin. A sa mort, qui arriva en 1510, son fils légitime et héritier direct, Charles de Luxembourg, devint débiteur de son frère Antoine, bâtard de Brienne, seigneur de Luxémont, pour les sommes qui lui avaient été promises lors de son mariage. Il transigea avec ce dernier, en 1520, et lui laissa en paiement la terre et seigneurie d'Epagne, avec le droit de haute, moyenne et basse justice, à la charge seulement par le dit Antoine, sa femme et leurs hoirs (ou héritiers), de tenir cette terre en plein fief, foi et hommage du comté de Brienne.

En 1538, Antoine de Luxémont était mort. Sa veuve, Isabeau de Marolles, se qualifiait dans un dénombrement : « dame de Luxémont, d'Epagne, de Reims-la-Brûlée et Ligny en partie ».

De son mariage avec la dite dame, Antoine de Luxémont avait eu quatre enfants : Philibert, Marguerite, Barbe et Françoise.

A la mort de leur père, ils se partagèrent la terre et seigneurie d'Epagne, qui fut divisée en onze lots.

Philibert de Luxembourg-Luxémont, en sa qualité de fils aîné, eut une part, et quatre autres comme seul mâle. Les six parts restantes furent partagées également entre ses trois sœurs, Marguerite, femme de Philibert de Cuvilliers ; Barbe, épouse de Louis de Choisy, et Françoise, mariée à Mathieu de Tourotte (voir ces noms).

Philibert de Luxémont épousa Marie de Montbéliard, dame de Robert-Magny, dont il eut :

1° Barbe de Luxémont, mariée à Claude de La Mothe, auquel elle apporta en dot une partie de la terre d'Epagne, l'autre partie ayant été cédée par son père à Philibert de Cuvilliers [1] ;

2° Philibert II de Luxémont, époux en 1564 de demoiselle Alix de Corberon, dame de La Picarde, veuve en premières noces d'Etienne de Longeville, sieur de Châtres. En 1606, ces deux époux vendirent leurs terres de Géraudot (La Picarde) ;

3° Paul de Luxémont, seigneur de Flamerecourt, près Vassy, en 1606. Vers l'an 1630, il épousa Marguerite de Saint-Vincent de Narsy, dont il eut une fille, Marguerite de Luxémont ;

4° Aimé-Sévin de Luxémont, mari de Noémie de Lormeau, et par elle seigneur de Falourdet. Ils eurent une fille, Edmée-Victoire, vivante en 1696.

Ces trois derniers enfants de Philibert de Luxémont paraissent ne rien avoir possédé en la seigneurie d'Epagne.

Mariette.

Seigneur de Vaubercey en partie.

Nicolas Mariette, procureur en la Cour de Parlement, à Paris, devint seigneur en partie de Vaubercey par l'acquisition qu'il fit, le 2 avril 1678, de la partie de cette seigneurie saisie sur Pierre Le Gras [2].

Dans cette même année, il figure comme exempt sur le rôle des tailles de la paroisse de Blaincourt [3].

Le 12 mars 1679, M. de Saint-Hérem ayant manifesté l'intention d'exercer son droit de retrait lignager, M. Mariette lui céda son acquisition moyennant 34.000 liv. plus 4.000 livres pour droit de quint et autres frais [4].

---

[1] Arch. départ. de l'Aube, E, 161.

[2] *Ibid.*, E, 168.

[3] *Ibid.*, C, 1238.

[4] *Ibid.*, E, 168.

Marisy (de).

Seigneur de Vaubercey en partie.

ARMES : *d'azur, à six macles d'or posées 3, 2 et 1.* Supports, deux levrettes colletées d'azur. Cimier, un vol d'azur et d'or chargé d'une levrette issante, d'argent, colletée de gueules. Devise : *Bien ou mieux*, et, *Sans excéder raison.* (Roserot, *Les Marisy*, p. 15).

Deux branches de la famille de Marisy semblent avoir possédé des biens à Vaubercey, à Pel-et-Der et à Précy-Notre-Dame.

En 1379, le 14 novembre, Thomas de Marisy, bailli de Brienne, achète de Jacquinot d'Arras, bourgeois de Troyes, moyennant 30 francs d'or du coin du roi, une grange et diverses pièces de terres sises à Pel-et-Der [1].

Il avait épousé Héluyson de Pel, qui lui apporta en dot des terres à Pel-et-Der et à Vaubercey. Leurs enfants furent : Simonnet de Marisy, époux de Jeanne Pogain [2] ; Gilles de Marisy, marié à Nicole de Chattonrupt, dont il eut Jehannette de Marisy, femme en troisièmes noces de Henri de Daillancourt, par elle seigneur en partie de Vaubercey, et Colot (ou Nicolas) de Marisy.

François de Marisy, seigneur de Machy (fils de Claude et de Michelle Molé), maître réformateur des eaux et forêts de Troyes en 1560, épousa Marie de Vassan, fille de Jean de Vassan et de Marie-Anne de Pleurre, sa première femme. De leur union vint une fille, Anne de Marisy, femme de Bernard Angenoust, écuyer, seigneur de Trancault, Bezançon et Machy, conseiller du roi, lieutenant au bailliage

---

[1] Roserot, *Les Marisy*, p. 35.

[2] Une ferme et un étang des environs de Piney portent encore le nom de *Pogain*.

et siège présidial de Sens, auquel elle apporta une partie des seigneuries de Vaubercey et Précy-Notre-Dame, pour laquelle il fournit aveu et dénombrement à François de Luxembourg qui, à cause de son duché de Piney, avait dans sa mouvance les terres et prés situés à Précy-Notre-Dame[1]. Ils eurent aussi un fils, Jacques de Marisy, qui fournit également aveu et dénombrement pour sa part de Vaubercey en 1612 et 1618[2].

Un autre membre de la famille de Marisy, Nicolas, écuyer, gentilhomme de M. le comte de Brienne en 1595[3], épousa demoiselle Anne Le Bé, fille de Barthélemy Le Bé, seigneur de Vaubercey[4], et de Catherine de La Pereuse.

Il eut de ce mariage :

1° Henri de Marisy, qui suit ;

2° Anne de Marisy, femme de Michel de Saint-Amour, morte en 1658[5] ;

3° Barbe de Marisy, baptisée à Précy-Notre-Dame, le 22 novembre 1583. Parrain, Benoît Le Gras, seigneur de Vaubercey en partie ; marraine, l'épouse de M. de Saint-Parres, près Troyes. Elle mourut jeune[6].

Henri de Marisy, seigneur de Baudricourt, demeurant à Romaines en 1626, mort dès 1636, avait épousé, en 1608, Claude de Chobillon (*alias* : Cheliban ou Chelamban), héritière de Claude de Mertrus[7].

---

[1] Arch. du chât. de Brienne, 2, B. n° 2. — Au bas de cet acte, est le sceau de Bernard Angenoust. Il est ovale de 22 mill. sur 15 mill. L'écu est écartelé au 1 et 4, à deux épées en sautoir ; au 2, à six besants posés 3, 2 et 1 ; au 3, à trois roses ou quintefeuilles, placées 2 et 1.

[2] *Ibid.*

[3] Caumartin.

[4] Les Fossés-de-Haudebert.

[5] Actes de Précy-Notre-Dame.

[6] *Ibid.*

[7] *Revue de Champagne et de Brie*, 1881, p. 53.

En 1606, il avait obtenu une sentence contre Jean Rousselot de Vaubercey [1].

Ses enfants furent : Claude de Marisy, écuyer, mineur en 1631, mort en 1637, seigneur des Fossés-de-Haudebert[2].

Marguerite de Marisy, mineure en 1631, et, peut-être, Louise-Elisabeth et César-Auguste de Marisy. Ce dernier fut parrain à Pel-et-Der en 1655 [3].

En 1654, Elisabeth de Marisy était femme de M. de Boisclair, seigneur de Torcy. Elle mourut le 2 février 1672[4].

Louise de Marisy était, en 1663, mariée à Claude Maufroy.

Henri de Marisy aliéna, en 1607, au profit de Denis Lalemant, des terres situées sur Vaubercey [5].

Les demoiselles de Marisy, Louise et Elisabeth, vendirent à M. Charles de Lorin, sieur de La Motte-Bellevue, tout ce qu'elles possédaient à Précy-Notre-Dame.

Dix ans après, Elisabeth de Marisy cédait à M. d'Angeville sa part du fief de Vaubercey [6].

Méligny ou Maligny (de).

Seigneur de Précy-Notre-Dame et Vaubercey en partie.

Dans les titres que nous avons consultés, on trouve ce nom écrit : Melligny, Mailligny, Maligny et Malligny.

Armes : D'après un sceau pendant au bas d'un aveu et dénombrement fourni, en 1451, par Jean de Méligny au nom de son fils, Jean de Méligny, seigneur d'Angoulevent pour partie, de Bossancourt et de Couvignon, il avait pour armes : *de Champagne à la bande frettée.* Supports deux lions ; cimier une tête de loup[7].

Le 5 octobre 1503, Simon de Villemor, « au nom et

---

[1] Arch. départ. de l'Aube, E, 168.

[2] Act. de Précy-Notre-Dame.

[3] Act. de Pel-et-Der.

[4] *Ibid.*

[5] Arch. départ. de l'Aube, E, 168.

[6] *Ibid.*, E, 173.

[7] Arch. du chât. de Dampierre de l'Aube.

« comme procureur de Jehan de Méligny, apporta à la
« cour du bailliage de Chaumont une demye feuille de
« papier de lui signée contenant ce qui s'en suit : Jehan de
« Maligny, escuier, sieur de Précy-Notre-Dame en partie,
« obtempérant aux commandements à lui faits, etc... dit
« et déclare qu'il est seigneur en partie de la terre et sei-
« gneurie de Précy-Notre-Dame ès termes et en l'étendue
« du bailliage de Chaumont, en laquelle il a toute justice
« haulte, moyenne et basse, et mouvant en fief de la terre et
« seigneurie de Pigney, qui lui peult valoir pour sa part et
« portion par chacun an tant en mairie, cens, coustumes,
« terres, rentes, grains que autres droits et revenu quel-
« conque à prisée de terre selon la coutume du pays, 16 liv.
« tournois ou environ. Et laquelle terre et revenu d'icelle... a
« ja baillé par déclaration en la court du bailliage de Troyes
« avec les autres seigneuries et fiefs qu'il a et tient au dit bail-
« liage de Troyes pour ce que par cy devant et il s'est toujours
« présenté au ban et arrière-ban au dit Troyes avec les
« autres gentilshommes d'icelluy bailliage de Troyes et
« qu'il a maison et demorance à Troyes [1]. » En 1582,
le gagnage appelé Méligny (ou Maligny) consistait en
72 journaux de terre (Papiers C. Des Jardins de Fontvanne).

Jean de Méligny, seigneur de Dampierre-sur-le-Doubs,
de Fresnay, de Bossancourt et de Vaubercey en partie,
épousa Marguerite de Bornant (ou de Vornant), fille de
Jean de Bornant, dit Franquelance, et de Jacqueline Blanchet,
veuve de Jean Saugette. De ce mariage, il eut deux filles :
1° Claude de Méligny, femme en premières noces de Hugues
d'Amoncourt, et en secondes noces d'Olivier de Lenoncourt ;
2° Anne de Méligny (voir au nom Lenoncourt).

NOTA. Douet d'Arcq, dans son Inventaire des sceaux conservés
aux archives nationales, mentionne deux sceaux provenant de
personnages portant le nom de Maligny. Le premier est celui de

---

[1] Arch. du chât. de Brienne. — Précy-Notre-Dame, 2, H, reg., p. 32.

Guy, seigneur de Maligny, xiv° siècle (n° 2682) ; il porte une bande accompagnée de deux cotices ; l'autre a servi à Robert de Mailligny, écuyer, 1394 (n° 2661) ; il est armorié de la bande coticée de Champagne, accompagnée en chef d'une étoile.

Montangon (de).

Seigneur d'Épagne en partie.

ARMES : *gironné d'or et d'azur de 12 pièces*. Montangon moderne porte seulement un *gironné de six pièces*.

La famille de Montangon, originaire de Champagne (nous la croyons issue d'une branche de la maison d'Enghien), posséda les seigneuries de Crespy, Juzanvigny, Dienville, Épagne, Chassericourt, etc. Elle doit son nom à la terre de Montangon, près Piney, dont elle posséda certainement quelques parties de la seigneurie. On affirme que la terre de Crespy lui appartenait dès l'an 1470.

Le 2 février 1644, Charles de Montangon[1] épousa Marguerite d'Alichamp, fille de René d'Alichamp et d'Anne de Raguet (ou Raguen), dame d'Epagne en partie.

De ce mariage sont issus : Louis, Jacques et Nicolas de Montangon. En secondes noces, il prit pour épouse Charlotte-Marguerite de La Salle[2], veuve d'Edme de Fumel, seigneur de La Coste. Elle était sœur d'Antoine de La Salle, seigneur du Petit-Mesnil. De ce second mariage vinrent : François, Edme, Charlotte et Catherine de Montangon.

Le 9 février 1649, Louis de Montangon, seigneur de Crespy, et Charles de Montangon, seigneur du même lieu, figurent à l'assemblée des trois ordres, tenue au bailliage

---

[1] Il était fils de Louis Ier de Montangon, seigneur de Crespy, Rouvray et Couperel, et d'Antoinette de Sancière, fille de Benjamin de Sancière, baron de Thenance, sieur de Montricon (à Éclance).

[2] Fille de Charles de La Salle, seigneur de Jausse, et de Charlotte de Montbéliard.

de Chaumont, pour la nomination des députés aux Etats généraux.

En 1667, Louis de Montangon, demeurant à Crespy, fournit un aveu et dénombrement de la terre d'Epagne, tant pour lui-même que pour ses frères et sœurs, enfants de Marguerite d'Alichamp [1].

Le 5 mars 1675, Louis de Montangon et Jacques-Anne de Montangon se partagèrent la succession de leurs père et mère [2].

Jacques-Anne de Montangon, cadet au régiment de Crussol, se qualifiait seigneur de Crespy, Epagne et La Motte-de-Béard. Il vivait à Epagne en 1679, lorsqu'il rendit foi et hommage au comte de Brienne pour une part et un quart, les onze faisant le tout, de la seigneurie de ce village. L'année suivante, le 6 mai, il fournit son aveu et dénombrement.

On le voit figurer comme parrain sur les registres de la paroisse d'Epagne en 1685 ; il l'est encore en 1686 avec demoiselle Jacquette de Guigne, et en 1705.

Sur les rôles de la communauté de Blaincourt et Epagne, il est porté comme exempt en 1678, 1681, 1690 et 1693 [3].

Le 15 février 1690, devant Girardin et Hennequin, notaires à Brienne, Jacques-Anne de Montangon vendit à François-Honoré d'Alichamp et à Jeanne de Guigne, femme de ce dernier, 93 journaux de terres et 7 fauchées de prés, tant sur le finage d'Epagne que sur ceux de Montois et Précy-Saint-Martin, pour un prix de 3000 livres, laquelle somme était due par le dit vendeur à M. Zacharie Simonnot, curé de Saint-Léger-sous-Brienne [4].

---

[1] Arch. Brion, d'Épagne.

[2] *Ibid.*

[3] Arch. départ. de l'Aube, C, 1238.

[4] Arch. Brion, d'Épagne.

Deux ans après, il fit don au même François-Honoré
d'Alichamp de tout ce qu'il possédait encore à Epagne, et en
outre d'un gagnage de 72 journaux de terres et chenevières
et 6 fauchées de prés, aux ban et finage de Morvilliers, de
36 arpents de bois taillis au Petit-Mesnil, lieu dit le Bois-de-
Niselle, et de quelques rentes, à charge par M. d'Alichamp
de lui servir une pension viagère de 200 livres. Dans cette
donation est comprise une maison avec ses dépendances,
jardins et accins, contenant [deux arpents environ, sise à
Epagne, tenant au sieur d'Alichamp et au presbytère, au
chemin d'un bout, et d'autre au cimetière, et dans laquelle
habite le donateur.

Edme de Montangon, chevalier, sieur en partie de
Crespy, Chaumesnil, Petit-Mesnil, etc., fils de Charles de
Montangon et de Charlotte de La Salle, épousa, le
11 septembre 1688, Marie-Angélique d'Alichamp. Avec
le consentement de son épouse, il vendit, le 27 janvier 1699,
à François-Honoré d'Alichamp, seigneur d'Epagne, les
terres, prés et bois appartenant à la dite dame sur le finage
de cette seigneurie et à Montois, par succession d'Honoré
d'Alichamp, dont elle était héritière pour moitié. La vente
fut consentie à raison de 2.400 livres tournois, et de
100 livres pour la « coueffe » de la dite dame [1].

Louis de Montangon (fils aîné de Charles II), seigneur de
Crespy, La Motte-Béard, Epagne, Le Petit-Mesnil, Chau-
mesnil et Couperel, naquit en 1647. Il eut pour parrain
Henri de Loménie, comte de Brienne, et pour marraine
Marguerite de Joyeuse, fille du seigneur de Mathaux.

D'abord dans les gardes du corps du roi, puis capitaine
de cuirassiers au service de l'Empereur, Louis de Montangon mourut à Crespy le 8 mars 1691.

De son mariage avec Edmée de La Rue (fille de René de
La Rue, seigneur de Fresnay, et d'Odette de Marceron),

---

[1] Arch. Brion, d'Épagne.

qu'il avait épousée par contrat du 10 février 1675, il eut six enfants :

1° René ; 2° Edmée ; 3° Madeleine ; 4° Louise ; 5° Jeanne et 6° Angélique.

René de Montangon, chevalier, seigneur de Crespy, Béard, Epagne, Longchamp et Millière, était né au château de Béard, le 17 février 1677. Il fut cornette au régiment d'infanterie de Castéjà. Il avait épousé, en 1720, Anne-Marie de La Rue, fille de Claude de La Rue, seigneur d'Ormoy, et de Marie Denis. Elle le rendit père de six enfants.

Le 22 avril 1720, par acte insinué à Brienne le 10 juillet suivant, René de Montangon, demeurant ordinairement au château de Béard, près Crespy, vendit à Pierre de La Tour, sieur des Essarts et de Préau, conseiller du roi, trésorier de la chancellerie et contrôleur général de la Monnaie de Paris, y demeurant, et à Mme Élisabeth Guérin, son épouse, le fonds et propriété des terres et seigneuries de Béard et Crespy-sous-Brienne, et généralement tout ce qui en dépendait d'après le partage fait entre lui et dame Edmée de Montangon, épouse de Jean de Beaufort de Pothémont (aujourd'hui Epothémont), des successions de Louis de Montangon et d'Edmée de La Rue, leurs père et mère ; plus le fonds et le produit des étangs, fermes et tuileries acquis par le sieur de Béard, depuis ce partage, de Jean de Montangon de Rouvray, écuyer, seigneur de Crespy par contrat du 10 novembre 1715, et aussi le fonds et propriété des terres qui lui appartenaient aux lieux de Chaumesnil, Epagne et Petit-Mesnil, ensemble la justice haute et basse, droit de ban, etc., à l'exception de la moitié de l'étang de Béard et de la justice sur le dit étang, cédées à M. de Montangon de La Forge par le vendeur, qui se réserva le droit de porter, sa vie durant, le nom de la terre de Béard. La vente fut consentie pour un prix de 70.000 livres, sur lequel 5.000 livres devaient être payées aux enfants mineurs de M. de Rouvray et à dame Marie Deu, son épouse[1].

Les sieur et dame de La Tour, par acte de Linacier, notaire à Paris, du 22 juillet 1732, vendirent tout ce qu'ils avaient acheté de René de Montangon à Jean-Louis de Beureville et à demoiselle Anne-Thérèse de Poiresson, son épouse. (Voy. au nom Beureville.)

Montier (de).

En 1684, vivait à Epagne une demoiselle Françoise de Montier, fille de M. Anne de Montier, seigneur en partie de Crespy. Nous ne pensons pas qu'elle ait eu en sa possession quelque partie de la seigneurie d'Epagne[2].

Montmorin (de).

Seigneur de Vaubercey en partie.

ARMES : *de gueules, semé de molettes d'argent, au lion du même.* (P. Anselme, La Chesnaye des Bois, et vitrail en l'église Saint-Pantaléon de Troyes.)

François-Gaspard de Montmorin, chevalier, marquis de Saint-Hérem, comte de Château-Neuf, seigneur de Valon, et de Saint-Germain-de-la-Morlière, grand louvetier de France, capitaine et gouverneur du château de Fontainebleau, mort en 1701, fut seigneur en partie de Vaubercey par suite de son mariage avec demoiselle Anne Le Gras, fille de Nicolas Le Gras (voir ce nom).

En 1679, la seigneurie de Vaubercey ayant été saisie

---

[1] Arch. Brion, d'Épagne.

[2] Arch. départ. de l'Aube, AI, 476.

sur Pierre Le Gras, auquel M. de Saint-Hérem avait vendu le lot échu en partage à sa femme, ce seigneur exerça son droit de retrait lignager et racheta cette terre des mains de M. Nicolas Mariette.

Le 19 juin 1684, il rendit foi et hommage pour partie de Vaubercey et Epagne [1].

M. de Montmorin ne conserva que peu de temps ce domaine.

En 1693, il le vendit à M. de Blaincourt. Il possédait alors à Vaubercey 16 parts sur les 24 composant la seigneurie. Elles consistaient en deux châteaux avec bâtiments d'exploitation, deux colombiers, un pressoir banal, 149 journaux de terres sur Blaincourt, Epagne et Vaubercey, 52 fauchées de prés en 24 pièces, 2 pièces de vignes à Vaubercey, deux onzièmes de la seigneurie d'Epagne, le bois tenant au bois Saint-Loup et au seigneur de Blaincourt, 8 arpents, 6 cordes de bois à Blaincourt, lieudit Champmoron, 4 arpents, lieudit la Tassonnère, plus le fief de Briseur à Précy-Saint-Martin [2].

Morillon (de).

Seigneur de Vaubercey en partie.

ARMES : *d'or, à la fasce de gueules chargée de deux filets ondés d'argent et accompagnée de trois tréfles de sable.* (Caumartin. Vitrail à Saint-Pantaléon de Troyes.)

Jean de Morillon, sieur de Marne-la-Maison, La Bardolle, Coupetz, Pringy et Reims-la-Brûlée, conseiller du roi, lieutenant général et commissaire-examinateur du bailliage de Vermandois, au siège de Châlons-sur-Marne, devint

---

[1] Arch. du château de Brienne.
[2] Arch. départ. de l'Aube, E, 161.

seigneur en partie de Vaubercey à la suite de son mariage avec Odette Saigeot, veuve du seigneur de Dosnon[1].

De son mariage avec ladite demoiselle Saigeot, il eut un fils Jean II de Morillon, qui fut conseiller du roi en la cour de Parlement à Metz, et épousa, le 6 octobre 1636, Antoinette de Rochereau, fille de Denis de Rochereau, et une fille Jacqueline, femme : 1° de Germain Godet, sieur de Regneville ; 2° de Nicolas Le Gras (voy. ce nom).

Le 16 mai 1612, Jean II de Morillon rendit foi et hommage pour partie de Vaubercey[2]. Il fournit un aveu et dénombrement pour cette même seigneurie le 12 juillet 1621[3]. Le 27 août suivant, il se rendit acquéreur de la part de seigneurie de Vaubercey, venant d'Antoine Hennequin, qui avait été saisie sur Denis Lécorché, curateur aux biens vacants dudit Hennequin. L'année précédente, Jean de Morillon avait acheté de Robert de Harlus, sieur de Vertilly, époux de Marie Saigeot, tout ce qui avait été attribué à cette dernière dans la terre et seigneurie de Vaubercey lors du partage de la succession de Germain Saigeot[4].

Morange.

Seigneur de Vaubercey en partie.

En 1561, Pierre Morange, marchand, demeurant à Épagne, fournit un aveu et dénombrement au comte de Brienne, pour 10 arpents de terres détachés de la seigneurie

---

[1] Caumartin le fait mourir en 1630, ce qui paraît être une erreur, puisque, sur une pièce conservée aux Arch. départ. de l'Aube, E, 164, on lit : Extrait des censives du fief de Briseur, appartenant à demoiselle Oudette Saigeot, veuve de M. de Morillon, 1604.

[2] Arch. du château de Brienne.

[3] *Ibid.*

[4] Arch. départ. de l'Aube, E, 168.

de Vaubercey qu'il venait d'acheter de Claude Clérey, sieur de la Grande-Fouchère, bourgeois de Troyes. Ces terres tenaient aux propriétés des héritiers de Barbe de Luxembourg [1].

Deux ans après, il prit à cens une pièce de terre de 30 journaux, sise à Précy-Notre-Dame, dans le lieudit les Fossés-Monsieur-Thibault, près Vaubercey, aboutissant sur le Tripier et sur le chemin du bois de Précy, plus une autre pièce de 5 journaux, lieudit Ribault-Pré, tenant au chemin de Précy et au chemin de Pel-et-Der. La censive était de 35 sous, en argent, et 2 poules.

Pierre Morange laissa son nom à cette partie de territoire, désignée encore aujourd'hui sous le nom de pièce Morange.

En 1600, les 30 journaux pris à cens par Morange furent compris dans le lot qui échut à demoiselle Anne Le Bey, lors du partage qui fut fait entre elle et les enfants Le Page [2].

Ces terres appartenaient en 1674 aux Bouvard et aux Lalemant (voy. au nom Lalemant).

Petit.

Claude Petit, garde du corps de Son Altesse Royale, habitait Précy-Notre-Dame, avec son épouse Nicole Jacquelet en 1655. Leur fille, Nicole Petit, était mariée à Mathieu d'Angeville, qui venait d'acquérir la terre et seigneurie dudit Précy-Notre-Dame.

Claude Petit, en 1655, acheta la moitié d'un jardin,

---

[1] Arch. Brion, d'Epagne

[2] Arch. départ. de l'Aube, E, 173.

sis à Précy, et nommé *les Vachères,* contenant 3 arpents, au prix de 230 livres. La même année, les habitants de Précy, par un acte passé devant Papillon, juge-garde de la justice de Précy-Notre-Dame pour M. d'Angeville, cédèrent à Claude Petit une ruelle de 8 à 9 pieds de large, tenant à la rue aux Canes et à la rivière, appelée *la Ruelle commune,* et deux denrées de la pièce des *Usages,* faisant pointe à la rivière, « moyennant que ledit « sieur ferait rétablir une des chapelles en vétusté de leur « église » [1].

M. Petit posséda aussi des terres dans l'enclos de La Motte. Il mourut à Précy-Notre-Dame, le 9 février 1657, et il fut inhumé dans la chapelle de droite de l'église [2].

Postel (du).

Seigneur de Vaubercey en partie.

Anne de Lenoncourt, fille de Philippe de Lenoncourt, épousa Jean du Postel (ou de Postel), seigneur d'Ormoy, qui devint, par cette alliance, seigneur de Précy-Notre-Dame et Vaubercey en partie.

En 1625, Antoine d'Asconia, mari de Suzanne du Postel, fille de Jean, habitait avec elle la ferme des Fossés-de-Haudebert (Vaubercey). Il se qualifiait seigneur de Montavan (ou Montchavan) et des Fossés-Robert (*sic*) [3].

Suzanne du Postel mourut aux Fossés, le 25 septembre 1635, presqu'en même temps que sa fille, alors femme de Pierre d'Argillières (voy. ce nom) [4].

---

[1] Arch. du chât. de Brienne.

[2] Act. de Précy-Notre-Dame.

[3] Arch. départ. de l'Aube, E, 160.

[4] Act. de Précy-Notre-Dame.

Odette du Postel, sœur de Suzanne, épousa Charles de Peyre [1], écuyer, sieur de la Garde et de Précy-Notre-Dame en partie.

Le 10 octobre 1628, Charles de Peyre fournit un aveu et dénombrement pour la terre de Précy-Notre-Dame. Il déclare posséder : « la seigneurie avec tous droits de justice « haute, moyenne et basse; la maison seigneuriale avec « granges, étables, accins et vergers, contenant six journels « et demi de terre ou environ, les rentes et censives, chap- « pons, poules dues chacun an à ladite seigneurie, lots et « ventes, défauts et amendes, se montant chacun an à « 71 livres, 4 deniers, 4 chapons et 4 poules, les censives « dudit Précy-Notre-Dame montant chacun an à 13 livres, « 19 sols, 1 denier, 1 chapon et 21 poules et demie. « *Item*. le droit de fournage de Précy-Notre-Dame, de « 3 sols, 6 deniers par chascun mesnage [2] » .

Les actes paroissiaux de Précy-Notre-Dame nous font connaître les noms de quelques-uns des enfants de Charles de Peyre et d'Odette du Postel.

Le 15 avril 1634, leur fils Antoine fut baptisé à Précy. Le 25 janvier 1636, Charles de Peyre, sans doute leur fils aîné, est parrain dans la même paroisse.

Charles de Peyre ne vivait plus en 1641, et sa veuve, Oudette du Postel, demeurant à Chaource, vendait à **M**. de Lenoncourt, par transaction, onze parts, les douze faisant le tout, de la seigneurie de Précy-Notre-Dame, moyennant la somme de 955 livres [3].

Mme de Peyre ne resta pas longtemps veuve. En 1645, elle était déjà remariée à Edme de Racines, avec lequel elle vend à Mme Anne Le Clerc, veuve d'Antoine d'Hénin-Liétard, la terre de Nuisement-au-Bois (Marne) [4].

---

1 On trouve ce nom écrit : de Peyre, de Peire et du Parc.

2 Arch. du château de Brienne, Précy-Notre-Dame, 2, B, 3.

3 Arch. du château de Brienne.

4 Arch. départ. de l'Aube, E, 162.

Pleurre (de).

Seigneur de Vaubercey en partie.
On trouve ce nom écrit : de Pleurs, de Pleures et de Pleurres.

ARMES : *d'azur, au chevron d'or accompagné de trois griffons d'or, les deux du chef affrontés.*

Colin de Pleurre fut seigneur en partie de Précy-Notre-Dame, Pel-et-Der et Vaubercey, à cause de son mariage avec Louise Molé, fille de Guillaume Molé et de Simonne Boucherat. Ce Guillaume Molé était lui-même fils de Guillaume Molé et de Jehanne L'Eguisey et il avait hérité, au décès de sa sœur utérine Guyonne Le Peley[1], d'une partie du gagnage appelé Le Pellex (corruption du nom Le Peley). Il semble avoir possédé, en outre, une partie des fiefs de Méligny, des Fossés-de-Haudebert et de la ferme de La Motte.

En 1500, Colin de Pleurre donne à titre d'acensement à Jean Maury, laboureur à Der (d'où le nom de Maury porté plus tard par cette propriété), un gagnage d'environ 81 journaux nommé Le Pellex. Ces terres sont situées à Pel-et-Der, dans les contrées dites Peretot, Dessus-les-Forêts, Millières, l'Homme-Mort, Frébost, La Ruelle-Molé, Le Champ-Gueneton, Mouilleçon, La Haye-Gon, Ogier, Au-Bonnet, les Englures, le Gros-Tertre, le Cheminet, Es-Boulée, Solmont, la Côte-aux-Bourgeois, Es-Antes-du-Gué, la Grande-Chialot, la Voie-de-Ramerupt, etc. Le preneur doit payer 6 setiers de grain, moitié blé, moitié avoine, à la valeur du minage, deux boisseaux de pois, un chapon, le tout rendu à Troyes, chargé de censives portant lots et ventes. Le dit preneur ne pourra séparer les terres ; le

---

[1] Fille issue du premier mariage de Jehanne L'Eguisey avec Guy Le Peley.

tout devra être vendu ensemble et à charge de censive. Faute de paiement pendant trois années, le bailleur pourra rentrer en possession de l'héritage[1].

Dans le cours de la même année 1500, Colin de Pleurre, écuyer, demeurant à Troyes, rendit foi et hommage à Antoine de Luxembourg, comte de Brienne, seigneur de Piney et de Ramerupt, pour ce qui s'ensuit, savoir : « Premièrement, les deux tierces parties par indivis, les « trois parts faisant le tout, de la terre et seigneurie de « Précy-Notre-Dame, mouvant et tenu en fief du dit « seigneur, qui puellent valoir à la partie du dit de Pleurre, « tant en deniers comme en blef, selon l'estimation expresse « de terre de la coutume de Champagne, la somme de « 35 livres tournois ou environ. *Item*, un gagnage appelé « Hodebert, séant à Pel, au bailliage de Chaumont, mou- « vant et tenu en fief au dit seigneur, qui peult valoir « par an, tant en deniers comme en blef, la somme de « 16 livres tournois »[2].

Colin de Pleurre ne vivait plus en 1506. Il avait eu de son mariage avec Louise Molé :

1° Eustache de Pleurre, marié à Louise Richer. Il prenait le titre de seigneur de Précy-Notre-Dame[3]. Ses enfants furent : Marie de Pleurre, femme de Eustache de Mesgrigny, et Louise de Pleurre, épouse de Jean Mauroy[4]. Eustache de Mesgrigny ne paraît pas avoir conservé des biens à Précy-Notre-Dame ;

2° Anne de Pleurre, mariée en premières noces à Jean de La Perreuse et, en secondes noces, vers 1536, à Jean de Vassan.

---

[1] Arch. départ. de l'Aube, E, 173.

[2] Arch. du château de Brienne, Précy-Notre-Dame, 2, A.

[3] La Chesnaye des Bois, X, p. 80.

[4] Arch. départ. de l'Aube, E, 417.

Dès 1512, Louise Molé était remariée à **François Hennequin** et prenait le titre de dame usufruitière de Précy-Notre-Dame (voy. au nom Hennequin).

Précy (de).

Seigneur de Précy-Notre-Dame et de Vaubercey en partie.

La famille de Précy, bien qu'ayant possédé la seigneurie de Précy-Notre-Dame, a pu joindre à ses titres celui de seigneur de Vaubercey, car elle a joui de terres détachées de ce fief.

A une date qui nous est inconnue, Victrice de Précy, fait une donation à l'église de Précy-Notre-Dame[1].

En 1505, Pierre de Précy, âgé de 79 ans, est époux de Catherine de Pampelune, fille de X... de Pampelune et de Jeanne de La Viéville. Le frère de cette Catherine de Pampelune, Guillaume, dit Le Lion, capitaine de cavalerie, prétend, en 1506, avoir des droits sur la seigneurie de Précy[2]. A la même date, il est parlé de son frère Antoine de Précy.

Le 9 juin 1548, messire Barthélemy de Précy, écuyer, prêtre, demeurant à Précy-Notre-Dame, achète de Nicolas Thourier, écuyer, et de demoiselle Nicole d'Allibaudières, sa femme, demeurant également à Précy-Notre-Dame (la dite Nicole, tant pour son droit de douaire préfixe ou constitué que propriété), un gagnage d'environ 15 journaux de terres et prés, pour le prix de 459 livres, 18 sols, 8 deniers en principal, et 23 livres tournois en vin. Plusieurs de ces terres sont en franc-alleu ; sur l'une d'elles se trouve une maison[3].

---

[1] *Cartul. du prieuré de Précy-Notre-Dame*, conservé aux Arch. municip. de Précy.

[2] *Ibid.*

[3] Arch. du château de Brienne et Précy-Notre-Dame, 15, A, 1.

En 1583, Jean de Précy, mari d'Edmée de Chaumont, fournit au seigneur de Dampierre un aveu et dénombrement pour les terres du Mothé et de Sainte-Suzanne [1].

Le 17 septembre 1584, François de Précy, fils de Jean-Baptiste de Précy, est baptisé à Précy-Notre-Dame. Parrains, Antoine de Chaumont et Barthélemy de Précy ; marraine, Diane de Lorraine, duchesse de Piney [2].

On trouve, en 1595, un X.... Petitpied, qui prend le titre de seigneur de Précy-Notre-Dame et de Chalette [3]. Peut-être possédait-il quelques parties de cette seigneurie comme héritier de Pierre Petitpied, qui avait épousé Catherine, fille de Guillaume de Pampelune, seigneur d'Assencières et d'Epothémont [4].

En 1598, Hélène de Précy, fille de M. du Mothé et de Sainte-Suzanne, est marraine à Précy-Notre-Dame [5]. Elle est probablement la même personne qu'Hélène de Précy, dame de Sacey, veuve de Christophe de Sommermont, que nous avons vue mentionnée dans un titre aux Archives départementales de l'Aube [6].

François de Précy obtint, en 1617, l'autorisation de faire dresser un terrier de la seigneurie de la Motte à Précy-Notre-Dame.

Le 1er novembre 1627, Gabrielle de Précy, femme de M. de Sainte-Suzanne, meurt à Précy, et elle est enterrée dans l'église de cette paroisse, devant le grand autel [7].

Onze ans après, le 4 mars 1638, François de Précy la

---

[1] *Mém. de la Société Acad. de l'Aube*, t. 25, p. 327.

[2] Elle fut la première femme de François de Luxembourg, duc de Piney, qui, le 31 mars 1599, se remaria avec Marguerite de Lorraine, fille de Nicolas, duc de Mercœur, comte de Vaudemont. — P. Anselme.

[3] Caumartin.

[4] Pierre Pithou, *Les Coutumes du bailliage de Troyes*.

[5] Actes de Précy-Notre-Dame.

[6] Arch. départ. de l'Aube, E, 514.

[7] Actes de Précy-Notre-Dame.

suivit dans la tombe et, comme elle, il fut enterré dans l'église[1]. Il laissait une fille, E lmée-Françoise de Précy, qui épousa à Précy-Notre–Dame, en 1641, Charles de Lorin, écuyer, seigneur de la Motte-Bellevue (voy. au nom de Lorin). Elle mourut le 18 septembre 1651, et son mari le 7 novembre 1655[2].

Saigeot.

Seigneur de Vaubercey en partie.

ARMES : *écartelé au 1 et 4 d'azur, au chevron d'or accompagné de trois étoiles du même ; au 2 et 3 de gueules, à la croix engrêlée d'argent.* — Biblioth. de Troyes, ms. 2601.

Germain Saigeot, écuyer, sieur d'Avon, notaire et secrétaire du roi, commis de M. de l'Aubespine, secrétaire d'Etat, puis receveur des domaines à Troyes, avant 1573[3], épousa demoiselle Anne Hennequin, fille d'Antoine et d'Odette Clérey. En 1577, on le voit acquérir plusieurs pièces de terre ayant fait partie du gagnage de Blaincourt appartenant à l'abbaye de Basse-Fontaine[4].

L'année suivante, Claude de Thourotte lui vend trois huitièmes sur deux onzièmes de la seigneurie d'Epagne[5].

Germain Saigeot, en 1588, achète encore par échange plusieurs pièces de terres à Epagne, à Blaincourt et à Mathaux, appartenant à Jeanne Dorigny, alors femme de Jean Le Cornuat le jeune, bourgeois de Troyes, et veuve en premières noces de Jacques Vestier l'aîné ; à Jacques Vestier

---

[1] Actes de Précy-Notre-Dame.

[2] *Ibid.*

[3] Arch. municip. de Troyes, B, 178, reg.

[4] Arch. départ. de l'Aube, E, 161.

[5] *Ibid.*, E, 161.

le jeune, bourgeois de Troyes ; à Jeanne Vestier, veuve de Michel des Forges, avocat du roi à Troyes ; à Nicole Vestier, veuve de Bernard Le Cornuat ; à Anne Vestier, femme de Nicolas Péricard ; la dite Jeanne Dorigny se portant fort de Clémence Vestier, femme de Jacques d'Aubeterre, et d'Odette Vestier, femme de Charles Le Cornuat ; à Nicolas Dorigny, sieur de Fontenay, comme père et tuteur de Jacques Dorigny, son fils mineur, issu de son mariage avec feue Catherine Vestier.

Ces biens, constituant le gagnage appelé *le Gagnage-du-Bois-d'Épagne*, avaient été achetés par Jacques Vestier et Jeanne Dorigny, sa femme, de Philibert de Luxembourg-Luxémont et de Claude de Thourotte, écuyer, sieur de Blacy et d'Epagne, le 11 mai 1578[1].

Peu de temps avant sa mort, qui arriva antérieurement à 1612, Germain Saigeot avait acquis la part de la seigneurie de Vaubercey appartenant à Nicolas Hennequin[2].

De son mariage avec Anne Hennequin, il laissa deux filles :

1° Odette Saigeot, qui épousa en premières noces M. de La Croix, seigneur de Dosnon, frère du marquis de Plancy, et, en secondes noces, Jean de Morillon (voy. ce nom) ;

2° Marie Saigeot, femme de Robert de Harlus, écuyer, seigneur de Vertilly.

On les voit figurer dans un acte, en 1620, comme héritières, sous bénéfice d'inventaire, de leur père, et réclamer à Lécorché, notaire à Vaubercey, le paiement d'une somme de 1.000 écus, solde d'une créance de 3.000 écus, due primitivement au sieur Saigeot, par Antoine Hennequin.

---

[1] Arch. départ. de l'Aube, E, 168.

[2] *Ibid.*, E, 168.

Saint-Amour (de).

Seigneur de Vaubercey en partie.

ARMES : *d.... au chevron d..., accompagné de trois têtes de
chardon à carder d...* D'après un écu en pierre sculptée, placé
dans la cour de l'ancien fief du Chaperon, rue de la Monnaie, à
Troyes.

Michel de Saint-Amour, fils de Martin de Saint-Amour,
sieur de Courgerennes, Villetard et Bailly, et d'Anne Le Bey
(sœur de Barthélemy Le Bé), épousa demoiselle Anne de
Marisy, qui resta veuve avant 1631, et mourut le 3 janvier
1652.

Leurs enfants furent :

1° Marguerite de Saint-Amour, née en 1613[1];

2° Marie de Saint-Amour, mariée à Simon Le Picard,
sieur de Ropily. mort le 7 novembre 1653, puis à François
Le Goix (ou Legoys), sieur de La Bove, qu'elle épousa le
11 février 1655. Pendant son veuvage, elle vendit à Mathieu
d'Angeville, seigneur de Précy-Notre-Dame, 4 journaux
de terres, proche les Fossés-Robert, pour une somme de
100 livres, représentant le prix d'un cheval sous poil alezan
et d'une cavale sous poil gris cédés à ladite dame par
M. d'Angeville[2].

Le 1er juin 1656, d'accord avec son mari François Le Goix,
elle vendit au même d'Angeville, moyennant 951 livres,
27 journaux de terres en plusieurs pièces, sis au finage
de Précy-Notre-Dame et venant de ses propres[3].

Marie de Saint-Amour mourut en 1660 et fut inhumée
dans l'église de Précy-Notre-Dame. Elle laissait une fille,
Madeleine Le Goix, marraine à Précy le 3 septembre 1662[4];

---

[1] Actes de Précy-Notre-Dame.

[2] Arch. du château de Brienne, 59, D, n° 11.

[3] *Ibid.*, n° 14.

[4] Act. de Précy-Notre-Dame.

3° **Jean de Saint-Amour**, baptisé à Précy-Notre-Dame, en 1620 [1].

En 1664, M. de La Bove vendit à M. d'Angeville la part de la ferme de La Motte, qu'il avait achetée des demoiselles de Marisy [2].

Saint-Loup (Abbaye de).

ARMES : *d'azur, à la bande d'argent côtoyée de deux cotices potencées et contre-potencées de treize pièces d'or. —* Roserot, n° 728. — Ces armes sont celles de Champagne.

L'abbaye de Saint-Loup de Troyes, fondée vers l'an 888, richement dotée par Charles le Chauve, et soumise à la règle de saint Augustin par saint Bernard en 1135, devint une des plus florissantes et des plus riches de la contrée. Ses plus anciennes possessions à Blaincourt, à Epagne et à Vaubercey, semblent dater de l'année 1199 [3].

A cette époque, la Maison-Dieu de Chalette et ses dépendances, c'est-à-dire l'église d'Epagne avec la chapelle de Blaincourt[4], l'hôpital de Brienne, l'hôpital de Vivasseaux[5]

---

[1] Act. de Précy-Notre-Dame.

[2] Arch. départ. de l'Aube, E, 174.

[3] *Cartul. de Saint-Loup*, édit. Lalore, p. 166.

[4] L'église d'Epagne appartenait, en 1135, à l'abbaye de Montiérender, dont l'abbé y avait droit de présentation[1]. En 1145, au plus tard, Hatton, évêque de Troyes, entre les mains duquel cette église était sans doute retombée, la donna à l'Hôtel-Dieu de Chalette, à la demande de frère Lambert, maître de cette maison, avec le droit de présentation du titulaire à la nomination de l'évêque. Hugo était alors curé d'Epagne[2]

[5] L'hôpital de Vivassaux (*Domus Vadivassali*, Vauvassaut, Vauvassau et Voivassot), construit sur le territoire de Ramerupt, fut donné à l'abbaye de Saint-Loup par Erard de Brienne, seigneur de Ramerupt. Au xv° siècle, Vivassaux n'était plus qu'un gagnage. On lit dans un bail daté de 1417 : « Ce gagnage est désert et desmaisonné par la guerre. » En 1515, il se composait de maison, grange, 116 journaux de terre et 36 fauchées de prés.

[1] *Cartul. de Montiérender*, édit. Lalore, p. 26.

[2] *Cartul. de Saint-Loup*, édit. Lalore, p. 28, n° 11.

et les granges ou fermes d'Ormay, de Monterlot et de Brevonnelle, lui furent données par Garnier de Traînel, évêque de Troyes.

Cette Maison-Dieu de Chalette était chargée de nombreuses dettes et l'évêque, pour lui permettre de subsister, n'avait trouvé d'autre moyen que de la placer sous la dépendance de l'abbaye de Saint-Loup, en y laissant les frères et les sœurs qui l'habitaient et en leur permettant de vivre sous leur ancienne règle.

Cette donation fut approuvée en 1200 par le pape Innocent III et, en 1206, par Jean, comte-bailliste de Brienne qui, toutefois, se réserva la garde de l'hôpital et de ses dépendances[1].

Comme la situation de cet établissement ne s'améliorait pas, il fut, en cette même année 1206, transformé en simple prieuré relevant de l'abbaye de Saint-Loup. Epagne perdit à ce moment son titre de paroisse et devint succursale de Blaincourt, où fut établi un prieuré-cure à la nomination de l'abbé de Saint-Loup.

† *S(igillum)* PRIORATVS DE BLAINCVRIA

(Sceau du prieuré de Blaincourt)

(XIVe siècle)

MUSÉE DE TROYES

N° 133 DU CATALOGUE DE LA COLLECTION SIGILLOGRAPHIQUE

Le prieur de Blaincourt, habitant entre les fermes d'Ormay et de Monterlot, pouvait facilement surveiller l'exploitation de ces domaines. Il percevait les dîmes grosses et menues de toute la paroisse; il jouissait des terres que l'abbaye possédait en ce lieu soit par donation, acquisition ou échange,

---

[1] *Cartul. de Saint-Loup*, édit. Lalore, p. 191.

et il avait un droit de pêche dans la rivière, depuis la fosse du moulin de Blaincourt jusqu'au ru de Brauz.

Dès 1240, les religieux de Basse-Fontaine renoncèrent, au profit du prieur de Blaincourt, aux dîmes qu'ils possédaient sur cette paroisse, mais à la condition qu'il leur serait payé chaque année un muid de froment et un muid d'avoine à la mesure de Brienne, en leur grange de Blaincourt.

En 1308, Gauthier V, comte de Brienne et de Lecce, venant d'entrer en possession du duché d'Athènes, cherchait par tous les moyens à remplir ses coffres pour résister aux envahissements des voisins de son nouveau domaine et soudoyer les soldats de la Grande Compagnie qu'il avait enrôlés sous sa bannière.

Il mit alors les moines de Saint-Loup en demeure de lui payer les droits d'amortissement des biens du prieuré de Blaincourt. Ces derniers en furent quittes pour une somme de 30 livres[1]. Le comte de Brienne avait en même temps mis opposition à l'exercice de la pêche que le prieur pratiquait dans la rivière d'Aube. Celui-ci ayant donné de bonnes raisons, l'opposition fut levée[2].

Les simples droits seigneuriaux dus au comte de Brienne ne suffisant pas pour lui fournir les sommes importantes dont il avait besoin, il vendit, l'année suivante (mai 1309), à l'abbaye de Saint-Loup, une grange, sise à Blaincourt, et ses dépendances, venant des héritiers de Robert de La Grange. Elle fut livrée tout amortie pour un prix de 750 livres tournois[3].

L'abbaye de Saint-Loup ne conserva que très peu de temps cette ferme. Dès 1329, elle était saisie sur feu Thomas Noisote et Jean de la Coste, et ensuite vendue à l'abbaye de Basse-Fontaine[4].

---

[1] Arch. départ. de l'Aube, 4, H, 2.

[2] Voy. M. d'Arbois de Jub., *Catalog. des actes des comtes de Brienne.*

[3] Arch. départ. de l'Aube, 4, H, 4.

[4] Arch. départ. de l'Aube, 1, H, 1.

En 1381, d'après le rôle du subside fourni au roi par le clergé du diocèse de Troyes, le prieur de Blaincourt fut taxé à 6 livres tournois, tandis que le curé de Pel ne dut payer que 50 sous[1].

Le pouillé du diocèse de Troyes, rédigé en 1407, nous apprend qu'à cette époque le prieuré-cure de Blaincourt, à la présentation de l'abbé de Saint-Loup, était soumis au droit de visite et de procuration, et que son revenu s'élevait à 8 livres[2].

Suivant l'état du produit du bénéfice-cure de Blaincourt, fourni en 1729 par M. Maillot, qui en était titulaire, son revenu brut s'élevait à 1034 liv. et les charges à 325 liv.; il lui restait donc un revenu net de 709 livres.

Lors de l'imposition pour la construction de Brienne, en 1776, le prieur avouait un revenu brut de 1440 livres 10 sols.

En 1781, M. Brullart, titulaire du prieuré, établit comme il suit l'état de son bénéfice :

Revenus. Les dîmes en grains produisant année commune 600 gerbes qui, à raison de leur inégalité, donnent 4 boisseaux, le cent = 240 boisseaux à 2 livres 10 sous l'un..... 600[1] »

La dîme des avoines produisant 250 boisseaux à 15 sols l'un.............................. 187 10[s]

Les terres de la Cure, dont le produit estimé en blé donne 20 boisseaux........ .... 50 »

Les terres de la Cure, dont le produit estimé en avoine donne 20 boisseaux... .... 15 »

La dîme du vin .... 300 »

La dîme d'Epagne louée par bail............... 425 »

Prés et menues dîmes de Blaincourt........ .... 60 »

Total des revenus........ 1637[1] 10[s]

---

[1] Arch. municip. de Troyes, F, 10, reg.

[2] Voy. *Mém. de la Société Acad. de l'Aube*, 1853, p. 418.

CHARGES. A l'abbé de Basse-Fontaine, 28 boisseaux
de froment .... 60¹ »

A l'abbé de Basse-Fontaine, 28 boisseaux d'avoine. 18 »

Au vicaire, que le prieur paie en argent sans que la
communauté donne la moindre chose. Il voudrait
pouvoir se passer de lui, mais les débordements de
l'Aube, qui souvent interceptent toute communication,
rendent la chose impossible...................... 300 »

Total des charges......... 378¹ »

Le revenu est donc, en défalquant les charges, de
1259 livres 10 sous. Le prieur pourrait le voir diminuer
si le seigneur du lieu faisait valoir ses biens par lui-même,
parce qu'alors il ne paierait que demi-dîme.

A l'époque de la Révolution, le prieur de Blaincourt,
M. Brullart, ne put résister à un mouvement de crainte bien
justifié par la situation difficile qui lui était faite au milieu
d'esprits exaltés, ne songeant qu'à combattre l'ordre de
choses établi non pas à leur plus grande gloire, mais bien
à leur grand profit, surtout par les menées du sieur Des
Jardins, amodiateur de la terre de Blaincourt, qui convoitait
la cure de ce village pour un de ses parents. Il quitta son
prieuré dans le courant de juin 1790 et accompagna en
Suisse Mme la Marquise de Créquy. Ayant été porté sur la
liste des émigrés, cet ecclésiastique perdit son mobilier,
qui fut saisi et vendu au profit de l'Etat [1]. La vente produisit
une somme de 5055 livres 13 sols. M. Jacques C. Des
Jardins, comme on le désirait, fut nommé curé de Blaincourt.

Lors de la vente des biens du clergé, en 1791, les terres,
clos et vignes du prieuré de Blaincourt, mis en adjudication,
furent aliénés, au profit de l'Etat, pour une somme de
2530 livres.

---

[1] Arch. départ. de l'Aube, 4, Q, 16.

Possessions de l'abbaye de Saint-Loup sur Epagne.

L'abbaye de Saint-Loup, comme on l'a vu plus haut, possédait, à Epagne, la grange ou ferme d'Ormay[1] qui lui avait été donnée en même temps que l'église de ce village.

L'hôpital de Chalette, premier possesseur de cette ferme, en jouissait dès 1150, époque à laquelle on le voit échanger des terres, sises en cet endroit, avec les moines de Montier-en-Der[2].

En 1242, l'abbaye de Saint-Loup donna la jouissance viagère de ce domaine à Guiard, archidiacre de Troyes, pour s'acquitter d'une dette qu'elle avait contractée envers lui, mais à la condition qu'il paierait à la Maison-Dieu de Chalette la dîme de cette ferme et y entretiendrait un frère convers pour en diriger l'exploitation. Au décès de Guiard, la ferme, avec toutes les améliorations qu'il y aurait faites, et la moitié de tous les meubles qui s'y trouveraient devaient revenir à l'abbaye[3].

Un titre, daté de l'an 1344, nous apprend qu'à cette époque une haie s'étendait droit depuis la porte de la ferme jusqu'aux prés de dessous Saint-Léger[4].

L'affranchissement des serfs enlevant aux religieux le plus précieux élément de leur culture, ils durent renoncer à faire valoir leurs biens par eux-mêmes et se résigner à les louer ou à les aliéner temporairement en les donnant à bail emphytéotique.

C'est ainsi qu'au xiv° siècle on voit l'abbaye accenser à Jacques Pélevé, chanoine de l'église de Saint-Etienne de

---

[1] On trouve ce nom écrit : Ulmetum, Ulmoy, Ormoi, Ormoy, Ourmoy et Ormay.

[2] *Cartul. de Saint-Loup*, édit. Lalore, p. 42.

[3] *Ibid.*, p. 245.

[4] Arch. départ. de l'Aube, 4, H, 2.

Troyes, une pièce de vigne de quatre arpents, sise au finage d'Epagne, lieu dit Ormay, moyennant une redevance annuelle de 3 livres [1]. En 1607, cette même vigne était louée pour un prix de 12 livres de rente foncière et 12 deniers de cens payables annuellement le jour de la Saint-Martin.

D'après le terrier de l'abbaye, daté de 1515, « la grange « d'Ormay, au bailliage de Chaumont, ouquel il y a maison « et granche, consiste en 216 journels de terre et 16 fauchées « de pré. La vigne d'Ormoy a 9 arpents, et le bois d'Ormoy « 25 arpents ».

Vers la même époque, l'abbaye de Saint-Loup possédait 3 denrées de chenevières au finage de Saint-Léger-sous-Brienne, chargées de une poule de censive. Cette terre se trouvait près du fief de Vaudremont [2].

Dans une déclaration des usages de Saint-Léger-sous-Brienne, en date du 29 juillet 1549, conservée aux archives municipales de ce village, il est fait mention de la ferme d'Ormay. On y lit : « Une pièce d'usaiges contenant « 200 arpents à prendre depuis la voie de Vaudry jusqu'à « une fontaine devers Neuville, nommée Pisserat, venant « de la côte, tenant aux héritiers de feu Pierre de Vau-« dremont et au bois d'Ormay, d'autre à icelle côte, en « usaiges fossoyés contre les terres labourables depuis la « Haie-Madame dite la Haie-Bourgeois, cette haie faisant « chemin et départant Epagne et Saint-Léger, tirant entre

---

[1] Arch. départ. de l'Aube, G, 230, reg., fº 97.

[2] Vaudremont ou Vaudrimont, fief sis au finage de Saint-Léger, consistait en maison, bâtiments, terres et prés. On le trouve mentionné dès 1216. En cette année, Elisabeth, dame de Vaudremont, fille de messire Lambert de Brienne, fit une donation à l'hôpital de Bar-sur-Aube [1]. Après avoir appartenu jusqu'à la fin du XVIe siècle à la famille de Vaudremont, ce fief passa en la possession de la maison de Somsois. En 1724, il était la propriété de Louis Morier de Glanne, demeurant à Brienne, sur lequel il fut saisi féodalement [2].

[1] Voy. M. d'Arbois de Jubainville, *Hist. de Bar-sur-Aube*, p. 121.

[2] Arch. judiciaires de l'Aube, B, 2599, 1.

« les deux fours d'Ormay, en tirant en parfonds de fontaine
« au-dessus de l'étang de Neuville, excepté le bois des
« seigneurs de Montois et de Saint-Loup et des hoirs de
« feu Philippe de Vaudremont ».

A quelle époque le hameau d'Ormay cessa-t-il d'être
habité? Il est probable que ce fut à la suite du partage des
biens de l'abbaye entre les moines et leur abbé. Dans ce
partage, les terres labourables situées de chaque côté de la
route d'Epagne à Saint-Léger, sur la limite des deux paroisses,
furent attribuées à l'abbé. Elles se composaient, entre autres,
d'une pièce de 4 arpents, située sur la gauche de la route
allant de Saint-Léger à Epagne et nommée la Pièce-l'Abbé.

Les terres placées de l'autre côté de ce chemin étaient
presqu'en friches, au moins pour la partie qui avoisinait le
bois. Ce dernier était compris dans le lot des religieux. Il
contenait alors 24 arpents[1].

En 1771, M. de Loménie, comte de Brienne, ayant réuni
à son parc les terres et les bois de l'abbaye de Basse-
Fontaine, embellit ce domaine en y traçant de nombreuses
avenues et des chemins d'exploitation. Désireux de relier ce
parc au bois de Neuville qui lui appartenait, il loua pour
99 ans, de M. Lizarde de Radonvilliers, abbé commendataire de Saint-Loup, un terrain de 25 arpents, plus les
4 arpents de la Pièce-l'Abbé avec le droit de planter des
arbres sur ce sol et d'y pratiquer une large avenue qui,
traversant le bois des religieux sur lequel il louait également
un droit de passage, se prolongerait jusqu'aux bois de
Montois.

A l'expiration du bail, les plantations et améliorations de
toutes sortes devaient appartenir à l'abbé[2].

En 1776, les biens de l'abbaye Saint-Loup, à Epagne,

---

[1] Arch. départ. de l'Aube, 4, H *bis*, 4.
[2] *Ibid.*

étaient affermés à raison de 512 livres 5 sols, dont 376 liv. pour l'abbé et 136 livres pour les religieux.

Le 18 février 1789, l'abbé Philippe de Rouault louait à M. Bajot, seigneur d'Epagne, moyennant un fermage annuel de 350 livres, 50 arpents de terres en plusieurs pièces et deux arpents de vignes en dehors des 29 arpents démembrés du gagnage et loués à M. le comte de Brienne.

Le 30 août 1791, les biens de l'abbaye Saint-Loup ayant été déclarés propriété nationale et mis en vente, Claude-Edouard Bajot acheta, pour un prix de 11.800 livres, le gagnage dont il était le locataire (voy. au nom Bajot).

Les 29 arpents du bois d'Ormay, appelé le bois Saint-Loup, furent vendus le 14 floréal, an V, à Nicolas-Victor Pelletier de Brienne, au prix de 3747 livres. Ils ont appartenu depuis à M. Nicolas-Joseph-Adolphe Lignier, représentant du peuple en 1848, préfet de l'Aube en 1870, mort en 1874.

Les terres, louées par bail emphytéotique au comte de Brienne, restèrent, par suite de transaction avec l'Etat, la propriété de ses héritiers, qui les vendirent en détail vers 1875.

Le défrichement de quelques parties de bois, opéré à la suite de cette vente, nous a permis de retrouver l'emplacement des bâtiments de la ferme d'Ormoy.

Il est indiqué par de larges fossés comblés en partie, mais dont la disposition, quand nous les vîmes, était encore très apparente. Placés sur la gauche de la route d'Epagne à Saint-Léger, à 300 mètres environ dans les terres, ils formaient deux rectangles rapprochés l'un de l'autre et se joignant par la pointe de deux de leurs angles.

Le soc de la charrue, en fouillant le sol en cet endroit, ramène à la surface de nombreux fragments de tuiles et de pierres, mais jusqu'à ce jour il n'y a rien été trouvé qui soit intéressant au point de vue archéologique.

Torcy (de Boisclair de)

Seigneur de Précy-Notre-Dame et Vaubercey en partie.

Claude de Boisclair, seigneur de Torcy, capitaine d'une
compagnie d'infanterie du régiment de la Reine, devint
seigneur de Précy-Notre-Dame et de Vaubercey en partie,
par suite de son mariage avec Louise de Marisy, fille de
Henri de Marisy et de Claude de Chobillon[1]. En 1634,
M. de Torcy et son épouse cédèrent ce qu'ils possédaient
en la justice de Précy à M. d'Angeville, qui semble s'être
rendu acquéreur de tout ce qui avait appartenu à la famille
de Marisy sur les finages de Précy-Notre-Dame et Vaubercey[2]. En échange, M. d'Angeville leur donna des terres
et des prés à Pel-et Der[3].

Louise de Marisy, dame de Boisclair, mourut à Pel-et-
Der, et y fut inhumée en 1672[4].

Thourotte (de).

Seigneur d'Epagne en partie.

Armes : *de gueules, au lion d'argent*. (A. Du Chesne, *Hist. de la
maison de Dreux.*)

Mathieu de Thourotte[5], épousa l'une des filles d'Antoine,
bâtard de Luxembourg, nommée Françoise, qui lui apporta
deux onzièmes de la seigneurie d'Epagne.

En 1557, cette dame était veuve et elle fournissait un

---

[1] Actes de Précy-Notre-Dame.

[2] Arch. départ. de l'Aube, E, 173.

[3] Arch. du château de Brienne. — Précy-Notre-Dame, 1, C, n° 6.

[4] Actes de Pel-et-Der.

[5] Ce nom se trouve écrit Tourotte, Torotte et Torote.

aveu et dénombrement de partie du fief et de la terre dudit Epagne à Marguerite de Savoie, veuve d'Antoine de Luxembourg, comte de Brienne[1].

Claude de Thourotte, écuyer, sieur de Blacy, Maisons et Epagne en partie, maréchal héréditaire des pays de Champagne, demeurant à Blacy, sans doute fils de Mathieu de Thourotte, vendit en 1577, à Jacques Vestier et à Jeanne Dorigny, sa femme, plusieurs pièces de terre, sises sur les finages d'Epagne, Blaincourt et Mathaux, dont une de 22 arpents à Blaincourt, dans le lieudit *le Bois-d'Epagne.*

L'année suivante il vendit aussi à Benoît Le Gras, moyennant 200 écus d'or, un quart et demi de ce qui lui appartenait en la terre et seigneurie d'Epagne. Les biens dont il s'agit étaient situés proche la rivière d'Aube, du côté de Vaubercey[2]. Peu de temps après, toujours en 1578, Claude de Thourotte céda, à titre d'échange, à Germain Saigeot, une partie de ce qu'il possédait encore en la justice d'Epagne, et il reçut en retour une pièce de pré, sise à la Chapelle-Saint-Luc, une autre à Barberey et 100 livres tournois de rente[3].

Vassan (de).

Seigneur de Pel-et-Der, Précy-Notre-Dame et Vaubercey en partie.

Armes : *d'azur, au chevron d'or accompagné en chef de deux roses d'argent et, en pointe, d'une coquille du même.* (D'Hozier.)

Jean de Vassan, seigneur de Blignicourt, épousa, vers 1536, Marie-Anne de Pleurre, veuve en premières noces

---

[1] Arch. départ., de l'Aube, E., 161.

[2] *Ibid.*, E, 167.

[3] *Ibid.*, E, 161.

de Jean de La Pereuse, et par ce mariage il devint seigneur
en partie de Précy-Notre-Dame et Vaubercey.

Ils eurent une fille, Marie de Vassan, qui fut unie à
François de Marisy, seigneur de Machy.

En 1553, Jean de Vassan détient, comme tuteur de sa
fille Marie, un petit gagnage de 12 arpents, sis au finage
de Précy-Notre-Dame, et venant de Marie de Pleurre.

En secondes noces, Jean de Vassan épousa Jeanne Belin,
fille de Pierre Belin, apothicaire à Troyes, dont il eut une
fille, Antoinette de Vassan, mariée à Odard Le Courtois,
conseiller au Présidial de Troyes. Jeanne Belin était veuve
en 1567 [1].

François de Marisy, seigneur de Machy, reçut en dot
de sa femme le gagnage de Précy-Notre-Dame, le fief de
Vendeuvre et des gagnages à Virey-sous-Bar et à
Courtenot.

Alain de Vassan, seigneur de Rizaucourt en partie,
demeurant à Brienne, épousa demoiselle Isabeau de Marisy.
Il était fils de Raymond de Vassan, seigneur de Rizaucourt
et de la Tuilerie, et de Marie Le Guard ; son frère, Jean de
Vassan, était curé-doyen de Brienne et seigneur en partie
de Rizaucourt.

Alain de Vassan eut plusieurs enfants, parmi lesquels
figurent Jean de Vassan, seigneur de Blignicourt, dont il a
été parlé plus haut, et Guillaume de Vassan, seigneur de
Rizaucourt en partie, de la Tuilerie, Crespy, Remi-Mesnil
et Pel-et-Der, grenetier de Beaufort (aujourd'hui Montmorency). Ce dernier contracta deux unions ; la première,
avec Anne de Beaujeu, et la seconde, vers 1535, avec
Anne de La Ferté, qui était veuve en 1561. Elle se remaria,
vers 1566, à Georges Le Mairat (voy. ce nom).

En 1539, Guillaume de Vassan tenait en mouvance de

---

[1] Archiv. départ. de l'Aube, 7, H, 105, reg.

Piney le fief de Meligny (ou Maligny), situé à Pel-et-Der et Vaubercey. Il avait fourni un aveu et dénombrement pour ce fief à Marguerite de Savoie, ayant sous l'autorité du roi la charge et administration des biens et maison de Messire Antoine de Luxembourg, comte de Brienne, seigneur de Piney[1].

Guillaume de Vassan et Jeanne de La Ferté laissèrent plusieurs enfants. L'un d'eux, Zacharie de Vassan, fut seigneur de Pel-et-Der, Méligny et Rizaucourt. Il épousa Marguerite de La Veuve. En 1582, il était grenetier pour le roi au grenier à sel de Vitry-le-François, et il fournissait au duc de Piney, seigneur de Pel-et-Der, une déclaration des héritages qu'il possédait sur le finage de cette paroisse[2].

Le 3 novembre 1599, Zacharie de Vassan, écuyer, acheta d'Etienne Thibaut, laboureur à Pel-et-Der, trois maisons et leurs appartenances (Grande-Rue et le Maury), ainsi que divers héritages au finage de cette paroisse et à Précy-Notre-Dame, moyennant 279 écus[3].

De son mariage avec Marguerite de La Veuve, il eut quatre enfants, parmi lesquels une fille. Marguerite, qui épousa Jacques Berbier du Metz (voy. ce nom).

Vienne (de)

Seigneur de Précy Notre-Dame et de Vaubercey en partie.

ARMES : *d'argent, à l'aigle de sable.* (D'Hozier.)

Louis de Vienne, seigneur de Géraudot, Aillefol, Les Minots, Presles, Nuiscmont, Mesnil-Sellières, fief des

---

Epargners et Putemusse, Les Brosses-lès-Souligny, Torvilliers, Sainte-Savine et Creney, conseiller du roi, lieutenant particulier, civil et criminel du Châtelet de Paris, y
demeurant, époux de Jeanne Marceau, devint seigneur de
Précy-Notre-Dame et Vaubercey en partie, par l'acquisition qu'il en fit moyennant 18.000 livres, le 2 juin 1683.
Ces domaines avaient été saisis à sa requête sur les héritiers
de Mathieu d'Angeville, débiteurs envers lui d'une somme
de 5.519 livres [1].

Le 26 juin suivant, M. de Vienne fit dresser un acte de
prise de possession des seigneuries de Précy et Vaubercey.
Charlotte d'Angeville, devenue majeure, ayant fait appel de
l'adjudication de 1683, un arrêt contradictoire fut rendu le
19 janvier 1697. Il portait confirmation de la dite adjudication, avec dépens pour l'appelante.

Par suite de son acquisition, M. de Vienne fut seigneur
du fief et principal manoir des Fossés-Robert ou de Haudebert, consistant en maison, justice, cens, rentes, etc., relevant du duché de Piney ; du fief et principal manoir de
Précy-Notre-Dame, comprenant deux maisons seigneuriales,
justice haute, moyenne et basse, cens, rentes, etc., et des
fiefs de la Motte et de Méligny, le tout relevant du duché
de Piney.

En 1684, M. de Vienne acheta de messire Antoine de
Vitel, seigneur de Fresnoy, un vingt-quatrième de la justice
de Précy-Notre-Dame, avec la garenne de Lambert, située
au dit lieu et contenant 28 arpents. Dans la même année,
il acquit de M. l'abbé de Chavaudon le gagnage connu
sous le nom de ferme de Droupt.

Les sieur et dame de La Chauffie du Mesnil-Fouchard
lui vendirent, en 1699, des héritages situés à Pel-et-Der,

---

[1] Arch. du château de Brienne, Précy-Notre-Dame, 1, D, n° 7, et Arch.
départ. de l'Aube, E, 173, r., f° 162.

pour un prix de 500 livres. Ils se composaient de 19 journaux de terre et de 3 arpents de prés [1].

A la même date, il avait acheté, moyennant 284 livres, une grange, sise à Précy-Notre-Dame, dite Grange de La Bauve (ou de La Baume) [2].

Louis de Vienne mourut le 19 novembre 1703, et il fut enterré dans l'église des Cordeliers, à Troyes. Son fils et héritier Louis de Vienne, conseiller d'honneur au Parlement de Paris, comte de Lesmont, seigneur de Géraudot, des deux Précy, de Creney, etc., avait épousé demoiselle Clérambault.

En 1707, il acheta de Gédéon du Metz, comte de Rosnay, le gagnage dit du Metz, que ce dernier possédait à Précy-Notre-Dame et finages voisins.

Dans la suite, il ne manqua jamais l'occasion d'agrandir son domaine par l'acquisition de nombreuses parcelles.

Le comte de Lesmont n'eut qu'une fille, Charlotte-Élisabeth de Vienne, qui fut mariée à Charles-Jean-Baptiste Fleuriau, comte de Morville, marquis d'Armenonville, colonel d'un régiment de dragons de son nom, gouverneur de Chartres, grand-bailli d'épée de Bar-sur-Seine, puis ministre d'Etat et chevalier de la Toison d'or [3].

En 1746, Mme de Morville est portée comme exempte sur le rôle d'impositions de la communauté de Précy-Notre-Dame.

Les époux de Morville n'eurent qu'une fille, Marguerite-Charlotte, qui épousa Pierre-Emmanuel, marquis de Crussol, maréchal des camps et armées du roi, chevalier des ordres de Sa Majesté.

---

[1] Arch. départ. de l'Aube, E, 173, reg.

[2] *Ibid.*

[3] Armes de Morville : *d'azur, à l'épervier d'argent perché sur un bâton de gueules ; au chef d'or chargé de trois glands de sinople.* Ces armes figurent sur la grille de l'Hôtel-Dieu de Troyes.

Le 23 mai 1760, la comtesse de Morville et sa fille, la marquise de Crussol, veuves toutes deux, vendirent à Louis-Athanase de Loménie, comte de Brienne, colonel du régiment d'Artois infanterie, brigadier des armées du roi, stipulant par son frère, Etienne-Charles de Loménie de Brienne, prêtre du diocèse de Paris, docteur de Sorbonne, abbé commendataire de Vauluisant et de Basse-Fontaine, vicaire-général de Pontoise, les terres et seigneuries de Lesmont, Chalette, Précy-Saint-Martin et Précy-Notre-Dame. Cette dernière comprenant la ferme de la Motte, consistant en 90 journaux de terres, 1 arpent et 5 fauchées de prés ; la ferme de Haubert, etc., le tout pour un prix de 133.000 livres [1].

Le 4 juillet suivant, l'abbé de Loménie, comme procureur de son frère, rendit foi et hommage pour ces seigneuries à Charles-François de Luxembourg-Montmorency, duc de Luxembourg, pair et maréchal de France, capitaine des gardes de Sa Majesté, gouverneur de Normandie et duc de Piney-Luxembourg.

Vitel (de).

Seigneur de Précy-Notre-Dame et Vaubercey en partie.

ARMES : *d'azur, au chevron d'or accompagné de trois roses du même.* (Caumartin.)

Philippe de Vitel, écuyer, sieur de La Cour-Bureau, Brechainville, Regnault et Bressorey, où il demeurait en 1674, épousa demoiselle Anne Le Bé, dame de Précy-Notre-Dame et Vaubercey en partie, fille de Jean Le Bé et de Marie d'Argillières. Ils eurent deux enfants : Antoine de Vitel et Anne de Vitel.

---

[1] Arch. du chât. de Brienne, Précy-Notre-Dame, 23, B, n° 4.

En 1659, le 18 mars, Philippe de Vitel, seigneur de La Cour-Bureau, Brechainville, Haudebert et Précy-Notre-Dame en partie, tuteur des enfants mineurs issus de son mariage avec Anne Le Bé, morte le 17 novembre 1653 à Précy-Notre-Dame, échange avec François Le Page, sieur de Précy-Notre-Dame et de La Bauve, époux de Marie de Saint-Amour, des terres sises à Précy, contre d'autres terres situées au finage de Pel-et-Der.

Antoine de Vitel fut marié à Gertrude Toussaint, qui le rendit père de :

1° Anne de Vitel, qui suit ;

2° Antoinette de Vitel, baptisée le 3 avril 1679. Parrain, Antoine Barbier, prêtre, aumônier de l'artillerie du roi [1] ; marraine, Apolline Violette [2] ;

Antoinette de Vitel fut mariée à Jérôme Barbier, dont elle eut une fille, Marie Barbier, unie, le 21 février 1724, à Nicolas Yardin, fils de Nicolas Yardin, praticien, et d'Henriette Charnerois [3] ;

3° Louise de Vitel, qui épousa Georges Barbier. Elle resta veuve et fut inhumée dans l'église de Pel-et-Der le 26 avril 1763.

Le 5 août 1684, Antoine de Vitel, seigneur de Fresnoy, vendit à Louis de Vienne, seigneur de Gérosdot, moyennant 6000 livres, une maison, sise à Pel-et-Der, appelée Godebecq (lire Haudebert) et des héritages au même endroit et à Précy-Notre-Dame, plus un quart dans la justice du dit Précy [4].

Anne de Vitel, fille aînée d'Antoine, avait été baptisée

---

[1] M. Barbier, dit une pièce des Archives de l'Aube (E, 174), était l'homme le plus instruit du pays. Il avait hérité des biens qu'Antoine Massu, sieur de Beauregard, possédait à Brevonne et à Précy-Notre-Dame.

[2] Actes de Précy-Notre-Dame.

[3] *Ibid.*

[4] Arch. du chât. de Brienne.

le 30 janvier 1677. Parrain, Philippe de Vitel, sieur de
La Cour-Bureau, Regnault et Brezerville (*sic*) ; marraine,
Suzanne de Marville[1].

Le 14 février 1693, avec l'autorisation et en présence
de M. Quinot, conseiller du roi, demeurant à Troyes, et de
M. Antoine Barbier, aumônier de l'artillerie du roi, elle
épousa Antoine Barbier.

Elle fut mère d'Anne Barbier, née le 13 janvier 1694,
mariée à Jacques Rosières (ou de Rosières), exempt dans la
Varenne du roi, mort à Pel-et-Der, âgé de 72 ans, en 1778.

De ce mariage vinrent : Françoise Rosières, qui fut femme
de François de Ligny, procureur général des Précy en 1752,
et Anne Rosières, femme de Jacques-Antoine de Ligny
d'Houdeberg (des Fossés-d'Haudebert), officier de la capitainerie de la Varenne du Louvre, demeurant à Précy-Notre-
Dame. Il figure comme exempt, à ce titre, sur le rôle des
tailles de cette communauté pour l'année 1774[2].

M. Nicolas-François de Ligny, ancien conseiller général
de l'Aube, mort à Précy-Notre-Dame le 23 juin 1851, à
l'âge de 69 ans, fut le dernier possesseur de l'ensemble des
terres ayant appartenu aux de Vitel. Il eut pour héritiers
M. Eugène de Christon d'Auzon et M. Edme-Adolphe de la
Rupelle, ses neveux, qui vendirent en détail ses propriétés
de Précy-Notre-Dame.

---

[1] Actes de Précy-Notre-Dame.

[2] Arch. départ. de l'Aube, C, 1642.

TABLE

DES NOMS DE PERSONNES ET DES NOMS DE LIEUX